Christa Karpenstein-Eßbach

Das Gewicht der Welt und das Leben in der Literatur

Zum Werk Hubert Fichtes

Christa Karpenstein-Eßbach

Das Gewicht der Welt und das Leben in der Literatur

Zum Werk Hubert Fichtes

WALLSTEIN VERLAG

– Das ist die Konkurrenz, dachte Jäcki:
– Der Soziologe aus São Paulo.

Beim nächsten Mal versammelte Celeste alle um den großen Tisch auf der Veranda.
Zu einer Palestra, wie sie das nannte.
Deni, die feine, die aufgegeben hatte, das heilige Dummerchen zu spielen, die mit dem verstellten Lächeln.
Roxinha, die Runde, die ihre Geheimnisse hinter mitteilsamer Mammiehaftigkeit zu verbergen weiß.
Tödliche Geheimnisse, vielleicht.
Luiza, der Backfisch, die sich, steinalt in ein Nachttier zurückzuverwandeln scheint, in einen Ahuascastock.
Irma.
Celeste stellte den Soziologen aus São Paulo vor, den jungen, italienischen Mann, müde und wohlgenährt.
– Das ist Sergio.
– Sind Sie Botaniker, fragte die Konkurrenz die Konkurrenz.
– Nein Romancier. Und Sie.
– Anthropologe, kam es resigniert zurück.
– Was wollen Sie wissen fragt die Himmlische Celeste
– Was will ich wissen?
– Zerbrechen Sie das Bewußtsein?
– Hat die Königin aus Abomey, aus den Mahi-Bergen dieses Haus gegründet?
– Wer sind die kleinen Prinzessinnen, die fremden Mädchen?
– Ja, warum wird seit dem Ersten Weltkrieg nicht mehr eingeweiht.
– Welch ein Fluch liegt über dem Tempel?
– Und: sind sie alle Jungfrauen?
– Sind sie lesbisch?
Das fragte Jäcki natürlich nicht.
Jäcki wollte überhaupt nichts fragen.
Wich aus.
Er wollte nicht von neuem in das alte Spiel aus Verweigerung und Aufdringlichkeit hineingezogen werden, Verachtung und Anbiederei.

Inhalt

Einleitung

Die Literatur Hubert Fichtes, der 1935 in Perleberg geboren und 1986 in Hamburg gestorben ist, wurde im 20. Jahrhundert kaum gelesen, weil er ein Autor des 21. Jahrhunderts ist. Sein Werk stand quer zu den diversen diskursiven und literarischen Anschlußmöglichkeiten in Deutschland. Es paßte nicht zu den literarischen Wiederaufbauhilfen der Gruppe 47 für die postfaschistische Bundesrepublik, aber auch nicht zur radikalen Kritik an der Literatur durch die 68er-Studentenbewegung, deren politische Energie dem Internationalismus und der Dritte-Welt-Befreiung galt und für die Kultur etwas war, das allein durch Komposita mit »Sub« oder »Revolution« zum Begriff gebildet werden konnte. Wie war es mit der Literatur der Arbeitswelt oder der Dokumentarliteratur mit Skandalpotential à la Günter Wallraff als engagierter parteilicher Emanzipationsbeihilfe? Auch dies eine Fehlanzeige, was die Anschlußfähigkeit von Fichtes Literatur angeht. Das gilt auch für die sogenannte Literatur der Neuen Innerlichkeit nach dem gewissen Katzenjammer, der auf das Ende der Studentenbewegung folgte, für die Katastrophenliteratur der 1980er Jahre, in der alles Mögliche ein Ende in akuter Dramatik fand, und ebenso für die intellektuell-literarische Vergewisserung eines bundesrepublikanischen Selbstverständnisses zwischen Geschichte, Terrorismus, Pathologie und Normalität. In diese Diskurslagen und den Aktualitätsdruck, der mit ihnen verbunden war, ließ sich Fichtes Literatur nicht einreihen.

Aber heute, in Zeiten eines neuen Jahrhunderts, läßt sich unsere Gegenwart in dieser ehemals kaum anschlußfähigen Literatur entdecken – als ob sie, von heute aus gesehen, etwas vorausgenommen hätte, und zwar sowohl in ihren Themen wie in der Weise des Schreibens und der Darstellung, ohne daß dabei der Gestus eines Avantgardismus, wie wir ihn aus der Moderne kennen, von Fichte in Anspruch genommen worden wäre. Fichtes Literatur handelt von einer Welt, die in Bewegung ist: in der Migration, im Tourismus, der entfesselten Mobilität und in der Begegnung, dem Aufeinandertreffen oder der Vermischung von Kulturen. Man kann das auch Globalisierung nennen, mit Fichte würde man eher von Welt und der Welthaltigkeit der Literatur sprechen. Die Weise, in der über diese Welt in Bewegung geschrieben wird, hat den Charakter einer Bestandsaufnahme – eines Darstellens von Sein ohne

Sollen. Das heißt nicht, daß sich das Leben, wo auch immer auf der Welt, für die Menschen ohne ein Sollen zu müssen abspielt – davon handelt Fichtes Literatur deutlich genug –, aber ein solches Sollen gibt es nicht aus der Perspektive des Schriftstellers, der sich nicht zum Anwalt einer ethischen Normativität machen will. Wer Fichte liest, wird weder mit moralischem Empörungspotential, noch mit Idealisierungen von Abweichungsphänomenen beliefert. In der ethischen Indifferenz dieser Literatur dürfte ein weiterer Grund dafür liegen, daß Fichte auch zu den traditionellen bundesrepublikanischen Verbindungen von Ethik und Ästhetik nicht recht gepaßt hat. Sofern man davon überzeugt ist, daß Literatur nicht nur eine Sache erfundener Fiktionswelten, sondern auch ein Träger und Gestaltungsmedium von sozialem und kulturellem Wissen ist, läßt sich vom 21. Jahrhundert wohl sagen, daß es in vielen Zügen fichteanisch ist oder wird, weil dieses Jahrhundert sich in Fichtes Literatur abzeichnet.

Aber eine eigentümliche Befremdlichkeit dürfte von dieser Literatur auch heute noch ausgehen. Wer zum ersten Mal ein Buch von Hubert Fichte aufschlägt und auf eine seiner Seiten blickt, wie vorn beispielhaft statt eines Porträts abgedruckt, könnte irritiert sein und vielleicht sogar eine gewisse Verstörung empfinden. Und schon beim kurzen Durchblättern kann man bemerken, daß hier nichts von dem vorliegt, was man sich konventioneller Weise unter einem literarischen Werk oder gar einem Roman vorstellt, daß es sich stattdessen um ein Konglomerat von Aussagen und Sätzen handelt, die zwar für sich genommen keineswegs syntaktisch kompliziert oder irgendwie schwer verständlich sind, die aber in ihrer Zusammenstellung den Zugang zur Beständigkeit einer literarischen Fiktionswelt erschweren oder aufhalten. Der Fluß des Textes wird unterbrochen, wenn sehr oft mit einem neuen Satz auch eine neue Zeile beginnt, statt mit Absätzen einen Textsinn zu gliedern. Man könnte gar den Eindruck gewinnen, daß Fichtes Bücher Bastionen sind, die sich gegen mögliche Leser verteidigen, weil sie auf besonders auffällige Weise aus dem literarischen Rahmen, auch dem der Avantgarde, herausfallen. So zutreffend eine solche erste Wahrnehmung ist – kann oder soll sie den Orientierungsrahmen für eine weitere Beschäftigung mit der Literatur Fichtes bilden? In diesem Fall wäre die Folge, ihr eine unvergleichliche Besonderheit oder eine randständige Absonderlichkeit zuzuschreiben, schnell bei der Hand – eine schismatische Aufspaltung, die auf der einen Seite den an Hermetismus grenzenden

Unikatcharakter und auf der anderen Seite den des Außenseiters profilieren würde, was darauf hinausliefe, die alte Anschlußlosigkeit dieser Literatur in einer Neuauflage zu reproduzieren.

In diesem Buch wird es weniger darum gehen, den häufiger hervorgehobenen Unikat- oder Außenseitercharakter von Fichtes Werk noch einmal zu betonen, sondern darum, Beziehungen herzustellen, die es auf verschiedene Aspekte und Hinsichten öffnet, seinen Hermetismus lockert und Anschlüsse herstellt. Dafür gibt es zwei Gründe: die einen sind werkinterner Art, die anderen betreffen die externe Relationierung mit denk- und zeitgeschichtlichen Problemkomplexen, die eine neue Sicht auf Fichtes Werk ermöglichen.

Auch schon beim ersten Blick fällt neben der eigentümlichen Besonderheit noch etwas anderes auf. Die Texte stecken voller Bezüge auf und Auseinandersetzungen mit den Werken anderer Autoren, mit Schriftstellern, Intellektuellen, Theoretikern und Wissenschaftlern aus Geschichte und Gegenwart. Mit einer aus der Imaginationskraft des Schriftstellers gebauten literarischen Welt hat man es bei Fichte nicht zu tun. Neben den Bezügen auf die Schriften anderer stehen die auf andere Menschen, auf ihre Aussagen, Vorstellungen und Handlungen oder die Geschichten, die sie erzählen. Obwohl sich der Eindruck eines befremdlichen Hermetismus immer wieder einstellen mag, sorgt die Verfaßtheit von Fichtes Literatur zugleich immer wieder dafür, daß er perforiert und depotenziert wird durch die doppelte Öffnung auf die Welt der Bücher und die der Menschen. Das führt, was die interne Beziehungshaftigkeit der Literatur Fichtes betrifft, auch dazu, daß das, was hier vom Leben und Denken in der Welt aufgeschrieben wird, rückwendend rekapituliert oder in Zeitsprüngen des Erinnerns neu vergegenwärtigt wird, so daß das Erzählen keiner einfachen chronologischen Ordnung folgt, sondern über Zeit- und Raumentgrenzungen strukturale Entsprechungen und Ähnlichkeiten, eben Beziehungen zwischen scheinbar entfernt voneinander liegenden Denk-, Verhaltens- und Vorstellungsweisen erzeugt. Fichtes Literatur entwirft keine fiktiven Vorstellungswelten, sondern forscht ihnen auf literarische Weise nach; eben das macht sie im besten Sinne welthaltig.

Obwohl schon Fichtes Literatur selbst es nahelegt, der Beziehungshaftigkeit ein besonderes Gewicht zu geben, wird es in diesem Buch darüberhinaus darum gehen, externe Relationen zu entfalten. Auch Fichtes Werk ist angesiedelt in einer literarischen und intellektuellen

Landschaft. Sie figuriert mögliche Anschlüsse für Rezeptionen, sei es, daß sie eine besondere Thematik des Werks hervorheben oder seine sprachliche Gestalt und Form. Aber die Relationen, in die ein literarisches Werk gebracht werden kann, erschöpfen sich nicht in den (literaturpolitischen) Situierungen, die ein zeitgenössischer Literaturbetrieb, die Institutionen der Literaturkritik oder eine thematisch interessierte Besetzung des Werks hervorbringen. Es gibt, in einer systematischen Perspektive gedacht, Problemstellungen und Themen, die sich dem Erfahrungsdruck einer Gegenwart und wirksamen – sei es geteilten oder zurückgewiesenen – Traditionsbeständen verdanken, die literarische Effekte und Antworten mit transpersonaler Kraft entfalten und die nicht nur Sache eines Autors bzw. seines Werkes sind. Den Blick von außen auf Fichtes Literatur zu richten, heißt dann, danach zu fragen, wo und wie diese Literatur mit Problemlagen und kritischen Themen ihrer Zeit kommuniziert und ihnen Kontur gibt. Es ist also nicht in erster Linie der Unikatcharakter von Fichtes Literatur, der ihre Besonderheit ausmacht, sondern die eigenwillige Öffnung auf die Welt von Menschen, Denkweisen und Vorstellungen – eben die literarische Verzeichnung von Welthaltigkeit. Deshalb bedarf es für den Zugang zu dieser Literatur eines Denkens, das selbst Relationen herstellt. Ihnen gehen die einzelnen Kapitel nach.

Mit einer ersten Reise des jungen Fichte in die Haute Provence, die später wiederholt und Gegenstand literarischer Vergegenwärtigung wird, beginnt ein Aufbruch aus einem postfaschistischen Deutschland, der dessen Selbstverständnis auf die Erfahrungsräume einer anderen Lebensweise und Kultur hin überschreitet und zugleich Verwandtschaften entdeckt, die zum etablierten bundesrepublikanischen Frankreichbild nicht recht passen. Hiermit ist das erste Kapitel befaßt. Das zweite Kapitel richtet den Blick auf die Rezeption von Fichtes Literatur in der Bundesrepublik. So befremdlich diese Literatur auch wahrgenommen wird – die Rezeption folgt spezifischen Topoi und Mustern der Qualifikation und Wertungen, die sich nicht nur den Vorstellungen des Literaturbetriebes und der Literaturwissenschaft von dem verdanken, was Literatur kann, darf oder soll, sondern die mit ihren Zuschreibungen auch wesentliche Themen abgesteckt haben, unter denen Fichtes Literatur des weiteren wahrgenommen wurde. Gezeigt wird dies in einer Diskursanalyse der Nachrufe auf Fichte sowie der Rezensionen zum frühen Roman *Die Palette*. Das nächste Kapitel kehrt die Perspektive um: nicht die Literatur Fichtes ist Objekt der Literaturkritik, sondern der Literaturbetrieb ist Objekt von Fichtes Literatur. Welchen Stimmen hat dieser Betrieb Gehör geschenkt, durch welche kam und kommt Deutschland zur Sprache? Anläßlich von *Die zweite Schuld* geht es um das diskurspolitische Feld, auf dem um die Hörbarkeit gerade auch der literarischen Rede im öffentlichen Raum ihrer Institutionen gekämpft wird.

Den Verschränkungen von Biographie und Weltbeschreibung geht das vierte Kapitel nach. Am Beispiel zweier Romane, *Hotel Garni* und *Forschungsbericht*, wird gezeigt, wie die Dekomposition der Vorstellungen von Subjekt und Kultur als kompakten Entitäten in ein interkulturelles Ritenstudium überführt wird, das vom Gedanken eines Synkretismus getragen wird, in dem sich Lebenskategorien und -formen vermischen. Empfindlichkeit als Mittel der Wahrnehmung und anthropologische Neugier sind die wesentlichen Komponenten einer literarischen Ethnographie, die sich für Verwandtschaften und Ähnlichkeiten zwischen Kulturen und ihren Praktiken interessiert und in die feste Stellung der Unterschiede zwischen ihnen interveniert.

Mit dem nächsten, dem fünften Kapitel – und das gilt auch für die folgenden – wird Fichtes Werk weniger aus einer immanenten Perspektive behandelt, sondern in Beziehungen und Kontexte eingerückt. Die Resonanzen, die Widerklänge zwischen Fichte und Hans Henny Jahnn, der im übrigen dem Literaturbetrieb seiner Zeit ebensowenig anschlußfähig erschien wie die Literatur Fichtes, verdanken sich nicht nur einer biographischen Bedeutung, die Jahnn für Fichte zeitlebens hatte, sondern finden sich in einer ganzen Reihe von Affinitäten, die das literarische Werk und die Welt der schriftlich gewordenen Imaginationen und Themen betreffen. Es sind Widerklänge, die auf dem Terrain der Sexualitäten und des Sakralen ebenso hörbar werden wie dort, wo Kolonialismus und Kapitalismus, Rasse und Klasse, Herrschaft und Armut zur Weltbeschreibung und Menschendarstellung auch in ihren dunklen Seiten gehören. So ausgeprägt hier die Bezüge zum literarischen Werk eines anderen Schriftstellers ausfallen – zu Fichtes Literatur gehört darüber hinaus gerade auch die Auseinandersetzung mit nicht-literarischen Diskursen. Um solche Bezüge geht es im sechsten Kapitel. Es nimmt die ethnologische Problematik des vierten Kapitels wieder auf und siedelt sie im Diskursfeld außerliterarischen Wissens mit seinen resonanzträchtigen Kontexten und nicht zuletzt den ausgeprägten Gegnerschaften Fichtes an. Bezogen auf die beiden Pole von Massentourismus und Migration – die besonderen Weltläufigkeiten oder Mobilitäten des 20. Jahrhunderts und darüber hinaus – wird die Kulturtopographie à la Fichte zu einer Angelegenheit zwischen Poesie und Wissenschaft und gewinnt darin ihre literarische Kontur.

Weltbeschreibungen sind auf Sprache und Schrift angewiesen, handele es sich nun um literarische oder wissenschaftliche Formen, aber Welt kann auch durch Bilder ansichtig gemacht werden. Neben Fichtes Bezügen auf Literatur auf der einen und auf Wissenschaft auf der anderen Seite steht – in Gestalt der Fotografin und Lebensgefährtin Fichtes Leonore Mau – die Auseinandersetzung mit der sprachlosen Aufnahme von Welt in der Fotografie. Die Konkurrenz zwischen den Darstellungsweisen der Wortkunst und denen der Fotografie ist Gegenstand des siebten Kapitels. In den semifiktionalen Figuren von Irma und Jäcki nimmt der Paragone zwischen beiden Künsten eine literarische Gestalt an, bis hin zu der Frage, welche der beiden Künste, die die Welt darstellen wollen, denn besser das Publikum der Welt erreichen kann.

Die beiden letzten Kapitel haben eine Gemeinsamkeit: sie konstellieren Fichtes Werk in einer vergleichenden Perspektive mit anderen literarischen Werken, ohne daß dieser Vergleich, wie im Fall von Hans Henny Jahnn oder Leonore Mau, durch einen biographischen Kontakt oder explizite Bezüge in Fichtes Literatur verbürgt und motiviert wäre. Es geht um Relationen, die sich einer systematischen Sicht auf vergleichbare thematische Konstellationen und literarische Problemzonen verdanken. Was das Werk Fichtes betrifft, so geht es in beiden Kapiteln um *Der Platz der Gehenkten*. Zunächst wird dieser Roman, die literarische Ortsbesichtigung von Marrakesch, in einem Traditionszusammenhang angesiedelt, der auch andere Schriftsteller dorthin geführt hat. Das achte Kapitel rückt sie in einen vergleichbaren thematischen Rahmen, der von den Fragen nach der Konturierung dieses Ortes, den Positionierungen des Ich in ihm und nach der formalen Gestaltung literarischer Topographie gebildet wird und Marrakesch als divergente literarisierte Identitätsform ansichtig macht.

Thematische Affinitäten sind die eine Sache, die Form, in die sie gebracht werden, eine andere. Die besondere Gestalt, die Fichte vor allem seinen Romanen gegeben hat, wird schließlich im letzten Kapitel in den Kontext einer Problematik des modernen Romans gestellt, der von einer Dezentrierung des Ich und einer problematisch gewordenen Welt Zeugnis ablegte. Fichtes Unternehmen, eine neue Form des Romans zu entwickeln, gehört zu den postmodernen Bestrebungen, jene Problematik des modernen Romans und die ihr innewohnende Dramatik zu distanzieren. Zum vergleichenden Exempel hierfür wird zum einen ein Roman Paul Wührs mit dem Titel *Das falsche Buch* herangezogen, um zum anderen mit Fichtes *Der Platz der Gehenkten* zwei Facetten der Spielarten postmoderner Literatur vorzuführen. Die Befremdlichkeit, die der erste Eindruck von Fichtes Werk provozieren mag, könnte sich in ein Verständnis für eine nach der Moderne mögliche neue Weltbeschreibung in anderen Formen und in umgeschriebenen Vokabularien verwandeln, in denen sich ein fichteanisches 21. Jahrhundert abzeichnet.

1. Hubert Fichte und die Montagne de Lure

In *Hotel Garni*, dem ersten, 1987 erschienenen Band der *Geschichte der Empfindlichkeit*, einem autobiographischen Roman, der mit dem Jahr 1954 einsetzt, schreibt Hubert Fichte: »Ich sehnte mich nach Testanière und dem heißen Kalkstein, Thymian, Oliven.«[1] Die Sehnsucht des Jahres 1954 richtet sich auf Fichtes Hirtenleben in der Haute Provence im Jahr zuvor. Etwas anderes scheint zu fehlen, in diesem Fall nicht nur Fichte. »1954 suchten sie ja alle verzweifelt nach deutschen Dichtern und fanden keine.«[2] Daß es Anfang der 1950er Jahre keine deutschen Dichter, die allerdings eher Schriftsteller hießen, gegeben habe, wird man bezweifeln können – aber Fichtes Diagnose von Sehnsucht und Leere artikuliert das Gefühl eines tiefgreifenden Mangels einer in Deutschland situierten Kultur und Literatur, das den Aufbruch zu anderen motiviert.

Im Folgenden sollen zunächst die Konstellationen und biographischen Umstände erläutert werden, die zu Fichtes Frankreichbezug und seinem Aufenthalt 1953 in der Montagne de Lure führen, danach geht es um die Konturen seines Frankreichbildes, und schließlich werden die Modalitäten der Literarisierung kultureller Vermittlungen entfaltet.

Eine verstellte Biographie

Alle Werke Fichtes haben autobiographischen Charakter und sind geradezu authentisch in dem Sinne, daß sie an die Stelle literarischer Fiktion den Bericht von eigenen Lebensverhältnissen und den mit anderen geteilten setzen. Dennoch fehlt ihnen das vertraute Kontinuum biographischen Schreibens, das Veränderungen oder Entwicklungen mit einer eindeutigen Zeitachse und motivierter Handlungsfolge unterlegt. Aufzeichnungen, die Früheres betreffen, werden mit anderen der Ver-

1 Hubert Fichte, *Hotel Garni* (= *Die Geschichte der Empfindlichkeit*, Bd. 1), Frankfurt a.M. (S. Fischer) 1987, S. 11. Zur Editionsgeschichte der »Geschichte der Empfindlichkeit«, die siebzehn Bände, davon etliche ohne Zählung umfaßt, s. die Beiträge in dem von Jan-Frederik Bandel hgg. Band *Tage des Lesens. Hubert Fichtes »Geschichte der Empfindlichkeit«*, Aachen (Rimbaud) 2006.

2 Fichte, *Hotel Garni*, S. 10.

gangenheit und Gegenwart überblendet und ineinander geschoben oder mit anderen Geschichten konstelliert. So entsteht eine verstellte Biographie, die nicht die Geschichte des eigenen Lebens erzählt, sondern seine Schichten literarisiert.[3] Ein anderes Problem liegt in der Namensgebung, da nicht alle historischen Personen unbedingt bei ihrem tatsächlichen Namen genannt werden, während tatsächlich existierende durchaus zur Personnage einer Fiktion gehören könnten oder scheinbar unvermittelte Referenzen auf literarische Figuren die Darstellung anderer Personen überlagern. Für einen naiven Leser ist es schwer, dieses Gewirr zu entziffern, denn Fichte entsichert das Gebiet des Fiktiven wie des Realen gleichermaßen. Im Unterschied zu vielen anderen Schriftstellern liegen über das literarische Werk hinaus keine weiteren veröffentlichten biographischen Quellen vor. Um zu erklären, wie der 18jährige Fichte dazu kommt, 1953 als Hirte in der Provence zu leben, bleibt keine andere Möglichkeit, als den Hinweisen nachzugehen, die in dem 1974 geschriebenen, Roman genannten *Versuch über die Pubertät* zu finden sind.[4]

Als 14jähriger wird Fichte mit französischer Literatur bekannt und spielt den François in Sartres *Tote ohne Begräbnis*, das auf der Hamburger Studiobühne uraufgeführt wird. Sartre hat Konjunktur. »1950 trugen jene, die immer vorn sind, wo sie hingehören, gewisse schwarze Bände, auf denen in abgerundeten roten Lettern stand: ›Der Pfahl im Fleisch‹.«[5] Über die »deutsche ungeschminkte Nachwuchsrealität« heißt es an anderer Stelle: »Kürzlich noch BDM-Mädchen, Flakhelfer, Unteroffiziere, heute Schauspieleleven, deren betonte Locken den ersten professionellen Liebesszenen und Charakterausbrüchen entge-

3 »Schichten statt Geschichten« lautet die Formulierung in Fichtes Roman *Versuch über die Pubertät*, Frankfurt a.M. (S. Fischer) 2005, S. 294. Erstausgabe: Hamburg (Hoffmann und Campe) 1974.

4 In dem vermutlich 1977 begonnenen und 1983 in Marokko abgeschlossenen Roman *Hotel Garni*, dessen literarisierte Biographie mit dem Jahr 1954 beginnt, finden sich Berichte von Fichtes dritter Frankreichreise, die, wie die zweite von 1953, 1959 wiederum in die Provence führte, und hier insbesondere auch nach Ganagobie. In diesem Text werden aus der gegenwärtigen Schreibzeit die Reisen von 1953 und 1959 erinnert, dann gibt es die Erinnerungen im Jahr 1959 an das Jahr 1953 mit dem ersten Aufenthalt in der Montagne de Lure (Fichte, *Hotel Garni*, S. 99-120), und schließlich werden etliche Textpassagen aus dem *Versuch über die Pubertät* übernommen bzw. variiert (bes. S. 100ff.). Insofern haben wir es mit einer dreifach verstellten oder geschichteten Biographie zu tun.

5 Fichte, *Versuch*, S. 83.

genbeben, auch abgeklärte, entnazifizierte Vierziger, die sich aus den Resten ihres Körpers, ihrer Begabung, ihrer Gesinnung mit Kriegsbeschädigtenrente eine neue Karriere bei Funk, Synchronisation und Sartre aufbauen wollen«[6]. Die Hinwendung zum Existentialismus als literar-politischer Verarbeitungshilfe im postfaschistischen Deutschland erscheint dem Blick, der sich von 1974 auf das Jahr 1950 richtet, mindestens problematisch, »denn bei den symbiotischen Verknüpfungen von Nationalsozialismus und Existenzialismus in unserer Inszenierung fehlt es nicht an Doppelworten, Mischgemuschel, Neid und Blutungen«.[7] In Deutschland wird der französische Existentialismus zur falschen Entlastung des Literaturbetriebes und des engagierten Schriftstellers – eine Figur, gegen die sich Fichte an anderer Stelle vehement gewandt hat.[8]

Dennoch lernt Fichte französisch an der Universität in Tours und unternimmt 1952 eine erste Reise durch Frankreich. An besuchten Orten werden u.a. genannt: Fontevraud-l'Abbaye, St. Aignan sur Cher, Poitiers, St. Savin sur Gartempe, Montmorillon, Vienne, Dijon, Lascaux, Cahors, Toulouse, St. Martin de Canigou, Nîmes, Arles, Montmajour, Vézeley.[9] Fichte bereist nicht das existentialistische Frankreich der Cafés, Literatenzirkel und Boulevards, sondern findet ein anderes: »Aber immer noch – 52 – ist Frankreich eine Kathedrale.«[10] Die Perspektive auf Frankreich verschiebt sich, wenn man das mit Lessing sagen möchte, von der Zeit- auf die Raumkunst, speziell die Architek-

6 Fichte, *Versuch*, S. 70.
7 Fichte, *Versuch*, S. 77.
8 Eine Polemik Fichtes gegen Sartre findet sich im Essay »Wortwurst und Strichmännchen«, in: ders., *Homosexualität und Literatur II. Polemiken (Die Geschichte der Empfindlichkeit. Paralipomena* Bd. 1), Frankfurt a.M. (S. Fischer) 1988, S. 29-37.
9 Fichte, *Versuch*, S. 218ff.
10 Fichte, *Versuch*, S. 218. Daß Frankreich, die französische Sprache und Literatur einen großen Stellenwert in Fichtes Werk überhaupt haben, zeigt Reinold Werner in seinem Aufsatz: »›Ich zog los, um die menschlichen Überreste aufzusuchen‹ – Fichte und Frankreich«, in: Hartmut Böhme u. Nikolaus Tiling (Hg), *Medium und Maske. Die Literatur Hubert Fichtes zwischen den Kulturen*, Stuttgart (Metzler) 1985, S. 269-285. Werner unterscheidet drei Erfahrungsräume von Frankreich: einen »bukolisch-pastoralen«, einen »kulturellen« und einen »sozio-politischen«; das »Frankreich, das Fichte den – durchaus frankophilen – ersten Nachkriegsjahrzehnten der Bundesrepublik gegenüberstellt, entgegenhält, ist ein anders bewertetes als das kolonialistische Frankreich, auf dessen Spuren Jäcki (d.i. das literarische Double von Fichte, CKE) bei seinen Afrikareisen in den 70er und 80er Jahren trifft.« (S. 272f.)

tur und genauer die Romanik. Mit deren Entdeckung folgt Fichte den Spuren eines anderen Schriftstellers.

Im *Versuch über die Pubertät* steht zu lesen: »Und Amenophis entschloß sich, neu durch die Orgel zu tönen und in romanischen Betten zu schlafen.« (S. 122) Amenophis ist der Beiname, der hier der Figur Pozzi gegeben wird; »Pozzi« seinerseits der Name, unter dem Hans Henny Jahnn, mit dem der junge Fichte befreundet war und der für ihn ein wichtiger Bezugspunkt des Lebens und Schreibens bleibt, beschrieben wird. Jahnn hatte 1921 einen Essay über »Einige Elementarsätze der monumentalen Baukunst« veröffentlicht, in dem er feststellt: »der Weg der Gotik ist falsch«, um ihr insbesondere »eine Auswahl vortrefflicher Werke« in Frankreich gegenüberzustellen.[11] 1951 hatte Jahnn die Provence und die Kuppelkirchen Aquitaniens besucht.[12] Fichte reist dem Schriftsteller aus Deutschland 1952 nach, veröffentlicht seine Skizzen einer Frankreichreise unter dem Titel »Autostop und romanische Kirchen«[13] und findet ein anderes Frankreich als das, welches ihm im Französischen Kulturinstitut in Hamburg von Monsieur Montaignan vermittelt worden war. »Montaignan hat noch nichts von romanischen Kirchen gehört. Gotik ist reçu – Romanik, die Verwandte vom Land.«[14]

Auf dem Weg, der Fichte auf seiner zweiten Frankreichreise in die Montagne de Lure führt, kreuzen sich verschiedene Linien und Polaritäten: die Rezeption avantgardistischer französischer Literatur als Wiederaufbauhilfe im postfaschistischen Deutschland, das Frankreichbild, das die Kulturpolitik des Französischen Kulturinstituts im Hamburg vermittelt, die Einflüsse Jahnns, eines in Deutschland vor und nach 1945 verfemten Dichters, der sich in den goetheanisch-gotischen Kanon der Deutschen ebensowenig einreiht wie in den französischen Modernis-

11 Hans Henny Jahnn, »Einige Elementarsätze der monumentalen Baukunst«, in: *Werke und Tagebücher in sieben Bänden,* Bd. 7, Hamburg (Hoffmann und Campe) 1974, S. 156-188, hier: S. 187 u. 184.

12 Thomas Palzer, »Held der Subkultur. Ein Porträt Hubert Fichtes anlässlich seines 70. Geburtstages«, o.O. 21.3.2005, online: https://www.deutschlandfunk.de/held-der-subkultur.700.de.html?dram:article_id=82216 (letzter Zugriff: 29.11.2019).

13 Hubert Fichte, »Autostop und romanische Kirchen«, in: *Antares. Kunst, Literatur und Wissenschaft aus Frankreich* 1(7)/1953, S. 93-96 u. 1(8)/ 1953, S. 79-82.

14 Fichte, *Versuch*, S. 211.

mus. In diesem Geflecht ist Fichtes »Flucht in die Landwirtschaft«[15] doppelt codiert: als eine Flucht *vor* deutscher Literatur und Kultur, vor »Hebbel, Lessing, Goethe«,[16] und *in* ein Frankreich, das eine Alternative zu einem Frankreich à la Sartre bietet, das in Deutschland en vogue ist.

Zu diesem Aufbruch gehört schließlich Ernst Robert Curtius. Auf die Nennung des Titels seines Buches *Europäische Literatur und lateinisches Mittelalter* folgt sogleich die Begründung für die Lektüre: »Wir sehnen uns nach einem Humanismus, der von aller Pädagogik (und Politik!) gereinigt ist und die Schönheit genießt.«[17] Im §5 des zweiten Kapitels stellt Curtius die »Verwandtschaft zwischen den Sprachen der iberischen Halbinsel, Frankreichs und Italiens« heraus, deren »lingua romana« oder auch »lingua rustica« sowohl der »lingua latina« wie der »lingua barbara, das heißt deutsch« gegenübersteht und die alle neulateinischen Volkssprachen, »und zwar im Gegensatz zur Gelehrtensprache, dem Latein« umfaßt.[18] »Mit den literarischen Weltmächten der Romania«, so Curtius, »konnte Deutschland nie in Wettbewerb treten.«[19] Für Fichte liegt in den Verwandtschaftsbeziehungen einer von Curtius idealisierten Romania, an die Fichte anknüpft, gerade das Schönheitspotential einer anderen Literatur, die ihre nationalliterarische Bindung ebenso aufgibt wie Vorstellungen von einer homogenen Kultur, die Verachtung des Volkes oder – was dasselbe ist – seine überhöhende Feier. Der Romania aus Curtius' Buch kommt der Charakter eines Modells zu, das, entstanden im europäischen Raum, auch für Fichtes Verhältnis zu nicht-europäischen Kulturen tragend werden wird, wie es in *Hotel Garni* später heißt: »Ich war den Afrikanern verwandt, den Lappen, den Mizteken.«[20] Darin liegt eine Öffnung Europas, die aus seinen Traditionen kommt, sein Kapital, das Thomas Keller treffend als »Europa der Gabe« beschrieben hat.[21] Fichtes Flucht nach

15 Fichte, *Versuch*, S. 246.
16 Fichte, *Versuch*, S. 239.
17 Fichte, *Versuch*, S. 229.
18 Ernst Robert Curtius, *Europäische Literatur und lateinisches Mittelalter*, 11. Aufl., Tübingen/Basel (Francke) 1993, S. 40f.
19 Curtius, *Europäische Literatur*, S. 44.
20 Fichte, *Hotel Garni*, S. 10.
21 Thomas Keller, »Das verschenkte Europa. Ein imaginärer Dialog zwischen Jacques Derrida und Peter Sloterdijk«, in: *Paragrana. Internationale Zeitschrift für Historische Anthropologie* 3(2)/1994, S. 432-452.

Südfrankreich darf deshalb auch als ein Weg in das Gelände alter europäischer Vermischungen und Öffnungen verstanden werden.

Konturen des Frankreichbildes

Fichtes zweite Reise nach Frankreich im Jahr 1953 führt direkt in die Provence, dort aber nicht ans Meer, sondern in die Berge. Genannt werden im *Versuch über die Pubertät* die Orte: Aix, Montlaux, Sisteron, die Montagne de Lure, das Schloß La Coste des Marquis de Sade und das etwa 10 km östlich von Cavaillon gelegene Maubec, über das es heißt: »Mich rettete das Unkraut in Maubec.«[22] Nach seiner Arbeit bei einem »Milchbauern« (S. 271) wird Fichte von Pellegrin, einem »unentschlossene(n)« und »maulende(n) Weinbauer(n)«, auf dem Hof der Familie angestellt und versteht: »ich bin nicht hier, um das Landleben zu genießen und die Vergänglichkeit von Kulturen zu beobachten, sondern um auf 20 mal 50 Metern 2000 mannshohe Unkrautstauden auszuziehen, damit ich dem Bauern Nutzen für Geld abgebe und mir Hose, Unterkunft, Ernährung und Transport für den Winter verdiene.«[23] Fichte sucht nicht die für Maler traditionsgemäß attraktiven Orte der Begegnung von Meer und Sonne auf, sondern arbeitet auf der »verkarsteten Halde eines Vorgebirges als Knecht« und spricht von sich als dem »Städter, der zur Erde zurückwill«.[24]

Es mag Zufall gewesen sein, daß Fichte auf die Familie Pellegrin getroffen ist.[25] Den Willen des Städters zur Erde jedenfalls teilen beide.

22 Fichte, *Versuch*, S. 274.

23 Fichte, *Versuch*, S. 275.

24 Fichte, *Versuch*, S. 282 u. 279.

25 Die Datenlage ist schwierig. Peter Braun, *Eine Reise durch das Werk Hubert Fichtes*, Frankfurt a. M. (S. Fischer) 2005, schreibt, Fichte habe Giono aufgesucht, und »dank Jean Gionos Vermittlung kam Fichte dann auch zur Familie Pellegrin nach Montlaux«. (S. 82) Ein Beleg hierfür ist nicht genannt. Giono lebte in Manosque. In *Hotel Garni* heißt es: »In Ganagobie empfahlen sie mich an die Pellegrins. Die Franzosen empfanden damals eine Wollust beim Empfehlen. Aldo lernte ich auf dem Feld kennen.« (S. 106) Ganagobie und die Felsformationen von Meés in der Nähe des Klosters von Gangobie muß Fichte schon seit seinem Aufenthalt im Jahre 1953 kennen (s. Hubert Fichte, »Aufzeichnungen aus dem Hirtenleben in der Provence«, in *Antares* 2(8)/1954, S. 95-105, hier S. 100; ders., *Hotel Garni*, S. 55). Die Bekanntschaft mit Aldo, dem Bruder des Malers Serge Fiorio, datiert jedoch erst ab dem Jahre 1959 (s. Hubert Fichte, »Ein Maler aus Südfrankreich. Montjustin und Serge Fiorio«,

»Die Familie Pellegrin hat vor zwanzig Jahren in der Nachfolge des Bodendichters Jean Giono zur Erde zurückgefunden. Sie hat ein kleines Vermögen verwirtschaftet, Kinder hervorgebracht und eine gründliche Kenntnis derjenigen Probleme erworben, welche die Unkenntnis von Ackerbau und Viehzucht zeitigen.«[26] Pellegrin war mit dem in Manosque geborenen und lebenden Giono bekannt, der in den 1930er Jahren in Contadour, etwas südwestlich der Montagne de Lure, in jährlichen Treffen pazifistische Intellektuelle um sich versammelte, die das einfache Leben der Haute Provence schätzten.[27] Die Gemeinschaft von Contadour sollte eine Utopie realisieren, wie sie Giono 1935 in »Que ma joie demeure« als landwirtschaftliche Kommune des einfachen Lebens im Kontakt mit der Natur entworfen hatte. Die Haute Provence wurde damit schon früh zu einer Adresse für Intellektuelle, die vor den politischen Schismen und kriegerischen Konfrontationen in und zwischen den Nationen Europas eine Zuflucht suchten. Ob Fichte vor seiner Arbeit auf dem Hof Pellegrins Kenntnis von Giono und den

in *Der Monat* 165/1962, S. 62-66). Sowohl die Pellegrins wie Ganagobie und Testanière, den Schäfer in der Montagne de Lure, sucht Fichte offenbar bei seiner Reise im Jahr 1959 wieder auf. In *Hotel Garni* wird zunächst das Schloß de Sades als anfänglicher Inspirationsort des Schreibens genannt (S. 104), dann Ganagobie (S. 106), wobei sich die Nennung von La Coste auf die erste, die von Ganagobie auf die erste und die zweite Reise in die Provence beziehen ließe – also eine Doppelung des Anfangs der Literatur und seine Verstellung zugleich. Zu den symbolischen Resonanzen zwischen den Orten s. Nikolaus Tiling, »Die blutigen Hände von Maubec. Ein Motiv zwischen literarischer Erinnerung und ihren biographischen Schauplätzen: Schrobenhausen, Lacoste und Ganagobie«, in: Hartmut Böhme u. Nikolaus Tiling (Hg), *Medium und Maske. Die Literatur Hubert Fichtes zwischen den Kulturen*, Stuttgart (Metzler) 1995, S. 286-302, bes. S. 300.

26 Fichte, *Versuch*, S. 277.

27 Pellegrin, der ehemalige Schäfer von Giono, wurde sehr viel später noch, 1973, zur Anlaufstelle der Pioniere der »Europäischen Kooperative Longo mai« und vermittelte den Kauf eines Stück Landes in Limans für den Aufbau eines selbstverwalteten agrarischen Lebens. S. Beatriz Graf, *Longo Mai – Revolte und Utopie nach 68. Gesellschaftskritik und selbstverwaltetes Leben in den europäischen Kooperativen*, Egg (Thesis) 2005, S. 28 f. Daß Fichte sich 20 Jahre nach seinem Aufenthalt bei Pellegrin für die neue internationale Bewegung der Agrarkooperativen interessierte, geht aus seinen Texten nicht hervor. Immerhin heißt es in Hubert Fichte, *Explosion. Roman der Ethnologie* (*Die Geschichte der Empfindlichkeit*, Bd. 7), Frankfurt a. M. (S. Fischer) 1993, S. 426 im Zusammenhang mit der Notiz »Bauer in der Provence«: »Auch Bauer war Vermassung, Horte, Massen-Vorratswirtschaft«.

Ideen von Contadour hatte, läßt sich vorerst nicht beantworten,[28] wäre jedoch möglich, da Gionos Werke schon früh, und zwar sowohl vor wie nach 1945, ins Deutsche übersetzt wurden.

Nicht nur in Frankreich, sondern auch in Deutschland war Giono ein vielgelesener Schriftsteller.[29] In seinen Werken schreibt Giono, vergleichbar denen von Jean Carrière, der dessen Freund, Schüler und Sekretär in Manosque war, vom schlichten Leben der erdverbundenen Bauern und Hirten, der Härte, aber auch Schönheit der Natur im Abseits der städtischen Moderne, den elementaren und archaischen Beziehungen und Konflikten der einfachen Menschen. Mit der 1953 erschienen Geschichte »L'homme qui plantait des arbres«, in der der Protagonist gegen die Verkarstung der Berge der Provence kämpft, formuliert Giono eine »politique de l'arbre« lange bevor von Ökologie die Rede ist. Joseph Beuys wird die Politik der Bäume als Kunstprojekt später fortsetzen. Über die alternativ-intellektuellen Pellegrins wird Fichte mit Giono persönlich bekannt[30] und ist in das Netz von Literatur, Kultur und Lebensweise eingebunden, das zivilisations- und modernekritische Intellektuelle Europas in der extremen Landschaft von Frankreichs Süden gebildet haben.

Eine Idylle jedoch beschreibt Fichte nicht, im Gegenteil, er spekuliert über das prekäre Selbstverständnis des alternativen Landlebens dieser ausgestiegenen Intellektuellen, das einen Zirkel von gegenseitigen Verachtungen produziert. Über Frau Pellegrin heißt es: sie »sitzt zuhause, beleidigt und verachtungsvoll. Sie, die Härte des Landlebens kennend, verachtet sie nicht die Pariser Freunde ihrer Klasse, die in den Ferien,

28 In *Hotel Garni* heißt es: »Jemand hatte mir in Paris einen Empfehlungsbrief für Giono geschrieben« (S. 106). Dies müßte aber erst vor der dritten Frankreichreise Fichtes (bzw. der zweiten in die Provence) im Jahre 1959 und auf jeden Fall nach dem Aufenthalt in Schweden 1958 gewesen sein, wie aus den Erzählungen und Daten des Textes hervorgeht.

29 S. Andrea Beate Bantel, *Jean Giono in Deutschland 1929-1945. Ein französischer Schriftsteller im Spiegel und Zerrspiegel seiner deutschen Leser*, St. Ingbert (Röhrig) 1992.

30 Fichte soll mit Giono an einer Übersetzung von Grimmelshausens *Simplicissimus* ins Französische gearbeitet haben, wie es in einer »Skizze« zu Fichtes Biographie heißt. S. Thomas Beckmann, *Hubert Fichte. Materialien zu Leben und Werk*, Frankfurt (Fischer) 1985, S. 318; Jan-Frederik Bandel, »Hubert Fichte – Provisorische Lebensskizze«, o.O. o.J., online: http://hubertfichte.de/fichte.htm (letzter Zugriff: 29.11.2019). »Giono wollte mit mir den Simplizius Simplizissimus übersetzen«, so die Formulierung in *Hotel Garni* (S. 106).

auf der Fahrt nach Cannes, Nizza, Monaco vorbeischauen, die die Schafzucht und Anbau von Hafer verachten, möchte die beleidigte Frau Pellegrin nicht wieder ausstaffiert sein wie diese Freunde und borniert wie sie, die an die Côte d'Azur reisen?« Die Verachtung der Madame Pellegrin trifft die Pariser Freunde, die »fröhlich auf die Mandelbäume klettern« und die ihr »die falsche, längst niedergekaute Begeisterung ihrer eigenen Jugend« vor Augen führen. Die Anwesenheit des »achtzehnjährigen Boche« scheint die Probleme der Wertschätzung noch zu verstärken. »Wie sehr aber muß sie den verachten, der es ernst meint, und wie sie mit ungeschickten Handbewegungen das Melken lernt und das Ausmisten, wird sie, beleidigt, nicht die schneller Melkende spielen, die besser Ausmistende?«[31] Aus enttäuschter Romantik des alternativen Lebens entsteht hier, bei Madame Pellegrin, die um so härtere Verteidigung und Ideologisierung dieses Lebens, und »der Halbjude und Domestik stellt fest, daß Frau Pellegrin sich trotz Rutebeuf und Diderot und Pascal zum Platzen aufbläst wie ein haitianischer Dorfkommandant«. Statt »einige Milderung« durch die »ackerbaulichen Intellektuellen« zu erfahren, »nutzen sie ihn nur intellektueller aus«.[32]

Enttäuscht von dieser Familie, »die hinüberwollte zum Duftenden, Faustisch-Brechtischen« und die hohe Literatur existentiell zu unterfüttern und verwirklichen strebt – was ihm geradezu als ein Verrat an der Literatur erscheint – wird Fichte bei Monsieur Testanière, an den ihn Frau Pellegrin »verschachert« hatte, Schafhirte in der Montagne de Lure.[33] Es ist eine Flucht vor den Zufluchten, die andere wie Pellegrins gefunden hatten, und zugleich deren Überbietung durch den Weg in jene Berge, die Fernand Braudel als bevorzugte Orte abweichender Kulturen, vor denen der Despotismus innehält, beschrieben hat. In Braudels Geschichte des Mittelmeeres stehen die Berge an erster Stelle; »das Bergleben war wohl tatsächlich das erste Leben des Mittelmeerraumes. […] Die bewohnten Ebenen, das heutige Sinnbild der Prosperität, sind das späte, mühselige Ergebnis jahrhundertelanger gemeinschaftlicher Bemühungen.«[34] Eine lange Tradition zeichnet die Berge auch politisch aus. Braudel zitiert eine Bemerkung von 1575, wo-

31 Fichte, *Versuch*, S. 277f.

32 Fichte, *Versuch*, S. 278.

33 Fichte, *Versuch*, S. 282 u. 284.

34 Fernand Braudel, *Das Mittelmeer und die mediterrane Welt in der Epoche Philipps II.*, Bd. 1, Frankfurt a.M. (Suhrkamp) 1994, S. 69.

nach ein »Land voller Berge, Felsen und Wälder, ein Land, das zum Hirtenleben taugt und wo es viele Arme gibt, [...] der Demokratie am meisten entgegen(kommt)«.[35] Die archaische und zugleich politische Bedeutung der Berge als Zufluchtsort reicht über die Jahrhunderte hinweg bis hin etwa zu Anselm Kiefers Leben in La Ribaute bei Barjac am Südhang der Cevennen, des Malers, der eines seiner bleiernen Bücher mit »Über euren Städten wird Gras wachsen« überschrieb. Zweifellos ist eine solche Natur, sind der Archaismus und die Politik dieser Berge eine Alternative zur deutschen »Scholle«.[36] Eine Beziehung auf Land und Boden ist deutschen Intellektuellen nach den Verwüstungen des Nationalsozialismus in Deutschland unmöglich, im Weg über Frankreich hingegen möglich. Daß die braune Farbe des Bodens nicht unbedingt reflexhaft auf die (eine) deutsche Diktatur bezogen werden muß, macht etwa das Nachwort von Lothar Baier und Manfred Metzner zur deutschen Übersetzung von Jean Carrières *Der Sperber von Maheux* aus dem Jahre 1980 deutlich. Trotz aller Skepsis gegenüber den neuen Siedlern der Landkommunen fragen sie angesichts einer näher rückenden zivilisatorischen Wüste: »Wie soll sich da nicht der Wunsch regen, in die Cevennen oder anderswohin zu gehen, dort die Wildnis zu besetzen, um zu verhindern, daß sie von der kapitalistischen Zivilisation in Beschlag genommen wird?«[37]

Eine solche explizite Politisierung des abgeschiedenen Landlebens findet sich bei Fichte nicht, stattdessen eine gesteigerte Sinnlichkeit der Welt gegenüber. »Wacholder, Thymian, Pfefferkraut, die Halden, Schaf, Ziege, Hund, Suppe, Tau, Feuer werden meine Liebhaber und Geliebten, und in der spröden Luft verwandelt sich der nüchterne Ritus des Knechtlebens in ein verdrehtes pubertäres Fest.«[38] Die enthusiasmierende Öffnung für die Sinnlichkeit von Landschaft und Arbeit wird begleitet von einer faszinierten Teilhabe an den Geschichten, die der 60jährige Testanière erzählt und der eine eigene Stimme erhält. Testanière, aus einer sehr armen Familie stammend, Vagabund, Salz- und Opiumschmuggler, reich gewordener Besitzer mehrerer Häuser

35 Loys le Roy, *De l'exellence du gouvernement royal*, Paris 1575, S. 37, zitiert bei Braudel, S. 50.

36 S. Fichte, *Versuch*, S. 236.

37 Manfred Metzner u. Lothar Baier, »Nachwort«, in: Jean Carrière, *Der Sperber von Maheux*, Heidelberg (Verlag das Wunderhorn) 1980, S. 366.

38 Fichte, *Versuch*, S. 287.

(u.a. in Manosque) und der von Fichte gehüteten Schafherde, kennt die Sagen und Mythen der Berge, den Aberglauben und die Riten ihrer Bewohner. In seinen Geschichten, also denen des einfachen Volkes, sieht Fichte eine Verwandtschaft mit der Literatur der Antike. »Testanière verwandelte sich in Teiresias [...] Testanière bekommt den Veitstanz und sagt wahr«.[39]

Zweierlei findet Fichte 1953 in der Montagne de Lure: die sinnliche Empfindlichkeit gegenüber der Welt und der Arbeit, und eine andere Form der Literatur – nicht aber die Bindung an eine politisierte oder ideologisierte Bewegung von Landkommunen. Unmittelbar im Anschluß an die Überblendung von Testanière mit Teiresias heißt es: »Die Bewegungen und Gesten verändern sich im freien Feld. Auch Sprachgesten. [...] Allmählich entwickelt sich in mir die Freiheit, das Diskrepante zu schreiben, das ich früher in der Lokstedter Einheitlichkeit sorgsam wegstrich.«[40] Wenn Fichte am Ende des *Versuchs über die Pubertät* notiert: »Der Mensch ist kein Baum. Der Zauber ist zerschnitten« (S. 298), so wird man diese Sätze in eine kritische Beziehung zu Gionos Erzählung von dem »Mann, der Bäume pflanzte« setzen können.

Modalitäten der Literarisierung kultureller Vermittlungen

Zwischen dem Aufenthalt in der Montagne de Lure und dem *Versuch über die Pubertät* liegen 20 Jahre. Es gibt aber einen kleinen Text »Aufzeichnungen aus dem Hirtenleben in der Provence«, erschienen 1954 in der Zeitschrift *Antares*, der herangezogen werden muß, um die Anteile bleibender Eindrücke und die Veränderungen ihrer Literarisierung aufzuzeigen. Der zehnseitige Text von 1954 enthält keine weiteren Informationen. Er stellt die Einsamkeit, Härten, Einfachheit und Intensität dieses Lebens in einer Sprache dar, die sich zwischen in einfachen Sätzen notierten sehr genauen Beobachtungen und emotional getönten adjektivischen Ausschmückungen bewegt. Das Leben auf dem Hof der Pellegrins wird nicht erwähnt, während Testanière auch in diesem Text eine beeindruckende Figur ist.[41] Die pastorale Arbeit scheint ein über

39 Fichte, *Versuch*, S. 293.
40 Fichte, *Versuch*, S. 294.
41 In *Hotel Garni* wird Testanière wiederum genannt, seine Bedeutung bleibt erhalten, zumal die Reise von 1959 zu einer erneuten Begegnung geführt hat.

sie hinausweisendes Modell zu sein. »So lerne ich mit den Tieren die Beherrschung und vielleicht die Milde [...] Das Hüten ist ein genaues Widerspiel von Antrieb und Zurückhaltung. Testanière hat es mich gelehrt in allen seinen Regeln!«[42] Im Vergleich beider Texte findet sich eine ganze Reihe von übereinstimmenden Details, die darauf schließen lassen, daß Fichte seinen alten Text bei der Niederschrift der *Pubertät* wieder zur Hand genommen hat und ältere Schichten in der verstellten Biographie im Kern präsent bleiben.

Die großen Unterschiede liegen in den Modalitäten der Literarisierung. Während der frühe Text einem eindeutigen Kontinuum des Erzählens folgt und dem Leser ein geradezu gerundetes Bild vom Hirtenleben vor Augen führt, das er problemlos imaginieren kann, werden im *Versuch über die Pubertät* die kohärenten Bilder zerschnitten. Wenn es über Madame Pellegrin heißt, sie führe sich auf wie ein haitianischer Dorfkommandant, so ist das nicht als Metapher zu lesen, sondern als Bezeichnung einer erlebten und empfundenen Gemeinsamkeit oder, mit Fichte gesagt, als »Verwandtschaft«, die sich dem Studium der Welt und der Menschen verdankt. Von Beginn des Romans an wird die Darstellung der »Pubertät« in Hamburg und so auch in Frankreich mit Passagen versetzt, die sich auf Fichtes Aufenthalt in Salvador da Bahia, auf den Voodoo und das dortige Gerichtsmedizinische Institut in Salvador beziehen.[43] Vermittelt werden keine Bilder kompakter Kulturen in geschlossenen Narrationen, vielmehr werden die Elemente, in die sie zerlegt werden, miteinander konstelliert, so daß Resonanzen und Korrespondenzen zwischen räumlich und zeitlich entfernten kulturellen Praktiken, Lebensformen, Gewohnheiten und Deutungen entstehen – etwa zwischen Frankreich, Brasilien oder Haiti. Interkulturelle Vermittlung äußert sich als textuelles Phänomen, das »Schichten statt Geschichten« darstellt.[44] Im alten Schäfer Testanière verkörpert sich in der *Pubertät* geradezu ein poetisches Verhältnis zur Welt, denn »er hat Baudelaires Augen« (S. 283) – also die Augen desjenigen, der die

1959 lebt Fichte außerdem bei den Brüdern Aldo und Serge Fiorio (dem Maler) in Montjustin. S. hierzu auch Braun, *Eine Reise*, S. 93 f.

42 Fichte, »Aufzeichnungen aus dem Hirtenleben in der Provence«, S. 98.

43 Die Komposition des Romans wird weiter in sich dadurch geschichtet, daß jeweils noch »eine andere Pubertät« in den Kapiteln zwei (Rolf Schwab, 60, Angestellter) und vier (Hans Eppendorfer) dargestellt wird.

44 So die häufig zitierte Formulierung im *Versuch über die Pubertät*, S. 294.

»correspondence« zum Prinzip seiner Literatur gemacht hat. Im frühen Text der »Aufzeichnungen« wird Testanière mit den Worten zitiert: »So auf der Erde fühle ich mich all den Schäfern verwandt und den Vagabunden«, während sich der junge Fichte der Hündin Lola verwandt sieht, weil »sie träumt, träumt wie ich«.[45]

Korrespondenz und Verwandtschaft sind die Prinzipien, die Fichtes interkulturelles, welthaltiges Schreiben bestimmen – nicht aber das Interesse an der Erzählung von kompakten Kulturen oder an einer vergangenheitsbezogenen Identitätsproduktion à la Proust. In Bezug auf Marcel Prousts Werk *Auf der Suche nach der verlorenen Zeit*, das für Fichte eine wichtige Bedeutung hat, findet sich die leicht distanzierende Formulierung: »die Uhrzeit verlieren und auch die wiedergefundene Zeit wieder verlieren.«[46] Versteht man den *Versuch über die Pubertät* als Beschreibung von Riten einer Initiation, so darf man im Schäferleben in der Montagne de Lure einen Nukleus sehen, in dem ein neuer Ritus des Schreibens entsteht. »Unter dem Chateau des Marquis de Sade hatte das alles mal angefangen«, heißt es in *Hotel Garni*, dem ersten Band der *Geschichte der Empfindlichkeit*.[47]

Die kompositorische Zusammenstellung von Elementen von Kulturen, die so seziert werden wie die Körper in der Morgue von Salvador, setzt aber einen Schreiber voraus, der den Grenzen der Pubertät entwachsen ist, um über Verwandtschaften des Disparaten, die er allererst erfahren haben muß, Welthaltigkeit in Literatur überführen zu können. Im Zusammenhang mit der Tätigkeit des Sezierens findet sich zweimal, am Beginn und am Ende als Klammer um den Roman die identische Formulierung, der Autor interessiere sich »nicht touristisch für die Toten, sondern für das Auseinanderfallen des Bildes, das mich ausmacht.«[48] Eben deshalb entsteht auch keine in sich geschlossene Erzählung vom archaischen Leben in der Freiheit der Berge wie bei Giono, wohl aber eine Literatur, die kompakte Kulturen avantgardistisch so zerlegt, daß »Sezierer und Sezierte [...] sich so ähnlich (sehen)«.[49] Fichte schreibt im eminenten Sinne sub-kulturell. Heilmittel, die die sub- in eine andere, etwa supra-kulturelle Einheit

45 Fichte, »Aufzeichnungen aus dem Hirtenleben in der Provence«, S. 104.
46 Fichte, *Versuch*, S. 294.
47 Fichte, *Hotel Garni*, S. 104.
48 Fichte, *Versuch*, S. 19 u. 284.
49 Fichte, *Versuch*, S. 297.

verwandeln könnten, haben die literarische Zauberkraft verloren. Einer der letzten Sätze am Ende der *Pubertät* lautet: »Die Blätterrezepte sind eine unverständlich gewordene Sprache, die ich vergebens auf die Welt anzuwenden versuche.«[50] Die pastorale Dimension des »Hirtenlebens in der Provence« aber schreibt sich dabei in eine Haltung des Hütens von Kulturschichten um. Denn das »Widerspiel von Antrieb und Zurückhaltung« bleibt für die Beobachtung und Literarisierung der verwandtschaftlichen Riten und Archaismen von Kulturen in Fichtes Literatur der verstellten Biographie weiterhin bestimmend. Im Hinblick auf die Montagne de Lure jedenfalls gibt es mit Sicherheit eine Art pastoraler Trinität von Schäfern: Pellegrin (als Schäfer bei Giono), Testanière (als Schäfer bei Pellegrin), Fichte (als Schäfer bei Testanière).

50 Fichte, *Versuch*, S. 298.

2. Eine befremdliche Literatur: Fichte in der Bundesrepublik

Schriftsteller, die reisend vertraute Räume verlassen, von ihren Reisen berichten und ihren Erkundungen einen literarischen Ausdruck verleihen, sind keine Seltenheit in der Geschichte der Literatur und haben ihre Konjunktur insbesondere dort, wo es um Aufklärung und Licht im Dunkel verborgener Verhältnisse geht. Dies Verborgene gibt es für Fichte nicht allein im Ausland, sondern auch im Inland, und es sind nicht zuletzt die Resonanzen zwischen beiden, die literarisch aufgesucht werden. Reiseliteratur verhält sich komplementär zur romantischen Innerlichkeit, so sehr auch diese noch die Sehnsucht nach ahnungsvollen Fernen – und lägen sie noch so nahe – kennt, wenn die eigenen Räume zu eng werden. Dem Vertrauten setzt eine Literatur der Reise die Erfahrung des Befremdlichen entgegen, das zugleich den Blick auf Vertrautes irritieren kann. Angesichts der in der Literaturgeschichte – auch der deutschen – zu findenden Tradition von Reiseliteratur[1] hätte die literaturkritische Aufnahme von Fichtes Literatur hier einen geradezu selbstverständlichen Kontext finden können. Für die literaturkritischen Besprechungen, mit ihrem nicht zu unterschätzenden Einfluß auf die Literaturwissenschaft, gilt dies nicht. Im Gegenteil: so befremdlich wie dem reisenden Schriftsteller etwas sein mag, scheint einer großen Zahl von Literaturkritikern in der Bundesrepublik dessen Literatur selbst zu sein.

Anläßlich des Todes von Hubert Fichte im Jahr 1986 stellt Hans Mayer fest: »Es ist an der Zeit, daß wir uns als Nachdenker über Hubert Fichte verstehen, als Nachdenker über einen der großen Schriftsteller, der unter uns gelebt hat. Hätten wir eine Literaturkritik, es wäre ihre Aufgabe gewesen, bei diesem Verstehen mitzuhelfen. Wir haben sie nicht.«[2] Später bemerkt Nikolaus Tiling, die »bislang in Rezensio-

1 Beispielhaft sei hingewiesen auf Friedrich Nicolais *Beschreibung einer Reise durch Deutschland und die Schweiz im Jahre 1781*, Johann Gottfried Seumes *Spaziergang nach Syrakus im Jahre 1802*, Heinrich Heines *Reisebilder* (1826-31), Rolf Dieter Brinkmanns *Rom, Blicke* (1979), Günter Grass' *Kopfgeburten oder Die Deutschen sterben aus* (1980), Peter Handkes *Gestern unterwegs. Aufzeichnungen November 1987 bis Juli 1990* (2005).

2 Hans Mayer in seiner Rede in der Hamburger Akademie der Künste 1986 anläßlich des Todes von Hubert Fichte, zitiert nach: Michael Fisch, *Personal-*

nen und Sekundärliteratur veröffentlichte Rezeption des Schriftstellers Hubert Fichte mit dem Versuch, charakteristische Merkmale und spezifische Motivkonstellationen des Autors und seines literarischen Werkes zu benennen, ist auf zwei sich überschneidende Stichwortreihen konzentriert. Diese Reihen heißen:

> Halbwaise, Halbjude, bisexuell bzw. schwul und
> Kinderdarsteller, Landwirtschaftslehrling, Schriftsteller.«[3]

Die auf den Konnex von biographischen Stationen bzw. Daten und literarischem Werk heruntergebrochenen Schematismen der Literaturkritik sind ebenso unzureichend, um den Positionierungen von Fichtes Literatur in der BRD nachzugehen, wie Hans Mayers Feststellung einer fehlenden Literaturkritik angesichts der tatsächlich vorliegenden etwa fünfhundert Rezensionen und Studien zu einzelnen Veröffentlichungen, die Michael Fisch allein für die Jahre 1963 bis 1995 nachgewiesen hat.[4] Zwei literaturkritische Situationen sollen hier auf die Muster befragt werden, die in den Antworten auf Fichtes Werke zutage treten: Zum Ersten Nachrufe, die zu Fichtes Tod 1986 erschienen sind, und zum Zweiten Rezensionen zu Fichtes Roman *Die Palette*, erschienen 1968. Unsere Vorgehensweise orientiert sich hier an einem diskursanalytischen Verfahren. Nachrufe und Rezensionen werden nicht als je für sich stehende Texte in ihrer einzelnen argumentativen Struktur oder Kohärenz untersucht, um sie auf ihre interpretative Richtigkeit hin zu befragen oder darüber zu befinden, ob sie Fichtes Werk gerecht werden. Sie werden als eine Gesamtheit von Aussagen behandelt, an die die Frage nach den in ihnen zutage tretenden Serien argumentativer Muster oder privilegierter literaturkritischer Problem- und Aufmerksamkeits-

bibliographie zu Leben und Werk von Hubert Fichte. Unter Berücksichtigung des Werkes von Leonore Mau, mit einem Text v. Gert Mattenklott, Berlin (edition diá) 1996, S. 12.

3 Nikolaus Tiling, »Vom Sprechen zum Schreiben. Anfänge einer Schriftsteller-Laufbahn«, in: ders. u. Hartmut Böhme (Hg), *Leben, um eine Form der Darstellung zu erreichen. Studien zum Werk Hubert Fichtes*, Frankfurt a.M. (Fischer) 1991, S. 245-263, hier S. 245.

4 Michael Fisch, *Personalbibliographie zu Leben und Werk von Hubert Fichte*, S. 13. Des weiteren: ders., *Hubert Fichte – Explosion der Forschung. Bibliographie zu Leben und Werk von Hubert Fichte. Unter Berücksichtigung des Werkes von Leonore Mau*, Bielefeld (Aisthesis) 2006.

zonen gerichtet wird. Das Material, die Nachrufe und Rezensionen werden zerlegt, um aus ihren Elementen ein Tableau der Rezeption Fichtes in der Bundesrepublik zu erstellen.

Spektren der Nachrufe auf Fichte: Außenseiter, Fremdheiten, Gewalt

Wollte man die drängenden Zeiterfahrungen der 1980er Jahre, die mit ihrem Problemdruck die Literatur und die intellektuellen Wahrnehmungen tangiert und herausgefordert haben, holzschnittartig benennen, so dürften hier drei Dimensionen herauszustellen sein. Das ist zunächst eine markante Transformation der Medien, zweitens ein zunehmender Diskurs über eine als katastrophisch erlebte Gegenwart, die auch politisch als Endstation erfahren wird; und drittens die Entdeckung eines ethnologischen Blicks auf eigene und fremde Kulturen gleichermaßen, mit dem die Zentrierung auf den Binnenraum des Deutschen dezentriert wird.[5] Vor allem dieser letzte Gesichtspunkt hat zu einer mit den Nachrufen langsam einsetzenden Verlagerung und Verschiebung der Rezeption Fichtes in der Bundesrepublik beigetragen.

Nachrufe sind ein besonderes Genre des Aussagens; sie nehmen denjenigen, der nicht mehr unter den Lebenden ist, mit und gegen seinen Tod in die Gemeinschaft der Lebenden auf, sie evozieren seine erinnerungswürdige Zugehörigkeit und Bedeutung: de mortuis nil nisi bene, oder: wer Schlechtes, den Toten Ausstoßendes zu sagen haben könnte, der schweige, denn der Tote kann sich nicht mehr wehren. Deshalb haben die Nachrufe von vornherein einen anderen Aussagestatus und folgen anderen Regeln als Literaturkritiken. Diese Regeln sagen aber noch nichts darüber aus, auf welchen Gebieten, zu welchen Themen und Besonderheiten eine erinnerungswürdige Bedeutung zustandekommt. Es sind diese hergestellten Konturen von Bedeutung, die hier interessieren.

Bei einem ersten Blick auf die Nachrufe fällt zunächst auf, daß eben das Werk, das in der Literaturkritik zuvor beträchtlichen Anstoß erregt hatte, *Die Palette* von 1968, nicht nur besonders häufig als Fichtes be-

5 Ausführlich Christa Karpenstein-Eßbach, *Medien, Wörterwelten, Lebenszusammenhang. Prosa der Bundesrepublik Deutschland 1975-1990 in literatursoziologischer, diskursanalytischer und hermeneutischer Sicht*, München (Fink) 1995.

kanntestes Werk genannt,[6] sondern auch mit besonderer Auszeichnung bedacht wird. Im Rückblick wird festgestellt: »Etwas überrascht war man dann (nach *Das Waisenhaus*, CKE) von der ›Palette‹«, gleichwohl handele es sich um »Fichtes große(n) Gegenwartsromanversuch«.[7] *Die Palette* gilt als Fichtes »berühmtestes Werk«, in dem »die literarische Anatomie des Lebensgefühls jener Generation, die gegen die Selbstgerechtigkeit ihrer etablierten Eltern protestierte«, gelungen sei,[8] als »bedeutendstes Werk«, das einen Ort beschreibt, an dem »moderne Nomaden zusammen(treffen)«, und das einen »Wurf« darstellt, der Fichte »nie wieder gelungen ist«.[9] Unter welchen Prämissen und Schemata die literaturkritische Aufnahme der *Palette* nach ihrem Erscheinen im Jahr 1968 stand, wird noch genauer zu entfalten sein. Zu einer solchen vorsichtigen bzw. dezidierten verschiebenden Neubewertung der *Palette* in den Nachrufen konnte es kommen, weil die Prädominanz der der Gruppe 47 nahestehenden Literaturkritiker von einer jüngeren Kritikergeneration und den politischen und kulturellen Erfahrungen der 68er-Bewegung gelockert wurde. In den Nachrufen insgesamt wird das bis dato vorliegende Gesamtwerk Fichtes auf eine Weise wahrgenommen, die sich um drei Gesichtspunkte gruppieren läßt: 1. den Konnex von Biographie und Werk; 2. die Thematik des Fremden; 3. die eigentümliche Verschränkung von Gewaltthematik und Näheerfahrung.

Daß sich Nachrufe auf Leben und Werk des Toten beziehen, ist für sich genommen kein außergewöhnlicher Sachverhalt, aber der Konnex von Biographie und Literatur fällt im Fall Fichte bemerkenswert eng aus, wie es allein schon im Kompositum »Lebenswerk« sinnfällig wird. Dieses »so disparat und heterogen erscheinende Lebenswerk wird zu-

6 O.V., »Hubert Fichte. Der Schriftsteller ist gestorben«, in: *Frankfurter Allgemeine Zeitung* vom 10.3.1986; o.V., »Hubert Fichte gestorben«, in: *Frankfurter Rundschau* vom 10.3.1986; o.V., »Hubert Fichte tot«, in: *Die Welt* vom 10.3.1986. Ich danke Frau Gülçin Onat (M.A.) für ihre sorgsame und freundliche Hilfe beim Beschaffen der Nachrufe und Rezensionen zu Fichte.

7 Wolfgang Ignée, »Wirklichkeit oder Möglichkeit. Zum Tode des Schriftstellers Hubert Fichte – Ein Autor der Realität«, in: *Stuttgarter Zeitung* vom 10.3.1986.

8 Hans Jansen, »Anwalt der Außenseiter. Zum Tod H. Fichtes«, in: *Westdeutsche Allgemeine Zeitung* vom 10.3.1986.

9 Geno Hartlaub, »Ein Seher im Untergrund«, in: *Deutsches Allgemeines Sonntagsblatt* vom 16.3.1986.

sammengehalten und durchzogen von Fichtes Biographie«.[10] Bei seinem Werk handelt es sich um »eine unbeirrt fortgeschriebene Biographie«, die nicht nur »leicht erkennbar in seiner ersten Periode« ist, sondern auch tragend für seine spätere »ungewöhnliche ›Ethnopoesie‹«.[11] Dieser Autor schrieb »immer wieder auch über sich selbst«.[12] Ein »Lebenswerk«, das sich aus dem »Leben« speist, könnte durch eine Vielfalt gekennzeichnet sein, wie sie im Leben Fichtes zu finden ist, der nicht nur Schriftsteller war, sondern Theater- und Filmdarsteller, Lagerleiter bei einem Arbeiterpriester, Arbeiter in der Landwirtschaft, in einem Heim für Schwererziehbare, in psychiatrischen Einrichtungen und darüber hinaus Weltreisender. In den Nachrufen werden Leben und Werk unter einer beiden gemeinsamen Signatur zusammengebunden: dem Außenseiter und der Randfigur. Fichte gilt als einer »der bedeutendsten Außenseiter unter den deutschen Nachkriegsautoren«;[13] schon *Das Waisenhaus* zeige »das Kind als unglücklichen Außenseiter«, und zwar »in doppelter Hinsicht«;[14] es »sind existentielle Erfahrungen der Ausgeschlossenheit, der Fremde, der Bedrohung, der Nicht-Identität mit den Anderen (der ›Mehrheit‹, der ›Normalität‹), welche Hubert Fichte früh geprägt haben«.[15] Der »kritische Außenseiter«[16] hielt in seiner Literatur »immer das fest, was außerhalb der breiten Mitte lag«.[17]

Das Thema des Außenseiters sind Außenseiter in der zweifachen Gestalt der eigenen Person und derjenigen, auf die sich das literarische Interesse richtet. Im Konnex von Biographie und Werk steht seine Literatur unter dem Stern der Zwangsläufigkeit: er mußte so schrei-

10 Werner Fuld, »Melancholie des Scheiterns. Zum Tode des Schriftstellers Hubert Fichte«, in: *Frankfurter Allgemeine Zeitung* vom 11.3.1986.

11 Wolfgang Schirmacher, »Faszinierende Fremde. Zum Tod des Schriftstellers Hubert Fichte«, in: *Badische Zeitung* vom 10.3.1986.

12 Dietrich Leder, »Ein beredter Zeuge für das Fremde. Der Schriftsteller Hubert Fichte ist gestorben«, in: *Kölner Stadtanzeiger* vom 10.3.1986.

13 Hartlaub, »Ein Seher im Untergrund«.

14 Werner Fuld, »Melancholie des Scheiterns«.

15 Wolfram Schütte, »Ich: die Lüge. Zum Tod von Hubert Fichte«, in: *Frankfurter Rundschau* vom 11.3.1986.

16 O.V., »Festakt für Hubert Fichte im Rathaus. Grenzgänger zwischen Präzision und Ekstase«, in: *Die Welt* vom 29.9.1986.

17 Christine Wischmann, »Randzonen erkundet. Zum Tod Hubert Fichtes«, in: *Kieler Nachrichten* vom 10.3.1986; s. auch dass. in: *Der Tagesspiegel* vom 11.3.1986 (mit minimalen Textabweichungen und ohne Angabe des Verfassers).

ben, wie er schrieb. Eine solche bis zum Determinismus überdrehte hermeneutische Aktion der Verschmelzung von Lebensumständen und Literatur, von Autor und Werk kann die mögliche Freiheit eines literarischen Avantgardismus gar nicht mehr in den Blick nehmen. Daß Fichte »zu den wenigen tatsächlich experimentellen Autoren der Bundesrepublik (gehört)«, ist eine der wenigen in dieser Hinsicht zu findenden Aussagen, die hervorheben, daß diese Literatur »ungewöhnlich« sei.[18] Topologisch gesehen gibt es keinen Rekurs auf das Vorn-Sein einer Avantgarde, sondern auf die Randständigkeit des Außen.

Unbenannt, eine Leerstelle bleibt der Ort, von dem aus der Außenseiter und die Randständigkeit bestimmt werden, von welchem majoritären Innen oder Zentrum aus Fichtes »Lebenswerk« als solches erscheinen kann. In welchen Schriftstellern, welchen Vorstellungen von dem, was Literatur kann, darf oder soll, würde sich eine geläufige Dominanz des Allgemeinen, eine Normalität, sei es des Lebens oder des Werks, finden lassen? Der Leser der Nachrufe sucht hier vergeblich, das große Gebiet des Majoritären liegt im Dunkel. Größere Klarheit ist zu gewinnen, wenn man die Oppositionspaare von Innen und Außen, von Normalität und Außenseiter in die Opposition von ganz und halb übersetzt. Fichte ist, so vermerken die Nachrufe, »Halbjude«, »Halbwaise« und »bisexuell« (wobei die Referenz auf Sexualität hier weitgehend zurückgetreten ist) und also nichts »ganz«, ebensowenig, wie er sich »ganz« der Landwirtschaft, dem Theater, der Sozialarbeit verschrieben oder sich zum ortsansässigen Hamburger gemacht hat. Aus solchen »Halbheiten« wird der Außenseiter geboren, dessen »existentielle Erfahrungen« mit einem Diskurs über den Komplex der Identität verbunden werden können. So verschiebt die topologische Verortung das Außen in das Innen des Ich, es wird zu einer aus Hälftigkeiten (halben Sachen) bestehenden »Nicht-Identität«, die ihrerseits zum Außen geläufiger Selbstverständnisse werden kann, wenn es heißt: »Die mitteleuropäische, die eurozentrische Identitätslüge. Identität erschien Hubert Fichte als etwas höchst Fragliches, etwas Unfestes, Wandelbares.«[19] Fichte wisse um die Schwierigkeit solcher »Ausdrucksformen«, die sich um die Rede vom Ich zentrieren.[20]

18 Leder, »Ein beredter Zeuge für das Fremde«.
19 Schütte, »Ich: die Lüge«.
20 Leder, »Ein beredter Zeuge für das Fremde«.

In die innige Verbindung von Biographie und Werk unter dem Stichwort »Außenseiter« scheint eine Unfaßbarkeit des Autors und seines Werks, eine eigentümliche Befremdlichkeit zu intervenieren, so daß die Vermutung geäußert werden kann: »Manchmal wäre es dem Leser Fichtes wahrscheinlich lieber gewesen, wenn der Autor öfter in seine genau recherchierte Fakten-Wirklichkeit hineingesprungen wäre und darin für Verwirrung und Überraschung gesorgt hätte, unter Einsatz der vollen Subjektivität des Autors.«[21] Das Fehlen dieses Ganzen einer »vollen Subjektivität«, die sich als solche ausspricht, könnte dasjenige sein, das einem dominanten Begriff von Literatur, der Leerstellen der Nachrufe, zuwiderläuft. Daß Fichte allerdings nichts von einem »Außenseiter« an sich hatte, wenn man seine über hundert Beiträge in einem immerhin als Massenmedium zu qualifizierenden Radio oder seine noch zahlreicheren Aufsätze in Zeitschriften, Tages- und Wochenzeitungen bedenkt, steht zu jener Würdigung als Außenseiter eigentümlich quer.

Der zweite Aspekt: die Thematik des Fremden, die die Nachrufe durchzieht, steht der Verknüpfung von Biographie und Werk in der Figur des Außenseiters auf den ersten Blick nahe. »Im Fremden war er heimisch«[22] ist ein Satz, der auf eine außenseiterische Existenz zutreffen könnte. Aber der Fokus des Diskurses verschiebt sich hier von einer im Inneren eines Ich angesiedelten Selbstbezüglichkeit, die sich aus der eigenen lebensgeschichtlichen Erfahrung speist, hin zu einer im Außen der Welt zu entdeckenden Fremdheit. Der »Außenseiter« verläßt den Definitionsraum, der ihn zu einem solchen macht. »Ob in Hamburg oder auf Haiti – der Schriftsteller Hubert Fichte verhielt sich stets wie ein Forschungsreisender, der unter die Wilden gefallen ist.«[23] Der forschende Blick auf die Wilden, die heute nicht mehr so heißen, ist eine Angelegenheit der Ethnologie, und sie rückt das heimatliche Hamburg und die Ferne Haitis in eine Nähe, die mit dem Denkmuster des Außenseiterischen kategorial nicht mehr erreicht werden kann. Das »soziale Elend in der Dritten Welt«, die »Unterprivilegierten«, die »Armen und Entrechteten«,[24] denen Fichtes Interesse galt, dürf-

21 Ignée, »Wirklichkeit oder Möglichkeit«.
22 Schütte, »Ich: die Lüge«.
23 Schirmacher, »Faszinierende Fremde«.
24 Hans Albers, »Hubert Fichte, ein Anwalt der Gescheiterten«, in: *Hamburger Abendblatt* vom 10.3.1986.

ten kaum als außenseiterische Existenzen bezeichnet werden können. Respektvoll konturieren die Nachrufe das Bild eines Autors, dessen ethnologischer Blick von einer Empfindlichkeit für die Erniedrigten und Armen motiviert ist, die nichts mit einer billigen Faszination des Fremden oder Exotischen zu tun hat.

Obwohl über die dem Autor eigene ethnologische Empfindlichkeit und seine Fähigkeit, sich existentiell auf das Fremde hier und dort einzulassen, Hamburg und Haiti in eine bemerkenswerte Nähe rücken, sind es vorwiegend die frühen Werke Fichtes (*Das Waisenhaus*, *Die Palette*, *Versuch über die Pubertät*), von denen aus das Licht auf die späteren als Ausdruck eines persistierenden Engagements fällt. Der Grund liegt in einer den Nachrufen vorausgegangenen Rezeptionsgeschichte. Die frühen Romane scheinen zugänglicher zu sein als die späteren. »Beat-Literatur hieß das Etikett, das ihm (Fichte, CKE) von den Kritikern verpaßt wurde, die ihm anfangs ein wenig unwillig in die ›Palette‹, das mittlerweile legendäre Hamburger Kellerlokal folgten. Ein modischer Trivialautor? Als sie ihm – denn er hatte ja inzwischen Literaturgeschichte gemacht – freudiger folgen wollten, konnten sie nicht mehr. Die Ethnopoesie, die Fichte in ›Xango‹ und ›Petersilie‹ ausbreitete, war ihnen zu hoch.«[25] *Xango. Die afroamerikanischen Religionen. Bahia, Haiti, Trinidad*, erschienen 1976, und *Petersilie. Santo Domingo, Venezuela, Miami und Grenada* von 1980,[26] collagierte Berichte, Statistiken, Interviews, die Explikation von Forschungshindernissen und deren theoretische Reflexion, Rekonstruktionen von Mythen und Zeremonien, in denen jede metaphorische oder das Material interpretierende Redeweise vermieden wird, sind zweifellos in Stil und Gegenstand irritierender als die vorangegangenen Romane, deren Eigenwilligkeit noch als Provokation oder antibürgerliche Haltung verbucht werden konnte, was für diese »ungewöhnliche ›Ethnopoesie‹«[27] nicht mehr möglich war.

25 O.V., »Hubert Fichte tot«, in: *Der Spiegel* Nr. 12/1986.

26 Zu jedem der beiden Textbände von Fichte liegen Bücher mit Fotos von Leonore Mau vor: *Xango. Die afroamerikanischen Religionen I. Bahia, Haiti, Trinidad.* Texte und Fotografien zusammen mit Leonore Mau, Frankfurt a.M. (S. Fischer) 1976; *Petersilie. Die afroamerikanischen Religionen III. Santo Domingo, Venezuela, Miami, Grenada*, Frankfurt a.M. (S. Fischer) 1980. Mit den Beziehungen zwischen Wort- und Bildkunst befaßt sich das siebte Kapitel.

27 Schirmacher, »Faszinierende Fremde«.

Die Nachrufe beziehen sich selten auf die immerhin schon zehn bzw. sechs Jahre zuvor erschienenen romanhaften Studien. Ein weiterer Grund hierfür liegt darin, daß das Interesse an Ethnologie und Anthropologie in den 1980er Jahren erst allmählich einsetzte, die Anthropologie aus der Verdachtszone, eine unhistorische Natur des Menschen unter Einschluß ihrer irrationalen Komponenten zu postulieren, herauszutreten und die Ethnologie sich von den Altlasten der Völkerkunde mit den Stufenfolgen kultureller Wertigkeiten zu befreien begann. Die Dritte Welt war zwar mit der Studentenbewegung ins Bewußtsein getreten, dies aber unter der politischen Signatur von Imperialismus und Antiimperialismus, für die die Referenz auf Anthropologie oder Ethnologie den Charakter einer massiven Depolitisierung haben mußte. »Anthropologie« war eher ein Schimpfwort denn eine Wissenschaft, und »Ethnologie« eher Exotismus als Forschung. Aus den Nachrufen spricht auch diese erst allmählich beginnende Aufmerksamkeit für Ethnologie und Anthropologie, die nach dem posthumen Erscheinen der auf neunzehn Bände konzipierten, aber unvollständig gebliebenen *Geschichte der Empfindlichkeit* die weitere Rezeption Fichtes geprägt hat.

Einige Nachrufe bestimmen das ethnologische bzw. anthropologische Interesse Fichtes genauer. »Seine großen ethnographischen Untersuchungen zu den afroamerikanischen Religionen (*Xango* und *Petersilie*) reflektieren die andere Weise von Erfahrung, wie sie sich in den magischen Ritualen der Völker von Haiti, Bahia oder Trinidad ausdrückt.«[28] Fichte habe sein »Leben lang Sinn für Rituale gehabt, für weltliche und religiöse Sprachmelodien«, die seiner Sprache zugleich besondere »architektonische Elemente« verleihen;[29] er verspiegelt »seine Erfahrungen mit religiösen Riten und Festen in Bahia und auf Haiti mit den Riten der Pubertät in Mitteleuropa«.[30] Der literarische Bau seiner »Ethnopoesie« errichtet keine gegeneinander abgrenzbaren, homogenen Entitäten von Völkern oder Kulturen, sondern gilt dem Interesse an der »Erforschung von Mischkulturen«.[31] Wenn an Riten Verwandtschaftsverhältnisse und Mischungen erkennbar werden, wird Ethnologie auf Anthropologie hin überschritten und auch verständ-

28 Leder, »Ein beredter Zeuge des Fremden«.
29 Hartlaub, »Ein Seher im Untergrund«.
30 Schütte, »Ich: die Lüge«.
31 Albers, »Hubert Fichte«.

lich, warum die Nachrufe terminologisch zwischen beiden Termini schwanken. In Fichtes »Ketzerische(n) Bemerkungen über eine neue Wissenschaft vom Menschen« aus dem Jahre 1976, wieder abgedruckt in *Petersilie*, wird dieser Zusammenhang früh expliziert.

Sofern dieser im Gebiet der Riten situierten ethno-/anthropologischen Konturierung der Thematik des Fremden eine politische Dimension attestiert wird, so liegt der Schwerpunkt in den Nachrufen auf Fichtes Engagement für die Unterdrückten. Das ethnologische Interesse wird politisch-moralisch imprägniert. Nur marginal kommt ein anderer Gesichtspunkt ins Spiel: eine mögliche politische Dimension, die in der »Ethnopoesie« selbst, nicht aber in einer politischen Haltung ihres Autors liegt. Die Bedeutung der Ritualisierungen, die »Fichte am scheinbar Fremden aufgezeigt« hat, liegt darin, sie »auch für unsere Gesellschaft, für unser eigenes politisches Leben als relevant entschlüsselt (zu) haben«.[32] Rituale kommunizieren mit und speisen sich aus Mythen und magischen Praktiken, die gemeinhin jenseits des Gebietes aufgeklärter Rationalität angesiedelt werden. Über diese Gebiete aufzuklären, ist das politische Forschungsdesiderat von Fichtes Literatur, denn: »Die Schwierigkeiten, sie zu finden und zu benennen, erklären sich aus der Geschichte der bürgerlichen Gesellschaft«, deren Selbstverständnis auf einer Opposition beruht, die in Beziehung auf eine Bemerkung Fichtes in *Xango* so benannt wird: »Das ›Natürliche‹ der Aufklärung und das ›Widernatürliche‹ des Rituellen.«[33] Das Fremde, das in der Ferne Haitis oder Bahias aufgesucht wird, findet sein Politikum darin, im Verborgenen des (scheinbar) vertrauten Hamburg sein Gegenstück zu haben.

Eine dritte Themenzone der Nachrufe umkreist die eigentümliche Konstellation von Gewalt und Nähe in der Literatur Fichtes, ein Zusammenhang, der in mehrfacher Hinsicht hervorgehoben wird. Zunächst gilt dies für die Gefährlichkeit der ethnologischen Forschungspraxis selbst, bei der sich Fichte »existentiell auf das Fremde eingelassen« hat, indem er – im Übrigen im Unterschied zu Claude Lévi-Strauss – immer wieder Fremdsprachen lernte, »weil er wußte, daß es das Leben kosten kann, wenn man eine Sprache nicht

32 Jürgen Martini, »Ein Dank an die Aderflügler«, in: *Peripherie. Zeitschrift für Politik und Ökonomie in der Dritten Welt* Nr. 22-23/1986, S. 80-88, hier S. 82f.

33 Jürgen Martini, »Ein Dank an die Aderflügler«, S. 81. Zitat aus Hubert Fichte, *Xango*, Frankfurt a.M. (Fischer) 1976, S. 248.

beherrscht«.[34] Die Werke selbst aber, so vermerken einige Nachrufe, sind durchtränkt von Phänomenen der Gewalt, die im Fremden entdeckt werden kann. Fichtes Literatur bewegt sich jenseits eines jeden ethnologischen Romantizismus, einer beschaulichen Idealisierung oder touristischen Vergemütlichung des Fremden, es handelt sich um »keine Einladung ins Traumland«, sondern um die Literarisierung »einer Welt voll Machtbesessenheit, Folter und Mordlust«;[35] seine Bücher »handeln von Mord und Totschlag, von Haß und Einsamkeit«.[36] In das Näheverhältnis von Fremd- und Selbsterforschung, wie Fichte sie praktiziert, ist Gewalt immer schon eingelagert, zum einen als unmittelbares Phänomen lebensweltlicher Erfahrung, zum anderen als Praxis der ethnologischen Forschung selbst, die ihren doppelten Gegenstand, das Fremde und das Selbst, zerlegt. Das Wort »Empfindlichkeit«, das Fichtes posthum publiziertem großen Romanprojekt den Titel geben sollte, bezeichnet, anders als die vertrautere Rede von »Empfindsamkeit« (die sich fälschlicherweise in einigen Nachrufen findet), eine Verschränkung von Gewalt und Nähe, die in eine ältere Tradition gerückt wird. Es handele sich um ein Werk, »das dem Dionysischen näher liegt als dem Sentiment«, seine »Leitfigur« sei »ein mit allen Greueln und Schrecken einer barbarischen Epoche stigmatisierter Orpheus«.[37] Die Erforschung dessen, was mit einer gewissen Neutralität als Ritual oder Ritus benannt werden kann, rückt hier in den Horizont archaisch imprägnierter Gewaltzusammenhänge.

Nähe und Gewalt sind schließlich auch Thema in drei Nachrufen, deren Verfasser von persönlichen Erinnerungen an Fichte sprechen. Zwei von ihnen waren Gesprächspartner, Auskunftgeber, Forschungsquellen für Fichtes Erkundungen. Ein ehemaliger »Palettianer« schreibt über seine Gefühle als ein von Fichte »Verzettelter«: »Zappeliger Wilder, der ich war, kam ich mir wie aufgespießt vor, totes Präparat, Spezies ›Palettianer‹.« Wenn »wir uns für Augenblicke nah waren, dann an fernen Orten«. Vor allem aber habe Fichte »Kants kategorischen Imperativ in einen kathartischen Imperativ um(korrigiert): ›Zeige deine

34 O.V., »Hubert Fichte tot«.

35 Fuld, »Melancholie des Scheiterns«.

36 Jansen, »Anwalt der Außenseiter«.

37 Albert von Schirnding, »Eine Geschichte der Empfindlichkeit«, in: *Süddeutsche Zeitung* vom 11.3.1986.

Wunde‹«.[38] Hans Eppendorfer, der in *Hans Eppendorfer. Der Ledermann spricht mit Hubert Fichte* zu Wort gekommen war, schreibt von Fichtes »Kälte und Arroganz«, »aber er lehrte dich auch das Fliegen und die Doppelzüngigkeit von Zuneigung«; er »war überdies ein guter Lehrer, mit der Fürsorglichkeit einer trächtigen Hundemutter« und »voller Wohlwollen für den widerborstigen kleinen Bruder aus Eppendorf«. Erinnert wird hier die doppelte Intensität von liebevoller Zuneigung und Verletzung: »Manchmal [...] habe ich unter deinen sporadischen Gemeinheiten gelitten wie ein Tier«; zugleich gibt es »Versöhnung, die uns beide wieder durchatmen ließ und uns die Flammenwerfer ersparte«.[39] Die Gleichzeitigkeit der Erfahrung von Nähe und Gewalt ist kein Abstraktum, sondern hat ihre elementare Gegenwärtigkeit auch in diesen persönlichen Beziehungen, die mit Fichtes literarischen Erkundungen entstanden sind.

Im dritten persönlichen Nachruf spricht nicht jemand, dem Fichtes Neugier galt, sondern einer, der Fichtes Literatur zu seinem Forschungsgegenstand gemacht hat. In einem geradezu symbiotischen Verhältnis scheinen dessen Schreiben und Fichtes Leben zueinander zu stehen. »Meine Arbeit über ihn war beendet, als er keine Kraft mehr hatte, weiterzuschreiben.« Weiter heißt es: »Ich mag nichts mehr sagen. Meine Arbeit hat ihren wichtigsten Leser nicht mehr. So gern wollte ich den Verstoß gegen die wissenschaftlichen Riten mit ihm gemeinsam zu Ende führen, eine Doktorarbeit für den schreiben, von dem sie handelt. Auch ein Freundschaftsdienst.« Aber auch in diesem »Freundschaftsdienst« steckt ein Akt der Gewalt: »Jedes deutende Wort, bis an die Grenzen der unvermeidlichen Verletzung«.[40] Daß im Akt des Deutens selbst schon – unabhängig von jeder ethnologischen Aufmerksamkeit gegenüber Phänomenen der Gewalt – eine Roheit liegen kann, teilt sich noch dem mit, der sich Fichtes Literatur zuwendet.

Die drei diskursiven Zentrierungen der Nachrufe auf Fichte: der Konnex von Biographie und Werk, die Thematik des Fremden und der Zusammenhang von Gewalt und Nähe, konvergieren in einem in den

38 Natias Neutert, »Nachruf eines Palettianers. Auf Hubert Fichte«, in: *Frankfurter Rundschau* vom 29.3.1986.

39 Hans Eppendorfer, »Manchmal hätte ich dich erwürgen mögen. Zum Tode von Hubert Fichte«, in: *Kölner Illustrierte* vom 10.4.1986.

40 Torsten Teichert, »›Herzschlag außen‹. Nach dem Tod von Hubert Fichte: Vergebliche Wörter«, in: *Die Tageszeitung* vom 15.3.1986.

achtziger Jahren allmählich einsetzenden Interesse an Ethnologie und Anthropologie. Hier scheint eine spezifische Nähe von Literatur und Wissenschaft auf, die für die spätere Rezeption Fichtes in der Bundesrepublik zur besonderen Zone der Aufmerksamkeit wird.

Diskursfelder der »Palette«-Kritiken: Sprache und Jargon, Sexualität, neue Literatur

Für den intellektuellen und literaturkritischen Kontext, in dem die Antworten auf Fichtes Roman *Die Palette* von 1968 stehen, sieht dies anders aus, nicht nur hinsichtlich der Unterschiede zu den Nachrufen selbst, sondern auch im Blick auf die Rezeption des der *Palette* vorangegangenen Romans. Deutlich geprägt war der Literaturbetrieb von der Bedeutung der Gruppe 47. Drei Jahre vor der *Palette* war *Das Waisenhaus* erschienen, für den Fichte den Hermann-Hesse-Preis erhielt. In einem zeitlich verdichteten Moment erinnert hier der am Fenster stehende und auf die Ankunft seiner ihn zurückholenden Mutter wartende Halbwaise und Halbjude Detlef die Situationen und Empfindungen während der im Waisenhaus verbrachten Zeit, die Bombennächte in Hamburg und Momente seiner nahen Kindheit. Der Klappentext zum *Waisenhaus* vermerkt, Hans Schwab-Felisch habe das Buch einen »Roman der Verlorenheit einer in jedem Sinne verwaisten, vaterlosen Generation, eine Parabel vom Außenseiter in einer feindseligen Gesellschaft«, »ein Stück unserer eigenen Wirklichkeit« genannt.[41] *Das Waisenhaus* stellte identifikatorische Anknüpfungspunkte für eine bundesrepublikanische Gesellschaft bereit, die in der Erlebniswelt des Kindes Detlef ihre Nachkriegsgefühlswelt entdecken und eine Entsprechung in der Stimmung finden konnte, wie sie in der Literatur der Gruppe 47 zum Ausdruck kam. Schwab-Felischs Charakterisierung von *Das Waisenhaus* läßt sich allerdings durchaus auf *Die Palette* übertragen. Der Erzähler Jäcki sucht hier ein gleichnamiges Lokal auf, in dem sich Gammler, Arbeitslose, Homosexuelle, Transvestiten, Trinker und Drogenesser treffen, um von deren Leben, Träumen, Leidenschaften, Empfindungen, Freuden und Leiden zu berichten. Auch sie sind »Außenseiter in einer feindseligen Gesellschaft«, Angehörige einer »in jedem Sinne verwaisten, vaterlosen Generation«. Die »Palettler« sind

41 Hubert Fichte, *Das Waisenhaus*, Frankfurt a.M. (Fischer) 1984, Klappentext.

Unbehauste, herausgefallen aus der gewöhnlichen Vertrautheit gesellschaftlicher und sozialer Bindungen und Verhältnisse. Doch während *Das Waisenhaus* auf lobende Resonanzen in der Kritik stieß, gilt für *Die Palette*, daß in den Augen vieler, wenn auch nicht aller Kritiker hier im Unterschied zum *Waisenhaus* auf eher falsche Weise über falsche Waise geschrieben wurde.

Der literaturkritische Hoheitsraum ist 1968 noch immer von den Kritikern bestimmt, die die Gruppe 47 groß gemacht hatte. Mit der Tagung im schwedischen Sigtuna 1964 gewann die »institutionalisierte Kritik [...] zum ersten Mal den ihr am meisten entsprechenden Rahmen. Die Kritiker galten in der Öffentlichkeit als die eigentlichen Stars der Veranstaltung – hier war etwas vorgegeben, was im Lauf der nächsten Jahrzehnte Stück um Stück eingeholt wurde.«[42] Der Gegenstand der Kritik, die Literatur, ist spätestens seit der Tagung 1963 umstritten, zunächst im Hinblick auf das Verhältnis zwischen Literatur und Politik, das Hans Werner Richter, Walter Höllerer, Uwe Johnson oder Martin Walser zufolge besser keine Rolle spielen sollte, während ein jüngerer Autor wie Hans Magnus Enzensberger der Gruppe in dieser Hinsicht eine »nahezu erschreckende(n) Harmlosigkeit« bescheinigte.[43] Andere gruppeninterne Konfliktlinien ließen sich eher in literarästhetischen Feldern verzeichnen wie etwa auf der Berliner Tagung im Jahre 1965, auf der Fichte aus der *Palette* las, den »Unmut der Älteren erregte« und ihm – ohne seinen Namen überhaupt zu nennen – angesichts seiner »Zeugnisse einer spätpubertären Sturm- und Drangperiode« vorgeworfen wurde, »eine sehr gefährliche Gesinnung (zu bekunden)«.[44] Mit den beiden letzten Tagungen 1966 in Princeton und 1967 im Gasthof Pulvermühle konnten die beiden Konfliktlinien Politik und Ästhetik zusammenfallen. Eine neu auftretende radikale Linke entdeckte nicht nur das Gebiet des Politischen, sondern auch eine ästhetische Revolte, die den Namen Pop-Art trug. Während für die einen die literarische Wiederaufbauhilfe für die postfaschistischen Befindlichkeiten in der Bundesrepublik und der entsprechende gemäßigte Avantgardismus einer fröhlich restaurierten Literatur als nicht mehr akzeptabel galten,

42 Helmut Böttiger, *Die Gruppe 47. Als die deutsche Literatur Geschichte schrieb*, München (dva) 2012, S. 349.
43 Böttiger, *Die Gruppe 47*, S. 321.
44 Böttiger, *Die Gruppe 47*, S. 371.

hielt Richter an seinem »Gewährsmann« Günter Grass fest.[45] Die letzte Tagung der Gruppe 47 fand – vier Monate nach der Ermordung des Studenten Benno Ohnesorg – im Oktober 1967 statt. Die Prämissen und Wertungen der Literaturkritik wurden von dieser Gruppe und ihren aufbrechenden Schismen über das bloße Datum ihres Endes hinaus ebenso nachhaltig geprägt wie die literarische Öffentlichkeit.

Hans Mayer, regelmäßiger Gast in der Gruppe 47, hat aus einer späteren, gesamtdeutschen Perspektive in zwei 1968 erschienenen Büchern einen literarischen Umbruch gesehen: in Christa Wolfs *Nachdenken über Christa T.* und in Hubert Fichtes *Die Palette.* Das »literarisch Besondere« der *Palette* liege »darin, daß ein durchaus neuer, ungewohnter Themenkreis nunmehr Einzug hält ins wohlgehütete und auch von den Autoren der Gruppe 47 bisher im wesentlichen respektierte Haus der Schönen Literatur.« Aber anders als im Fall von Wolfs Roman überwogen bei Fichtes *Palette* »in der literarischen Öffentlichkeit, in den Medien, um es genauer zu sagen, [...] Skepsis und boshafte Schelte«.[46]

Es sind drei thematische Problemzonen, die die literaturkritischen Diskurse zur *Palette* durchziehen: Sprache, Sexualität und der Streit um bzw. die Fraglichkeit einer neuen Literatur. Auf keinem dieser Gebiete lassen sich ausschließlich ablehnende oder zustimmende Äußerungen finden, sie bilden vielmehr eine diskursorganisierende Struktur, in der die positiven wie die negativen Wertungen gleichermaßen einen Platz finden.

Die sogenannte Sprachkrise, die sich in Hofmannsthals vielzitiertem Chandos-Brief artikuliert findet und die, statt in eine Krise zu führen, in eine Feier der poetischen Sprache mündet, stellt für die Rezeption der *Palette* keine Anschlußmöglichkeit dar, denn die »Eiferer solcher Kunst aus Wort-Perspektiven«, zu denen Fichte zählt, »suchen Hofmannsthals Frage und Krise des Lord Chandos nicht nur zu überwinden, sondern zu widerlegen«.[47] Jenseits der alten »Sprachkrise« à la Hofmannsthal mit ihrer wortewuchernden Wortfülle angesiedelt, verstört Fichtes Sprache. Es handelt sich um ein »gleichgültige(s) Notieren«, das wohl »ein Thema gewesen (wäre)«, aber nicht zu einem

45 Böttiger, *Die Gruppe 47*, S. 387.

46 Hans Mayer, *Die unerwünschte Literatur. Deutsche Schriftsteller und Bücher 1968-1985*, Berlin (Siedler) 1989, S. 39 u. 33.

47 Inge Meidinger-Geise, »Wort-Perspektiven«, in: *Zeitwende. Die neue Furche* 40/1969, S. 280.

solchen gemacht werde, obwohl Literatur doch »mehr sein kann oder sollte als eine Summe genauer Sätze«, etwa in der Weise einer »soziologischen Analyse«.[48] Hier fehlt die tiefere Bedeutung, vermißt wird eine Doppelstöckigkeit des Sinns, das Angebot eines interpretativ zu hebenden Mehrwertes. In einem »ebenso brutalen wie kindischen Jargon« wuchern »Assoziationen [...] munter drauflos«, »nur selten formiert sich ein Vorgang wirklich zum Thema« und »die Wörter selbst – so kraftmeierisch sie sich geben – büßen in unablässiger Wiederholung ihren Reizwert ein«.[49]

Die Sprache der *Palette* wird häufiger als »Jargon« bezeichnet, der »mit Wortkunststücken und assoziativer Akrobatik durchsetzt [...] zum subjektiven und zuweilen metaphernkrausen Bekenntnis (wird)«,[50] als »in Jargon gefaßte(n) Wahrnehmungen heutiger Outsider!«, die auf die »Vorweisung von inhaltslosen Inhalten« hinauslaufen,[51] als Sammlung von »Gammlergeschichten, deren Pointe die rotzige Pointenlosigkeit ist«, verfaßt in einem »neuen Rotwelsch, eine(m) Jargon halberwachsener Außenseiter«, dessen Aufzeichnung schließlich den »Eindruck der Langeweile« hervorruft.[52] Inhaltsverlust, Deutungsabstinenz, außenseiterisches Vokabular, Zerstreutheit und Unverbindlichkeit des Aufzeichnens sind die Monita dieser literaturkritischen Diskurse über die Sprache der *Palette*.

Die Frage nach der Sprache hat in der bundesrepublikanischen Nachkriegsgesellschaft und ihrer Literatur eine Gestalt angenommen, die sich von der Weise, wie sie zum Beginn des Jahrhunderts gestellt wurde, deutlich unterscheidet.[53] Nach 1945 ist der Wert der Worte fraglich geworden, weil sie durch ihren Gebrauch im Nationalsozialismus korrumpiert worden waren, Sprache unter Verdacht steht und

48 Reinhard Baumgart, »›Die Palette‹. Eine wüste Idylle«, in: *Der Spiegel* Nr. 9/1968, S. 113.

49 Jost Nolte, »Zu Protokoll: die Gammler. Milieustudien eines Literaten – Hubert Fichtes Roman ›Die Palette‹«, in: *Die Welt* vom 29.2.1968, S. 5.

50 Michael Neumann, »Neue Bücher. Hanseatischer Underground«, in: *Westermanns Monatshefte* 109(6)/1968, S. 84-86, hier S. 84.

51 Meidinger-Geise, »Wort-Perspektiven«, S. 280.

52 Hellmuth Karasek, »Gammler – zu Prosa kleingehackt«, in: *Hubert Fichte. Materialien zu Leben und Werk*, hg. v. Thomas Beckermann, Frankfurt a. M. (Fischer) 1985, S. 34-38, hier S. 36.

53 S. hierzu: Christa Karpenstein-Eßbach, *Deutsche Literaturgeschichte des 20. Jahrhunderts*, München (Fink) 2013, S. 163-199.

eine Erneuerung oder »Ausnüchterung« benötigt. Das Thema der Sprache ist deshalb keineswegs eines unter anderen, sondern ein postfaschistischer Verarbeitungskomplex, der zur literaturkritischen Thematisierung von Sprache auf besondere Weise nötigt. Aber die Referenz auf Sprache geht – so sehr sie stattfinden muß – nicht mit homogenen Urteilen über Fichtes *Palette* einher. In den literaturkritischen Diskursen funktioniert der Sprachkomplex wie ein Chip, der gleichermaßen positiv wie negativ geladen werden kann und insoweit Zeugnis von einer anhaltenden Unsicherheit auf dem Weg zu einer neuen Sprache ablegt.

In einer geradezu nietzscheanisch anmutenden Umwertung der Werte werden im gleichen thematischen Referenzraum Monita zu besonderen Qualitäten. So ist »die akustische Reizbarkeit dieses Schriftstellers (d.i. Fichte, CKE), seine Empfänglichkeit für den Slang und den Jargon, für den (oft erschreckenden) Verbalschutt der Epoche (verblüffend)«, so sehr ihm auch »etwas mehr Respekt vor der deutschen Sprache« abzuverlangen wäre.[54] Über die dem Roman attestierte implizite Kritik am Sprachverfall hinaus erscheint der Roman als Antidot gegen eine »schlaff gewordene Sprache«, die neue Impulse »aus dem Kraftquell eines unverbrauchten, vitalen und phantasievollen Jargons empfängt«, wobei »der Autor zudem auch aus eigener Sprachfülle und Sprachempfindlichkeit einiges zu bieten hat«.[55] Hervorgehoben wird die »Formulierungskunst«, mit der »Vorstellungs- und Möglichkeitsspiele sprachlich derartig vielfältig durchgeführt« werden, daß »Denkprozesse sprachlich adaptiert und soziologische Phänomene poetisch verwandelt« werden, »Realität zeichenhafte Anschaulichkeit« gewinnt und schließlich »in Zungen geredet (wird): ekstatisch, mannigfaltig und präzise.«[56] Der »mühevolle Versuch, einen Sprachschatz zu heben«, führt zu einer »Prosa mit unverbrauchtem Vokabular«.[57] Eine unverbrauchte Sprache wiederzugewinnen, gehört zu den häufig artikulierten Sehnsüchten des bundesrepublikanischen Literaturbe-

54 Marcel Reich-Ranicki, »Gammler, Gauner, Ganoven. Hubert Fichtes erstaunlicher Roman ›Die Palette‹«, in: *Die Zeit* vom 5.4.1968.

55 Günter Blöcker, »Ein deutscher Beat-Roman«, in: *Merkur* Nr. 248/1968, S. 374-376, hier S. 375.

56 Walter Jens, »Das ist nicht nur ein Roman. Hubert Fichtes ›Die Palette‹ im Rowohlt-Verlag – eine zweite Rezension«, in: *Die Zeit* vom 14, 5.4.1968.

57 Dietrich Segebrecht, »Wörter aus St. Pauli. Der neue Roman von Hubert Fichte: ›Die Palette‹«, in: *Frankfurter Allgemeine Zeitung* vom 19.3.1968, S. 1 L.

triebes. An dieser Stelle findet Fichtes Roman eine zu ihnen passende Würdigung.

Mit diesem Fokus auf die Sprachlichkeit des Romans verbindet sich eine Strategie zur Bewältigung, wenn nicht Entschärfung seines Themas und Stoffs. Die Versicherung: »kein modisches Schweinischtun. Nicht obszön; aber grausig« wird präzisiert: »Sprache als Gegenstoff. Das ist es wodurch der Stoff, das bare Eklige in diesem Roman überwunden wird.«[58] Die Sprache rettet das Buch gleichsam gegen sein eigenes Thema. »So wirken etwa die Obszönitäten, die massenhaft erscheinen, kaum anstößig, sie sind entschärft und gewinnen dadurch erst wirkliche Bedeutung. Das ist ein Verdienst der Sprache. Selbst wer den Roman vom Thema und der Form her nicht mag, wird ihn aufgrund seiner Sprache zu den wichtigen Werken der Nachkriegsliteratur zählen.«[59]

Sprache wird hier als individuelle Ausdruckskraft im emphatischen und zugleich allgemeinen Sinn verstanden – als Terminus, der im Singular als Name für ein ästhetisches Vermögen steht. Bei den Sprachen im Plural im Sinne konkreter Einzelsprachen hingegen vermerken die Rezensionen über das Argot hinaus Schwierigkeiten. »Englisch und Französisch wird mehrfach bemüht, Zitate aus Politik und Kultur kommen dazu [...] Die Verschmelzung so verschiedenartiger Teile zu etwas Neuem ist vielleicht noch nicht restlos geglückt.«[60] Bei allem »Verdienst der Sprache« im allgemeinen Sinne findet sich hinsichtlich von Fremdsprachen ein anderes Urteil: »Die größten Schwierigkeiten aber, meine ich, macht die Unverständlichkeit vieler Stellen. Fichte setzt zu viel als bekannt voraus. Um alles verstehen zu können, brauchte man solide Kenntnisse der französischen Sprache (einschließlich Argot!), der englischen und vor allem der Gammler-Sprache.«[61] Während die Referenzen auf die Sprache als Phänomen eines Singulars Wege der Rezeption – ob ablehnend oder würdigend – eröffnen, wird die Pluralität von Sprachen, die auf der Welt gesprochen werden, als Hindernis und Verstehensgrenze vermerkt. In der Tat kennt *Die Palette* weder

58 Werner Weber, »Hubert Fichte. Zu seinem Roman ›Die Palette‹«, in: *Neue Zürcher Zeitung* vom 21.4.1968.
59 Wolfgang Nagel, »Stoff aus Wörtern. Hubert Fichte: *Die Palette*«, in: *Frankfurter Hefte. Zeitschrift für Kultur und Politik* 24/1969, S. 205-207, hier S. 206.
60 Segebrecht, »Wörter aus St. Pauli«, S. 1 L.
61 Nagel, »Stoff aus Wörtern«, S. 206.

eine Sprachkrise à la Hofmannsthal noch die bundesrepublikanische Sorge um eine neue, jungfräuliche, unschuldige oder gereinigte deutsche Sprache, sondern macht sich über die deutsche Sprache hinaus auf den Weg zu anderen, fremden Sprachen.

Die zweite literaturkritische Problemzone ist bei dem Thema Sexualität und Homosexualität zu finden. Hier aber ist eine bemerkenswerte Diskursverknappung gegenüber den wortreichen Referenzen auf Sprache zu verzeichnen. *Die Welt* druckt im November 1968 unter der Überschrift »Die Stimme der anderen« einen kleinen Kommentar zu Fichtes *Palette*, der in *The Times Literary Supplement* im September desselben Jahres erschienen war. Der namentlich nicht genannte Verfasser schreibt: »Wie auf Verabredung hat keiner der deutschen Kritiker erwähnt, daß es sich in diesem Buch um Homosexualität handelt. Natürlich war es in Wahrheit keine Verabredung, jeder Kritiker muß diesen Beschluß für sich allein gefaßt haben.« Im Vergleich stellt er fest: »Ein englischer Rezensent, der mit Büchern dieser Art überreichlich versehen ist, hätte sich vielleicht anders verhalten. Bei uns sind diese Bücher so zahlreich, daß kein Mensch, der eins davon verreißt, in den Geruch der Prüderie kommen kann. In Deutschland ist jedoch das Thema noch heute so tabu, daß Fichtes Versuch, es offen anzupakken, und zwar auf sehr ungeschminkte Art, auf die Kritiker wie ein Trauma wirkte: vor Angst, prüde zu erscheinen, haben sie sich sämtlich überschlagen und das Buch haushoch gepriesen, was es wirklich nicht verdient.«[62] Gewiß ist der Wert eines vom Tabu psychologisch motivierten Urteils fraglich – und in diesem Fall zielt der von der *Welt* wiedergegebene englische Vorbehalt unter literaturpolitischen Gesichtspunkten gerade auf die positiven Kritiken der *Palette*. Wichtiger ist, daß das »Tabu« einen bestimmten Bereich der Rede verknappenden Reglements unterwirft, die gleichzeitig auf spezifische Weise reden machen und Aussagen erzeugen[63] – eine Ambivalenz, die in den Zwischentönen der eher positiven wie der eher verwerfenden Rezensionen gleichermaßen zum Ausdruck kommt. Dabei ist der Unterschied von Sexualität und Homosexualität als zwei verschiedenen Referenzzonen

62 Stimme der anderen. *The Times Literary Supplement* in der Ausgabe vom 12. September über Hubert Fichtes Roman *Die Palette*, der im Frühjahr bei Rowohlt erschien, in: *Die Welt* von 19.11.1968, S. 6.

63 S. Michel Foucault, *Sexualität und Wahrheit. Erster Band: Der Wille zum Wissen*, Frankfurt a.M. (Suhrkamp) 1977, S. 27ff.

der Rezeption des Romans von zentraler Bedeutung. Daß, wie der englische Beobachter vermerkt, nicht über Homosexualität geschrieben wird, bedeutet keineswegs, daß nicht über Sexualität geschrieben wurde.

Die Rede über Sexualität ist 1968 aus der reinen Tabuzone herausgetreten, wenn es heißt: »In unserer Zeit ist das Tabu des Sexus aufgehoben«; aber mit der *Palette* schlage »das Pendel nach der anderen Seite aus«, da sich dort eine Menge von »Provokationen und Kulturtrotz, von Obszönitäten und perversen Orgien« fänden, die »ohne Rücksicht auf Takt und Geschmack empfindlicher Leser« daherkommen, so daß das »rechte Maß für die Gestaltung der Sexualität in der Literatur [...] noch nicht gefunden« sei. Dem »Sexus« wird der »Eros« gegenübergestellt, der »ausgeklammert« bleibe, während dem Buch zugleich bescheinigt wird, einen »psychotherapeutischen Weg sichtbar (zu machen), durch Sich-Auskröpfen eine Katharsis zu erreichen«.[64] Dem Roman mangelt es an einer Thematisierung von Sexualität, die diese auf das hin überwindet, was ihr fehlt. In ihm ist vor »allem eine Wirklichkeit des Körperlichen, genauer, des Geschlechtlichen« zu finden, so daß es ihm »so völlig an Erotik fehlt«.[65] Das Manko des Romans liegt hier keineswegs im bloßen ostentativen Tabubruch, sondern in einer falschen Utopie, nämlich »im Physischen [...] dem Zirkel der Repression zu entkommen«, im »alte(n) Wunschtraum vom Androgyn« und der »Vorstellung des sexuell nicht festgelegten Menschen«.[66] Die Überzeugung, wonach »der einzelne gefesselt ist an sein Geschlecht«,[67] liest sich freilich nach dem Aufstieg von Biotechnologie und neuer Sexualpädagogik am Beginn des 21. Jahrhunderts wie eine anthropologische Vorstellung vergangener Zeiten. Im Fall der zeitgenössischen Rezensionen liegt das Befremdliche der *Palette* darin, daß die Darstellung der Sexualität auf die Diätetik der Erotik zu verzichten scheint, um der Körperlichkeit des Sexus ein eigenes Gewicht zu geben. Das Wort Homosexualität fällt hier nicht – und insofern erscheint die Diagnose in der *Times* bzw. *Welt* zutreffend.

64 Erich Lotz, »Hubert Fichte. Die Palette«, in: *Universitas. Zeitschrift für Wissenschaft, Kunst und Literatur* 23(1), 1/1968, S. 873-874, hier S. 873f.

65 Heinrich Bosse, »Hubert Fichte/Die Palette«, in: *Neue Rundschau* 2/1968, S. 327-331, S. 328.

66 Bosse, »Hubert Fichte/Die Palette«, S. 328.

67 Bosse, »Hubert Fichte/Die Palette«, S. 328.

Die diskursive Zentrierung um »Sexualität«, der die Erotik und die Liebe fehle, läßt aber zugleich Raum für eine rezeptive Wertung, die sich nicht auf den Tabubruch qua Obszönitäten bezieht, sondern auf die Verbindung von Gefühl und Sexualität. In der *Palette* begegne dem Leser »ein Literat [...], der fortwährend vom Mitleid überwältigt wird und bei dem die Tränen locker sind«; diese »ganze Sexualität (ist) unendlich traurig«. In diesem Zusammenhang kann dann auch von einer neuen, anderen »verlorene(n) Generation« gesprochen werden.[68]

Im Fall der eher spärlichen Rede von Homosexualität sehen die Rezeptionshorizonte anders aus. Der Terminus »Tabu« greift hier im strengen Sinne ohnehin nicht, denn zur Zeit des Erscheinens der *Palette* unterlag Homosexualität dem Verbot des § 175 und konnte strafrechtlich verfolgt werden – was bei einem Tabu nicht der Fall sein muß. Fichtes *Palette* ist ein Buch, das einer außenseiterischen Sexualität literarisch Gestalt gibt und auf ihrer Wirklichkeit insistiert. Es »schildert diese Leute, zu denen er sich vermutlich selbst zu zählen wünscht, bei aller Sympathie neutral, ohne jene Verdikte, die die Gesellschaft über sie, die der Homosexualität oder Promiskuität leben, bereit hält«.[69] Die Neutralität der Schilderung besteht im Verzicht auf die Sprache des Verdikts ebenso wie in dem auf eine utopisch imprägnierte Überhöhung der Homosexualität. Die Denkfigur des Außenseiters ist weder im positiven noch im negativen Sinn für Fichtes literarische Erkundungen und Darstellungsweisen der Homosexualität tragend. »Fichte legt diese Leute in seiner Sprache nicht fest, so wenig wie sie sich selbst festlegen [...] Die Freiheit, die in jener Gruppe realisiert wird, spiegelt sich in der Freiheit des Systems dieses Buches.«[70] Fichte widersetzt sich in der *Palette* der Logik des Gesetzes und des Verbots, das die Übertreter des Gesetzes so definieren könnte, daß sie daraus ihre Identität gewinnen könnten.

Eine bei aller exzessiven Thematisierung fehlende explizite Programmatik Fichtes in Sachen Homosexualität, seine »Neutralität«, hat seiner Rezeption in der Homosexuellenbewegung latent ambivalente Züge

68 Reich-Ranicki, »Gammler, Gauner, Ganoven«.

69 Heinz Ludwig Arnold, »Ausdrucksformen des Protestes in der zeitgenössischen Prosaliteratur«, in: ders., *Brauchen wir noch die Literatur? Zur literarischen Situation der Bundesrepublik*, Düsseldorf (Bertelsmann Universitätsverlag) 1972, S. 124-133, hier S. 132.

70 Arnold, »Ausdrucksformen des Protestes«, S. 133.

verliehen. Ein Artikel zur *Palette* hebt hervor, daß im Unterschied zur »Beklommenheit der schwulen Bars« hier alles »anders« sei und »sich neue Formen sozialer Verständigung herausgebildet (haben)«. Der Roman gilt im Rückblick als Ausdruck und Effekt einer breiten Bewegung: »Wer den Geist der Studentenrevolution von 1968 kennen lernen will und die historische Stimmung, die zur Liberalisierung des § 175 geführt hat, der findet hier beides dargestellt. Das Buch hat an der emanzipatorischen Bewegung, aus der es hervorgegangen ist, aktiv Anteil.«[71] Hier fraglos eingebettet in eine historische Stimmung des Aufbruchs, erscheint die Eingemeindung Fichtes später weniger einfach. In einem Brief der Lexikonherausgeber an die Freunde und Freundinnen anläßlich des Todes von Fichte am 8. März 1986 wird gefragt: »Sollen wir uns, und Euch, versichern, daß er ›zu uns‹ gehörte, daß viele von uns durch ihn viel gelernt haben?« Es folgt die zurückhaltende Erklärung: »Die Aufnahme von Beiträgen zu Fichte in unserem ›Lexikon‹ war bisher eher zögerlich. Was natürlich nicht heißt, daß nicht alle seine Publikationen ins ›Lexikon‹ gehören. Aber eben: die literarische Bedeutung der Werke Fichtes und unsere parteiliche Fragestellung ließen und lassen uns und andere Beiträger zögern, diese Werke auf einen Lexikonartikel zu reduzieren.« Für eine ungebrochene Rezeption von Fichtes Literatur in der Homosexuellenszene mangelt es an einer expliziten Parteilichkeit seiner Schriften, während die um Sexualität zentrierte Rezeption vor allem die fehlende Überschreitung der Körperlichkeit hin zum Eros vermerkt. Den einen fehlt es an Programm, den anderen an Romantik der Sexualität.

Ob mit der *Palette* eine neue Literatur auf den Plan trete und welche politischen Implikationen sie haben könnte, ist die dritte Frage, die die literaturkritischen Reaktionen durchzieht. Aber jeder literarische Neueinsatz ist zunächst belastet von den Folgen des Nationalsozialismus und den Aufgaben, die er in der postfaschistischen Gesellschaft auch der Literatur aufgibt. Die »gesellschaftlichen Verhältnisse von gestern« sind noch immer der Erfahrungsraum der Literatur auch Fichtes, dessen Romanhelden »als bedauerliche Produkte einer pervertierten Epoche gesehen werden sollten« und denen die »moralische und auch politische Ordnung in der Bundesrepublik unserer sechziger Jahre«

71 *Lexikon homosexuelle Belletristik*, hg. v. Wolfgang von Wangenheim, Siegen (Univ.) 2/1983.

keine Alternative eröffnet; doch »nicht die deutschen Schriftsteller sind schuld, daß sich in Deutschland seit über einem halben Jahrhundert die verlorenen Generationen auf die Hacken treten«.[72] Die Schwierigkeiten, dem Nationalsozialismus nach dessen historischem Ende postfaschistisch zu entkommen, hebt gleichermaßen ein Kritiker hervor, der nicht unbedingt auf der literaturpolitischen Linie eines Reich-Ranicki liegt. »Die literarische Beschäftigung mit Themen, die er (der Nationalsozialismus, CKE) gestellt hat, hat verhindert, daß die deutsche Literatur zu neuen Fragen, neuen Formen kam; das Aufholen war sicherlich notwendig, obgleich ich mich manchmal frage, ob nicht doch die Beschäftigung – vor allem junger, nicht betroffener Autoren – mit den von ihm gestellten Problemen verhindert hat, daß die deutsche Literatur sich der Gegenwart kritisch bewußt wurde. Dieser Prozeß setzt langsam ein, und er entwickelt neue Formen des Sagens.«[73] Zu ihnen wird die Literatur Fichtes gezählt.

Die literarische Referenz auf den Nationalsozialismus konnte der Literatur einen politischen Standpunkt verleihen und zugleich die moralische Dignität des Schriftstellers unter Beweis stellen. Diese Sicherheit zerbricht an der Literatur Fichtes. Unpolitische Standpunktlosigkeit und Affirmation bestehender Verhältnisse lautet die Diagnose angesichts der neuen Schreibweise. »Auf das Erzählte greift der eigene Standpunkt nicht über«, sein »Schreibprogramm« nimmt das »Verhaltensprogramm« der »Unverbindlichkeit« auf.[74] Der Autor gebe zwar »brav seinen Standpunkt« an – damit ist hier gemeint: er schreibt *Die Palette* in einem Fischerdorf in Portugal – »aber da er daraus keine Konsequenzen zieht, nutzt das ebenso wenig wie ein Perspektiv in der Tasche.«[75] Dargestellt werde »gärendes Außenseiterdasein ohne den Verstand, der diese Existenz zum Protest hinaufstilisieren könnte«,[76] und »eine Welt jenseits jeder Ideologie«.[77] Im Unterschied zu Döblins Franz Bieberkopf, der sich »in die Phalanx all jener, die […] der neuen Zeit entgegen(marschieren)« einreiht, provoziert Fichtes Roman zu

72 Reich-Ranicki, »Gammler, Gauner, Ganoven«.
73 Arnold, *Ausdrucksformen des Protestes*, S. 132.
74 Baumgart, »›Die Palette‹. Eine wüste Idylle«, S. 113.
75 Bosse, »Hubert Fichte/Die Palette«, S. 330.
76 Nolte, »Zu Protokoll: die Gammler«.
77 Peter Demetz, *Die süße Anarchie. Skizzen zur deutschen Literatur seit 1945*, Frankfurt/Berlin/Wien (Ullstein) 1973, S. 68.

der Frage: »Ist die Rebellion also in der ›Palette‹ stecken geblieben? Ein Fragezeichen steht am Ende des Buches.«[78] Die neue Schreibweise wird mit einem politischen Leerfeld assoziiert, das für Orientierungen wenig Anhaltspunkte bietet. Der Standpunktlosigkeit der *Palette* wird dennoch auch eine eigentümliche politische Dimension attestiert, die insbesondere in der Schreibweise liegt. Fichtes Prosa konstituiere sich »in einem avantgardistischen Gestus«, der »nur die Funktion hat, eine Aura von Modernität zu bilden, die die affirmative Bindung des Romans ans literarisch Herkömmliche wie auch ans gesellschaftlich Bestehende dekorativ überdecken soll«. Seine »Pseudomoderne« gehorche der »affirmative(n) Funktion einer Kunst, die sich mit der herrschenden Kultur und damit mit der herrschenden Gesellschaft einig weiß.«[79]

Der Roman bewegt sich, so betont auch die Literaturkritik der DDR, ganz und gar in der Anpassung an die bundesrepublikanische, genauer: »imperialistische(n) westdeutsche(n) Gesellschaft«; die »asoziale(n) Sphäre des Undergrounds« wird im Roman zu einer »richtungslose(n) Reproduktion, der eine offensiv kritische Wirkung versagt bleibt«.[80] In den »stilisierten Kunstfiguren« des Romans und ihrem »Identitätsverlust« zeigt sich das »Unvermögen, die gesellschaftliche Isoliertheit zu durchbrechen« und einen ordnenden erzählerischen »Fixpunkt« zu gewinnen, so daß »die Fäden, die Kunst und Gesellschaft verbinden, zerrissen« sind.[81] Den Rahmen für die literaturkritischen Reaktionen

78 Walter Jens, »Das ist nicht nur ein Roman«.

79 Michael Scharang, »Fichtes ›Palette‹ – Modell literarischer Anpassung«, in: *Literatur und Kritik* Heft 38/1969, S. 506-508, hier: S. 506f.

80 Wolfgang Lehmann, »Fichte, Hubert: Die Palette«, in: *Romanführer A-Z. 20. Jahrhundert*, Bd. 3, hg. v. Kollektiv für Literaturgeschichte, Berlin (Volk und Wissen) 1980, S. 124-126, hier S. 126.

81 Kurt Batt, *Revolte intern. Betrachtungen zur Literatur in der Bundesrepublik*, Leipzig (Reclam) 1975, Lizenzausgabe München (Beck) 1975, S. 134f. Die Fichte-Rezeption in der DDR war angesichts der Publikationslage ausgesprochen spärlich. Seit 1978 erschienen einige Erzählungen von Fichte, dann 1985 »Das Waisenhaus« im Verlag Volk und Welt. Kurt Batt, Germanist und Lektor im Hinstorff Verlag Rostock, den er auf Druck der Partei verlassen mußte, war einer der Wenigen, der sich für Fichtes Literatur und die neuen Schreibweisen in der BRD interessierte. Er habe Fichtes Literatur zum einen ein »humanistisches Engagement« bescheinigt und in ihr zum anderen eine »präzise Beschreibung westdeutscher Intellektuellenmentalität« gesehen, so Irene Charlotte Streul, *Westdeutsche Literatur in der DDR. Böll, Grass, Walser und andere in der offiziellen Rezeption 1949-1985*, Stuttgart (Metzler) 1988, S. 104.

auf Fichtes Literatur in der DDR bildeten die Debatten um den Realismus in der Literatur und die kulturpolitische Forderung nach einer Wirklichkeits- und Menschengestaltung mit politisch-programmatischer Perspektive. Der Neue Realismus, der in der Bundesrepublik als eine Art Gegenbewegung gegen eine formal-ästhetische Orientierung der Literatur entstanden war, stellte in diesem Zusammenhang eine Herausforderung dar, die eine Antwort verlangte. Aus der Sicht der Literaturkritik der DDR war dieser bundesrepublikanische Realismus jedoch defizitär, nämlich politisch perspektivlos. Was Fichtes Literatur betrifft, so wird ihr, die unter dem »Diktat der Triebe« steht, eine »fehlende Verarbeitung der den Menschen beschädigenden sozialen Erfahrungen« attestiert, so daß die »Verschwommenheit« der Vorstellungen des Autors eine Überwindung des »attackierten spießbürgerlichen Horizontes« verhindert.[82] So unterschiedlich die ost- und westdeutschen Literaturlandschaften auch gewesen sind – es gibt diskursive Schnittmengen dort, wo es um Fragen des politischen Standpunktes und den Vorwurf einer affirmativen Literatur geht. Ob aus eher konservativem oder aus den diversen Milieus einer Parteilinken heraus argumentierend: gemeinsam ist diesen Kritiken eine bis zur Ablehnung reichende Skepsis gegenüber einer tragfähigen neuen Literatur, in der andere Schreibweisen und Themen wie in der *Palette* erprobt werden.

Thematik, Formgestalt einer neuen Literatur und deren spezifisches Politikum werden zugleich völlig gegenteilig gewertet, und diese Rezeption führt in zwei unbekanntere Gebiete: das literarisch Neue liegt außerhalb der Zonen einer hohen Literatur und berührt sich mit massenkulturellen Phänomenen; ihr Politikum liegt jenseits vertrauter Schismen von rechts und links und deren postfaschistischen Ordnungsleistungen. Nicht »die Sprache« schlechthin oder die mühsamen

82 Irene Charlotte Streul, *Westdeutsche Literatur in der* DDR, S. 101. S. auch: Siegfried Lokatis, »›DDR-Literatur‹ aus der Schweiz, aus Österreich und der Bundesrepublik. Das Germanistische Lektorat von Volk und Welt«, in: *Deutsch-deutscher Literaturaustausch in den 70er Jahren*, hg. v. Monika Estermann u. Edgar Lersch, Wiesbaden (Harrassowitz Verlag) 2006, S. 42-70 sowie: Siegfried Lokatis, Ingrid Sonntag (Hg.), *Heimliche Leser in der* DDR. *Kontrolle und Verbreitung unerlaubter Literatur*, Berlin (Christoph Links Verlag) 2008. Zur Realismus-Diskussion: Christa Karpenstein-Eßbach, »Ist literarischer Realismus entpolitiserbar? Historische Stationen einer Idee«, in: *Entsagung und Routines. Aporien des Spätrealismus und Verfahren der frühen Moderne*, hg. v. Moritz Baßler, Berlin/Boston (de Gruyter) 2013, S. 387-411.

Balancen zwischen Sagbarem und Unsagbarem beschäftigen hier die literaturkritischen Gemüter, sondern das, was für Poesie wesentlich ist: der Klang, genauer: der *sound*. »Prosa mit Musik: mit Pauken und Trompeten [...] Ein Buch, das lärmt. Beatstil. [...] Und wirklich: dieser *Sound* ist exklusiv.« Wenn hier ein »Sprachschatz zu heben« ist, so geschieht dies »in subliterarischen Wüsten«, ohne »den seraphischen Ton«.[83] Wie Rolf Dieter Brinkmann, der »die ›happy obscenity‹ der neueren, vor allem amerikanischen Pop- und Untergrund-Kultur« preist und das Bekenntnis zu »›Orgasmusschwierigkeiten‹ als einen ›wahren politischen Akt‹ (begrüßt)«, gehört auch Fichte zum »Aufstieg einer neuen deutschen Autoren-Generation – Böll-fern und Beatnah«.[84] Verspätet zwar, aber: »Gut zehn Jahre nach Jack Kerouacs ›On the Road‹ hat nun auch die deutsche Beat-Generation ihren Roman.«[85] In der *Palette* nimmt eine Subliteratur Gestalt an, die die konventionelle Trennung von Literatur und Kultur in *high* und *low* unterläuft, sich »unterhalb der bürgerlichen Höhenlage« bewegt und vom »Abscheu vor der mit humanitären Floskeln garnierten Zwangswelt des sogenannten Establishments« geprägt ist.[86]

Die *Palette* gehört keineswegs zu den Produkten einer Massenkultur, aber indem sie Momente des Populären in sich aufnimmt, ohne ihre außenseiterische Personnage, die das bürgerliche Leben aufgekündigt hat, aus der bürgerlichen Höhenlage in den Blick zu nehmen, setzt sie sich einer unkonventionellen Nähe zu ihr aus. Eben dies ist in einer Bundesrepublik, für die das literarische Amalgam von Humanismus und hoher Literatur eine mentale Verarbeitungshilfe ihrer jüngsten Geschichte bereitgestellt hatte, befremdlich. Deshalb wird das politische Vokabular zur Beschreibung des Politikums dieser Literatur selbst kritisch.[87] Der alte klassenanalytische Rahmen ist zerbrochen, wenn es heißt, das Buch könne kaum »als die ›grandiose Herausforderung an

83 Segebrecht, »Wörter aus St. Pauli«, S. 1 L.

84 O.V., »So im Gange«, in: *Der Spiegel* vom 17.6.1968, S. 126.

85 Blöcker, »Ein deutscher Beat-Roman«, S. 376.

86 Blöcker, »Ein deutscher Beat-Roman«, S. 375.

87 Initial für diese Debatte: Leslie A. Fiedler, »Die neuen Mutanten« (USA 1965), in: Rolf Dieter Brinkmann, Ralf Rainer Rygulla (Hg), *Acid. Neue amerikanische Szene*, Darmstadt (März) 1969; Leslie A. Fiedler, »Überquert die Grenze, schließt den Graben! Über die Postmoderne« (1968), in: Wolfgang Welsch (Hg), *Wege aus der Moderne. Schlüsseltexte der Postmoderne-Diskussion*, Berlin (Akademie) 1994. S. 57-74.

die bürgerliche Welt‹ bestehen, als die es der Klappentext empfiehlt [...] Eher schon als ein Appell an die Toleranz der Satten und Sicheren«.[88] Das Politikum des Romans wird statt in einer Selbstgewißheit des politischen Standpunktes in einer Art transpolitischer Empfindlichkeit gesehen. »In dieser emotionalen Besetzung eines außerhalb oder ganz am Rande der etablierten Ordnung liegenden Bereichs spricht sich die geheime Anklage der Erzählung aus, ihr kritisches Pathos, falls das Vokabeln sind, die auf ein sich nach außen hin eher ungerührt und artistisch gebendes Buch Anwendung finden dürfen.«[89] Der *sound* selbst tangiert die Konventionen eines problematisch gewordenen politischen Vokabulars.

Sprache, Sexualität, die Frage nach einer neuen Gestalt der Literatur und ihres politischen Gehalts sind die diskursiven Bahnungen gewesen, in denen die Rezeption von Fichtes *Die Palette* höchst kontrovers verlaufen ist. Im *Deutschen Romanführer* von 1991 erscheint die Divergenz der Rezeptionen in einem milden Licht: die *Palette* ist zum »Ethnogramm« geworden.[90] Damit wird *Die Palette* in den ethnographischen Rezeptionshorizont eingerückt, wie er in den Nachrufen vorzugsweise zu finden ist. Die Schärfe und Intensität, die die Auseinandersetzungen um *Die Palette* kennzeichneten, sind in den Nachrufen nicht mehr zu finden, weil Ethnographie und Anthropologie, zu Aufmerksamkeitszonen auch der Wissenschaften geworden, das

88 Neumann, »Hanseatischer Underground«, S. 86.

89 Blöcker, »Ein deutscher Beat-Roman«, S. 375.

90 Gerd Schäfer, »Fichte, Hubert: Die Palette«, in: *Deutscher Romanführer*, hg. v. Imma Klemm, Stuttgart (Kröner) 1991, S. 103-103, hier S. 104. Im Rahmen des Spektrums der divergierenden Rezeptionen hingegen: Manfred Kluge, Art. »Die Palette«, in: *Kindlers Literaturlexikon*, Bd. 5: Werke Mu-Ra, Zürich (Kindler) 1969, S. 1277-1278, hier S. 1278; Bernd Gräf, »Die Palette«, in: *Der Romanführer*, Bd. 16: Inhalte erzählender deutscher Prosa aus dem Jahrzehnt 1964 bis 1973, hg. v. Alfred Clemens Baumgärtner, Stuttgart (Anton Hiersemann) 1979, S. 71-72, hier S. 71 f.; Manfred Durzak, *Der deutsche Roman der Gegenwart. Entwicklungsvoraussetzungen und Tendenzen*, 3. erw. u. verändert. Aufl., Stuttgart, Berlin (Kohlhammer) 1979, S. 231-233; Kurt Batt, *Revolte intern. Betrachtungen zur Literatur in der Bundesrepublik Deutschland*, München (Beck) 1975, S. 132 f. Literarisches Dokument der 60er Jahre ist die »Palette« im Artikel der von Volker Meid hgg. *Metzler Literatur Chronik. Werke deutschsprachiger Autoren*, Stuttgart/Weimar (Metzler) 1993, S. 662-663, S. 662 f. – eine Einordnung, die sich auf Heißenbüttels Aussage von 1978 (»So war das«) bezieht. Helmut Heißenbüttel, »Deutschland in den sechziger Jahren. ›Die Palette‹ wiederlesend«, in: *Die Zeit* vom 26. 5. 1978.

Befremdliche, das den frühen Romanen bescheinigt worden war, vom Außenseiterischen zu einem Fall unter den möglichen Fällen des Menschen und dessen Weisen des Fremdseins gemacht haben.

3. Wie Deutschland zur Sprache kommt

Wie in oder über Deutschland zu schreiben sei, haben sich nicht wenige Schriftsteller – nicht zuletzt nach 1945 – gefragt. Neben dem Interesse an Welt und Welthaltigkeit gilt dies auch für Fichtes Literatur; das Thema Deutschland wird nicht ausgespart. Zwei Momente interessieren hier: die Art oder Gestaltungsweise, wie über Deutschland geschrieben wird, und der Gegenstand oder das spezielle Problem, anhand dessen Deutschland zum Thema gemacht wird. Was das Wie des Sprechens betrifft, so kennen wir schon im Alltag unterschiedliche Modalitäten, dem, was wir sagen, einen Ausdruck zu verleihen, z.B. die öffentliche Rede, das private Gespräch oder einen sachlichen Bericht. Die Literatur verfügt darüber hinaus über ein besonderes Register von Darstellungsweisen und Redefiguren, begleitet von ästhetischen Normen, deren Existenz auch dort noch eine Rolle spielt, wo sich ein Bruch mit ihren Konventionen vollzieht, den wir ohne sie gar nicht erkennen könnten. Es ist deshalb angebracht, zunächst an einige Eigenheiten gattungsmäßiger literarischer Redeweisen zu erinnern, um den Formcharakter von Fichtes Literatur und nicht zuletzt die Modalitäten, Deutschland zur Sprache kommen zu lassen, zu begreifen. Was das Was, den Gegenstand von Fichtes Schreiben über Deutschland betrifft, so geht es um die Stellung der Literatur im Raum des öffentlichen Sprechens. Im Zentrum steht hier *Die zweite Schuld* als dritter Band der *Geschichte der Empfindlichkeit*, eine Sammlung von »Glossen« – so der Untertitel – zu Literatur und Literaten nach 1945, die die Stimmen jüdisch-deutscher Schriftsteller hörbar macht und die im Literaturbetrieb zwischen Gruppe 47 und dem »Literarischen Colloquium Berlin« sich manifestierenden bundesrepublikanischen Nachkriegsbefindlichkeiten und Mentalitäten zur Sprache bringt.

Literarische Redeweisen

Ein bloßer Hinweis auf einen von Fichte praktizierten Gattungsmix hilft nicht sehr viel weiter, wohl aber eine Erinnerung an die jeweiligen Eigenheiten gattungsmäßig verfaßter Redeweisen, weil sie Sprecherpositionen und Sprachordnungen implizieren, denen bei Fichte generell eine hohe Aufmerksamkeit zuteil wird, und weil es wesentlich ist, wer wie über was wann und wo etwas sagen oder schreiben kann. In der Lyrik erhält die Zeile bekanntlich ihr eigenes Gewicht, sie wird zum »Ereignis in Wörtern«, das graphisch wahrnehmbar ist.[1] Die bewußte Abweichung der Lyrik vom normalen Sprachgebrauch unterliegt zum einen einer spezifischen Determination durch die Form, doch zugleich ist sie auf die Elementarformen des Sprechens wie Laut, Wort und Satz bezogen. Im strengen Sinne ist Lyrik deshalb nicht eine radikal autonome Poesie, sondern unterhält intime, spannungsreiche Beziehungen zu den Alltäglichkeiten der Normalsprache[2] – eine Praxis, die sich in Fichtes Literatur wiederfinden läßt. Würde man bei einem Gedicht nach der Stimme fragen, die in oder aus ihm spricht, so fiele die Antwort komplizierter aus als im Falle des Romans, in dem sich – so sehr verschachtelt sie sein mögen – doch immer die verschiedenen Erzählerstimmen und -instanzen voneinander unterscheiden lassen. Einem Fichte-Leser hingegen dürfte in weiten Strecken zutreffend erscheinen, was Jonathan Culler, John Stuart Mill zitierend, über die Lyrik im Allgemeinen notiert: sie sei »zufällig mitangehörte Rede«.[3] Im lyrisch imprägnierten Sprechen wird keine Stimme hörbar gemacht, die intentional motiviert ist oder in Handlungsfolgen ihren Platz behauptet, vielmehr vernimmt sie der Leser als eine, die von ungefähr aus der Welt irgendwie vernehmbar wird, in keinen Fiktionszusammenhang eingebettet, nichts als Aussage ist und an nichts als diesem Aussage-Sein ihre Wirklichkeit hat.

Der Blick auf die Seite eines Fichte-Buches läßt neben der Lyrik auch an die dramatische Form denken. Man könnte ein Drama als Protokoll gegeneinander abgesetzter Aussagen der auftretenden Personen lesen, zumal dann, wenn man sich auf den Haupttext der direkten Reden bezieht. Allerdings kennt das Drama den Nebentext, verfaßt von einem Autor, der an der Aussagenwelt des Haupttextes nicht beteiligt ist, sie aber gestiftet hat. In der Spannung zwischen diesen beiden Texten entsteht die Welt der dramatischen Fiktion, bei der die dramatis personae bekanntlich nicht wissen oder davon sprechen, daß sie sich im ersten Akt befinden, um mit ihrem Handeln dann demnächst im zwei-

1 Klaus Weimar, *Enzyklopädie der Literaturwissenschaft*, 2. Aufl., Tübingen/Basel (Francke) 1993, S. 105.
2 Weimar, *Enzyklopädie der Literaturwissenschaft.*, S. 114f.
3 Jonathan Culler, *Literaturtheorie. Eine Einführung*, Stuttgart (Reclam) 2002, S. 110.

ten aufzutreten.[4] Der Verfasser, der Stifter der dramatischen Aussagen, hält sich von seinen Personen so fern wie diese sich von ihm – sonst käme es nicht zur Bühnenwelt der Fiktion. Zur protokollartigen Aussagepraxis des Dramas haben die Seiten der Fichteschen Werke eine erkennbare Affinität. Dialoge zwischen Personen werden, zeilenmäßig abgesetzt, aneinandergereiht, dies aber ohne Angabe ihres Namens, sondern überaus häufig versehen mit Spiegelstrichen vor den dann folgenden Sätzen, so daß es Mühe bereiten oder unmöglich werden kann, das Gesagte einer bestimmten Person definitiv zuzuordnen. Zuweilen ist es auch so, daß mehrere Zeilen, die je einzeln am Anfang mit einem Spiegelstrich versehen sind, als Aussagen ein und derselben Person zu lesen sein könnten. Es scheint, als handelte es sich ein Stück weit um depersonalisierte Dramen. Der Verfasser selbst steht hier jedoch nicht außerhalb dieser ganzen Aussagewelten wie der Stifter des Dramas, auch seine Worte werden – spiegelstrichmarkiert – aufgezeichnet, rücken also mit ein in eine von allen geteilte Gegenwärtigkeit, die mit dem Präteritum des Erzählens wenig zu tun hat. Mit den Anleihen an die Formbestände des Dramas gewinnen Fichtes Texte einen eigentümlichen Vollzugscharakter; sie führen aus der Nachträglichkeit des Erzählens von dem, was war, ebenso hinaus wie sie dem, was gesagt wird, einen gegenwärtigen Wirklichkeitsstatus verleihen, weil derjenige, der Aussagen aufzeichnet, immer mit dabei ist und in der Welt der im Text »auftretenden« Personen lebt.

Trotz der auffälligen Affinitäten zu den Weisen lyrischen und dramatischen Sprechens handelt es sich nicht um Lyrik oder Dramatik. Verweigert wird zugleich ein Erzählgestus sowohl des traditionellen wie des avantgardistischen Romans, so daß die Konventionen gattungsmäßig verfaßter literarischer Redeweisen zwar anklingen, aber sich gegenseitig stören. In der Forschungsliteratur ist Fichtes Werk immer wieder als eminent autobiographisch bezeichnet worden, worin durchaus auch ein Ausweg aus den Kalamitäten der irritierenden Form zu sehen sein könnte. Robert Gillett spricht von einem durchgehenden Prinzip des »Life Writing«, das von den Beziehungen zwischen Lebenszeit und Erzählzeit getragen ist, und zeigt, daß das Kompositionsprinzip der einzelnen Bücher von Verweisstrukturen zwischen biographischen

4 S. Weimar, *Enzyklopädie der Literaturwissenschaft*, S. 61 ff.

Stationen lebt, von einer »Auto-Intertextualität«, die als »Muster einer Autobiographie« bezeichnet werden kann.[5] Entgegen einer von verschiedener Seite geäußerten Kritik an der Edition der *Geschichte der Empfindlichkeit* seien deren Bände als ein von der Biographie getragenes »zusammenhängendes, geschlossenes Ganzes« zu verstehen, in das sich auch die frühe Romantetralogie integrieren läßt.[6] Das einheitsstiftende Prinzip des »Life Writing« überwölbt gleichsam die Heterogenität literarischer Aussageweisen, unter die dann, neben dem »Roman«, Glosse, Feature, Interview, Tagebuch, Erzählung, Listen, Litaneien, Register, Zitat, Kommentar und Essay fallen. Der Terminus der Hybridität liegt deshalb in jeder Hinsicht nahe: »Die Texte, in denen er über sich selbst und sein Leben schreibt, sind genauso hybrid wie seine ethnologischen Texte.«[7] Aber das, was sich in der Heterogenität der Aussagen versammelt, legt bei Fichte vor allem auch Zeugnis von etwas anderem ab: daß andere einen Raum des Sprechens erhalten und sie zur Sprache gebracht werden.

Die Qualifizierung »Autobiographie« ist – auch wenn sie als »hybrid« bezeichnet wird – nicht unproblematisch und unumstritten.[8] Zwar eignet der Autobiographie keine bestimmte Form, so daß das Spektrum ihrer Formen ein Pendant in der Vielfalt des Lebens hat, aber unabhängig davon gehört zu ihr jener »Pakt mit dem Leser« (Philippe Lejeune), wonach ein auf seine Person und seine mit seiner Zeit verwobene Lebensgeschichte zentrierter Autor aufrichtig und authentisch darüber so schreibt, daß es vom Leser als echt erlebt werden kann. Fichte hingegen hat das literarische Regulativ der Echtheit als Lüge zurückgewiesen – »Aber eines lügt er nicht: Echtheit«, heißt es aner-

5 Robert Gillett, ›*Aber eines lügt er nicht: Echtheit*‹. *Perspektiven auf Hubert Fichte*, Hamburg (Textem) 2013, S. 98ff., 75 u. 77. Die Problematik der Beziehungen zwischen Literatur und Biographie nimmt das siebte Kapitel »Fotografie und Schriftstellerei«, bezogen auf die Figuren Irma und Jäcki, wieder auf; dort auch zu Fragen des Verhältnisses zu Zeit.

6 Gillett, ›*Aber eines lügt er nicht: Echtheit*‹, S. 81. Eine bemerkenswerte Parallele zwischen Fichtes »Geschichte der Empfindlichkeit« und Giacomo Casanovas »Geschichte meines Lebens« entfaltet Michael Rieger, *Die Welt durch sich hindurchlassen. Hubert Fichtes Werk als Medium ästhetischer Erkenntnis. Unter besonderer Berücksichtigung literaturgeschichtlicher Kontexte*, Frankfurt a. M./Berlin/Bern (Peter Lang) 2009, S. 153-199.

7 Gillett, ›*Aber eines lügt er nicht: Echtheit*‹, S. 12.

8 S. Gillett, ›*Aber eines lügt er nicht: Echtheit*‹, S. 48 u. 54ff.

kennend im *Versuch über die Pubertät.*[9] Was »Authentizität« als Kriterium für Strategien der Beglaubigung des Textes betrifft, so ist fraglich, worauf sie sich genau bezieht: resultiert sie aus dem »unmittelbare(n) Bezug des Textes auf die außerliterarische Wirklichkeit«, oder ergibt sie sich andererseits »aus der Stimmigkeit des ästhetischen Gebildes oder der Verankerung in der Autormentalität«?[10] Diese Alternative ließe sich dahingehend entscheiden, daß das Gesamtwerk Fichtes im zweitgenannten Sinne der ästhetischen Stimmigkeit seine Authentizität gewinnt, wie es Robert Gillett und mit ihm andere Interpreten mit einer gewissen Affinität zu Fichtes Selbstverständnis nahelegen. Aber die Entscheidung für die andere Seite von »Authentizität« mutet ebenso triftig und fichteaffin an: sie liegt im Bezug auf die Empirizitäten der Welt, von deren Erfahrung der Autor Zeugnis ablegt. Aber es bleibt hervorzuheben, mit »welcher Ironie, ja Selbstironie Fichte diesen Kult des Echten oder Authentischen hinterfragt« hat.[11]

Der Ausweg aus den sperrigen Formfragen, die Fichtes Literatur aufgeben, führt nicht geradewegs zur Lösung »Autobiographie«, weil dies den Weg zu den Fragen: Wer spricht? Wo wird gesprochen? Welche Orte des Sprechens werden aufgesucht? Wer und was wird vernehmbar gemacht? verstellt. Es sind dies die Fragen, die es erlauben, Fichtes Weisen des Schreibens in einem diskurspolitischen Feld zu situieren, in dem um die Hörbarkeit von Stimmen im öffentlichen Raum gekämpft wird. Allgemeine literaturtheoretische Fragen nach dem Verhältnis von Inhalt und Form bzw. Gehalt und Struktur oder der Prädominanz des einen über das andere, wie sie die bundesrepublikanischen Debatten über Literatur gerade nach 1945 durchziehen, sollten im Blick auf Fichte ein gutes Stück weit distanziert werden. Nicht ein abstrakter Wille zur Sensationierung der Form, die dann wie ein Passepartout für alle denkbaren Inhalte tauglich ist und alles in sich aufnehmen kann, motiviert das »Wie« dieses Schreibens, sondern ein »Was«, das zur Sprache kommen soll. Genauer, in Rücksicht auf den Komplex Auto-

9 Hubert Fichte, *Versuch über die Pubertät*, Frankfurt a.M. (Fischer) 2005, S. 142.

10 Peter Sprengel, »Der Authentizitätsdiskurs der literarischen Moderne. Von Heinrich Heine bis Hubert Fichte, mit einem einleitenden Exkurs zum ›Literarischen Quartett‹«, in: *Das Authentische. Referenzen und Repräsentationen*, hg. v. Ursula Amrein, Zürich (Chronos) 2009, S. 53-65, hier S. 56.

11 Sprengel, »Der Authentizitätsdiskurs der Moderne«, S. 62. S. auch: Gillett, *›Aber eines lügt er nicht: Echtheit‹*, S. 49.

biographie formuliert: Fichte bringt in seiner Literatur nicht sich zur Sprache, sondern andere zum Sprechen.

»Die zweite Schuld«: Annäherungen im Zeichen der Literatur

Im Zentrum der Frage, auf welche Weise Deutschland in der eigentümlichen Formgestalt von Fichtes Literatur zur Sprache kommt, soll hier vor allem der dritte Band der *Geschichte der Empfindlichkeit* mit dem Titel *Die zweite Schuld* stehen, 1984 kurz vor dem Tod fertiggestellt, aber von Fichte mit einer Sperrfrist versehen, so daß er erst 2006 erschienen ist.[12] Über den Grad der Abgeschlossenheit dieses Bandes läßt sich ebenso trefflich streiten wie um den je entsprechenden Umgang damit. Hier interessiert nicht so sehr dieser Streit, sondern die Untersuchung dessen, was mit diesem Text als Gesagtes vorliegt, und seine Kontextualisierung. Der Titel hat zunächst unüberhörbare Resonanzen zur nationalsozialistischen Vergangenheit Deutschlands, aber er läßt auf dieses erste Schuldigwerden eine zweite, neuerliche Schuld folgen, situiert in der postfaschistischen Bundesrepublik, deren Öffentlichkeit nicht zuletzt in Gestalt ihrer Schriftsteller mehr oder minder damit befaßt war, mit der ersten Schuld fertigzuwerden oder umzugehen. Der Titel legt die Vermutung nahe, es entstehe aus dem Umgang mit der ersten Schuld der Deutschen diese zweite. Dies aber wird an keiner Stelle des Buches, weder in diskursiv-explizierendem noch im Ton einer Anklage erklärt. Stattdessen formuliert der Untertitel eine »Abbitte an Joachim Neugröschel«. Daß es sich um den Namen eines Schriftstellers und Übersetzers handelt, der wie Fichte im 1963 gegründeten »Literarischen Colloquium Berlin«, in dem arrivierte Schriftsteller und junge Autoren zusammenkamen, mit dabei war, dürfte kaum ein Leser wissen, weil Neugröschel keinen Platz in der bundesrepublikanischen Literaturgeschichte der Nachkriegszeit gefunden hat. In *Die zweite Schuld* findet sich u.a. ein Interview mit ihm. Der Untertitel

12 Zur Editionsproblematik der »Geschichte der Empfindlichkeit«: Roland Spahr, »›Die zweite Schuld‹ – der letzte Band der ›Geschichte der Empfindlichkeit‹?«, in: *Hubert Fichte. Texte und Kontexte*, hg. v. Jan-Frederik Bandel u. Robert Gillett, Hamburg (Männerschwarm Verlag) 2007, S. 253-264; *Tage des Lesens. Hubert Fichtes ›Geschichte der Empfindlichkeit‹*, hg. v. Jan-Frederik Bandel, Aachen (Rimbaud) 2006; ders., »Hubert Fichte. Die zweite Schuld. Glossen. Die Geschichte der Empfindlichkeit III (Rezension)«, in: *Kultur & Gespenster* 1(Sommer)/2006, S. 190-195.

gibt des weiteren an, es handele sich bei dem Buch um »Glossen«,[13] also um Randbemerkungen zu einem Prätext, um Ergänzungen oder Supplements, die einem anerkannten oder bekannten Korpus oder Diskurs hinzugefügt werden, sich auf sie beziehen und nicht so sehr in hermeneutischer Verschmelzung, sondern eher aus einem erklärenden bis polemischen Abstand heraus operieren. Die »Abbitte an Joachim Neugröschel« als Glosse zu lesen heißt, den Text der *Zweiten Schuld* seinerseits auf einen »Prätext« – in diesem Fall die Geschichte des »Literarischen Colloquiums« – zu beziehen, der buchstäblich etwas hinzugefügt bzw. an den Rand geschrieben wird, indem eine kaum bekannte Stimme hörbar gemacht wird.[14]

Insgesamt besteht *Die zweite Schuld* aus fünfzehn durchnumerierten Teilen. Bei vieren davon handelt es sich um Interviews mit ehemaligen Teilnehmern des »Literarischen Colloquiums«, die den weitaus größten Teil des insgesamt 336seitigen Bandes beanspruchen: mit Joachim Neugröschel (New York, September 1978, Nr. 4: 38 Seiten), mit El-

13 Im Werkplan zur »Geschichte der Empfindlichkeit« vom 20.2.1986 wird »Die zweite Schuld« mit der Bezeichnung »Glossen« versehen. Roland Spahr, »Eine Ästhetik des Fließens. Zum Abschluß der ›Geschichte der Empfindlichkeit‹«, in: *Tage des Lesens. Hubert Fichtes ›Geschichte der Empfindlichkeit‹*, hg. v. Jan-Frederik Bandel, Aachen (Rimbaud) 2006, S. 73-99, hier S. 81. Im Manuskript trägt der Band die Gattungsbezeichnung »Fragmente«. Der Angabe des letzten Werkplanes folgend, darf »die bis dahin ebenfalls in Erwägung gezogene Kennzeichnung ›Fragmente‹ für obsolet erklärt« werden (Ronald Kay, »Editorische Notiz«, in: Hubert Fichte, *Die zweite Schuld oder Abbitte an Joachim Neugröschel. Glossen* (= *Die Geschichte der Empfindlichkeit*, Bd. 3), Frankfurt a.M. (S. Fischer) 2006, S. 339-340, hier S. 340). Gegen diese Entscheidung der Herausgeber votiert nachdrücklich Jan-Frederik Bandel in seiner Rezension der »Zweiten Schuld«: »dieser Band (ist) ganz entschieden einer Poetik des Fragments verpflichtet«, wie die gesamte »Geschichte der Empfindlichkeit«, von deren geplanten 19 Bänden heruntergerechnet »insgesamt sechs abgeschlossene veröffentlichte Romane aus dem Projekt« vorliegen (Bandel, »Hubert Fichte. Die zweite Schuld«, S. 191).

14 Die Forschungsliteratur zur »Zweiten Schuld« ist vergleichsweise spärlich. Brigitte Weingart verbucht den Band ohne besondere Rücksicht auf Formfragen als »Klatschroman« und stellt fest, Fichte erweise sich »als veritabler Experte in Klatschangelegenheiten«, dessen »Suche nach Allianzen mit den Mächtigen (ziehe) die Zuverlässigkeit der Klatschinformation in Zweifel«. Brigitte Weingart, »Zwischen Institutionskritik und Shoptalk. Hubert Fichtes Klatschroman ›Die zweite Schuld‹«, in: *Hubert Fichte. Texte und Kontexte*, hg. v. Jan-Frederik Bandel u. Robert Gillett, Hamburg (Männerschwarm Verlag) 2007, S. 225-251, hier S. 243 u. 249.

friede Gerstl (Wien, 4. Februar 1979, Nr. 6: 36 Seiten), mit Walter Höllerer (Berlin, September 1982, Nr. 8: 162 Seiten), mit Hans Hermann Piwitt/N.N. (Hamburg 1983/Ort 1983, Nr. 12: 15 Seiten), insgesamt also 251 Seiten. Geplante Interviews mit H.C. Artmann (Nr. 10) und Ossi (= Oswald Wiener, Nr. 14) werden in Gestalt einer leer bleibenden Seite als nicht realisiert ausgewiesen. Die mit 2, 5, 7, 9, 11 und 13 versehenen Abschnitte des Buches geben Eindrücke vom »Literarischen Colloquium Berlin«, an dem Fichte teilnahm, wieder und umfassen zusammen 50 Seiten. *Die zweite Schuld* ist durchgängig im Feld der Literatur und der Schriftsteller angesiedelt, also dort, wo nach 1945 in einem und über ein neues Deutschland in Gestalt seiner Literatur gesprochen werden sollte. Im Medium vorzugsweise der Stimmen anderer wird hier ein Glossarium zum Literaturbetrieb verfertigt.

Schwieriger zu charakterisieren sind Form und Funktion der unter den Nummern eins, drei und fünfzehn zu findenden kurzen Texte. Diese Stücke fordern den Leser auf besondere Weise heraus und sollen kurz charakterisiert werden. Gemeinsam ist ihnen, daß sie literarische Strategien der Beglaubigung des vorliegenden Gesamttextes aufrufen und zugleich deutlich machen, daß eine tatsächliche Überprüfung scheitern dürfte. Unter der Nummer eins findet sich eine »Notiz des Herausgebers«. Sie vermerkt: »Dies Manuskript war lange verschollen«, es sei »zufällig zum Vorschein« gekommen. Dann wird aus dem einen namenlosen Herausgeber eine ganze Gruppe: »Die Herausgeber haben den durcheinandergewirbelten, unpaginierten Text in eine Reihenfolge gebracht«; es »erscheint (ihnen) deutlich, daß das Interview mit dem Schriftsteller Hermann Peter Piwitt verstümmelt wurde«; einer namentlich nicht zu nennenden Quelle zufolge »wurde die sogenannte Piwitt-Casette zweimal bespielt; der Schriftsteller (N.N.) habe die Aussagen Piwitts übersprochen«. Zudem »müssen alle Tonbänder zu den ›Colloquiums-Interviews‹ als gelöscht angesehen werden.«[15] Diese »Notiz« stammt selbstverständlich nicht vom tatsächlichen Herausgeber dieses Bandes der *Geschichte der Empfindlichkeit*, Roland Kay, sondern von Hubert Fichte, der – ohne dies kenntlich zu machen – in die Rolle des (posthumen) Herausgebers der *Zweiten Schuld* geschlüpft ist und sich damit verdoppelt. Diese Herausgebernotiz provoziert den Effekt, daß sich die wiedergegebenen Aussagen

15 Fichte, *Die zweite Schuld*, S. 7.

nicht kurzerhand auf die verbürgte Individualität der einzelnen aussagenden Personen zurückführen lassen, denn der Leser dürfte zugleich auch den tatsächlichen Herausgeber vernehmen können. Der Zentralstellung einer Person, wie sie im Interview statthat, wird ihre Quelle – die Einzigartigkeit der Verbindung von Person und Stimme im O-Ton – entzogen. Hinsichtlich des Piwitt-Textes könnte zudem die Vermutung nahegelegt sein, daß bei diesem Interview zwei Schriftsteller darum konkurriert haben, gehört zu werden, der eine schließlich unterlegen war oder sich zwei Stimmen vermischten.[16] In einer geradezu hinterhältigen Weise sorgt die Erfindung eines Herausgebers durch den Autor Fichte dafür, daß sich in die Gewißheit der gerade in Interviews zurechenbaren Aussagen der Sprechenden deren Depersonalisierung einschleicht. In den folgenden Interviews wird dies realisiert, indem weder die Aussagen des Interviewers noch die des Interviewten namentlich kenntlich gemacht werden. Spiegelstriche vor den Aussagen streichen diese Namen gleichsam durch. Gewiß ist »ärgerlich [...], dass in den Gesprächen die im Manuskript gesetzten Namenskürzel, die eine schnelle Orientierung ermöglichen, durch Spiegelstriche ersetzt werden«,[17] aber diesem Ärgernis der Spiegelstriche begegnet der Leser auch schon in den von Fichte zur Publikation gegebenen Bänden als offensichtlich intendierte und geschätzte literarische Praxis.

Die kleine unter der Nummer drei zu findende, lyrisch anmutende Notiz ruft, »Das Marionettentheater und die Marquise von O.« nennend, das »Problem des Ichs / oder des Ich« und das »Schreiben über das Problem des Ichs / oder des Ich« auf, um mit der Feststellung zu enden: »Ich bin für Ichs«.[18] Man kann dies als Frage nach dem korrekten Genitiv interpretieren, die zugunsten des »Ichs« entschieden wird. Es handelt sich aber zugleich um eine Frage des Plurals; ein Ich bezieht sich nicht auf sich als einziges, sondern plädiert für eine Mehrzahl, zu deren Gunsten die Instanz des Singulären entmachtet wird. Wie die Glosse keinen singulären Textstatus, sondern Supplementcharakter

16 Bei dem als N.N. Genannten handele es sich um Klaus Stiller und damit um zwei ineinander geschnittene Interviews, von denen das mit Stiller wegen rechtlicher Einsprüche gelöscht wurde, so die Information bei Jan-Frederik Bandel, *Nachwörter. Zum poetischen Verfahren Hubert Fichtes*, Aachen (Rimbaud) 2008, S. 127.

17 Jan-Frederik Bandel, »Hubert Fichte. Die zweite Schuld«, S. 195.

18 Fichte, *Die zweite Schuld*, S. 10.

hat, wäre das literarische Schreiben als Beifügung oder Zugabe eines »Ich« zu »Ichs« zu verstehen. In beiden Fällen tritt dem einen, das ist, etwas an die Seite, das jenes Eine nicht nur für sich allein bestehen läßt, sondern pluralisiert. Unklar in dieser kleinen Passage bleibt denn auch, wer dieses Ich ist, das als Subjekt des Satzes »Ich bin für Ichs« fungiert, auch wenn wir die zufällig mitangehörte Stimme von Fichte darin vermuten dürfen. In einem Buch mit dem Titel *Die zweite Schuld*, das in Interviews und tagebuchähnlichen Berichten über das »Literarische Colloquium« vom bundesrepublikanischen Literaturbetrieb handelt, wirkt diese lyrische Passage eigentümlich unmotiviert. Ihre Funktion hat zwei Seiten: sie fügt dem in der *Zweiten Schuld* dominanten Bezug auf außerliterarische Wirklichkeit fiktionale Portionen auf eine Weise hinzu, die deren naive Beglaubigung irritieren; zum anderen verhindert diese Passage, wie auch die »Notiz des Herausgebers«, die Entstehung eines Stimmenmonopols, das Deutungshoheit beanspruchen könnte.

Dem Text unter der Nummer fünfzehn ist wiederum eine Bemerkung der (fiktiven) Herausgeber vorangestellt, wonach, wie »uns aus Buenos Aires mitgeteilt«, die folgende Erzählung mit dem Titel »Im Tiefstall« 1968 in einer brasilianischen Zeitschrift, herausgegeben von Victoria Ocampo und Jorge Luis Borges, erschienen sei und »wir es gegeben halten, ihn hier in deutscher Übersetzung zu publizieren«.[19] Es handelt sich um eine Art Traumerzählung von in einem »Tiefstall« gehaltenen Tieren zur besseren Ökonomisierung der Landwirtschaft, in der auch ein Herr Elmshäuser vorkommt, dessen Rolle undurchsichtig bleibt. Die Erzählung scheint in keinem Zusammenhang mit den anderen Texten der *Zweiten Schuld* zu stehen, sie erscheint wie der Einbruch literarischer Fiktionalität in die Wirklichkeitsreferenzen des Vorausgegangenen. Die Fährte, die die fiktiven Herausgeber legen, ist aber fiktiv. Fichte trug diese Erzählung im »Literarischen Colloquium« vor, sie erschien 1965 als Veröffentlichung der Galerie im Centre in Göttingen und, ebenfalls 1965, in *konkret*.[20] Der Leser kann dies kaum wissen. Was Fichte allerdings mit diesem Verfahren der Verstellung und Maskierung vollzieht, läuft darauf hinaus, daß er den tatsächlichen Zusammenhang, in dem diese Erzählung stand, un-

19 Fichte, *Die zweite Schuld*, S. 322.
20 S. die editorische Notiz des Herausgebers Ronald Kay, S. 339; sowie Fisch, *Personalbibliographie zu Leben und Werk von Hubert Fichte*, S. 33.

kenntlich macht, und zwar durch eine Fiktion. Dieser literarische Text gehörte mit zum »Literarischen Colloquium«, aber er wird aus dieser Zugehörigkeit herausgenommen. Repräsentiert und zurückgeholt ins Deutsche wird er aus dem brasilianischen Abseits.

Die zweite Schuld ruft beim Leser den Eindruck hervor, eine Sammlung von Bruchstücken vor sich zu haben. Der zweimalige Auftritt eines Herausgebers (Nr. 1 und Nr. 15), die schwer zuzuordnende Rede eines Ich über Ichs (Nr. 3), ein Interview, bei dem statt des Interviewten auch ein N.N. gesprochen haben soll, Interviews, die gar nicht stattgefunden haben, lassen Vorstellungen von einer Textkohärenz kaum aufkommen. Die kurzen tagebuchähnlichen Aufzeichnungen zum Aufenthalt Fichtes im »Literarischen Colloquium« erscheinen wie fragmentierte Einsprengsel zwischen den langen Interviews. All dies könnte ein Herausgeber aus dem Nachlaß Fichtes zusammengeklaubt haben. Tatsächlich handelt es sich um ein Werk Fichtes – also um die bewußte Tätigkeit der Herstellung eines komponierten Textes, in dem der thematische Fokus, der im Titel *Die zweite Schuld* angesprochen wird, prismatisch zerlegt wird. Für die Beschreibung von dessen Formcharakter verfügen wir kaum über tragfähige literaturwissenschaftliche Begriffe und sind deshalb dazu genötigt, diese Praxen literarischen Aussagens geradezu phänomenologisch zu beschreiben. Aber sie lassen sich dennoch semantisieren. Dieses Buch, in dem wie in kaum einem anderen Fichtes über Deutschland und seine Schriftsteller nach 1945 gehandelt wird, zerlegt sich selbst, um Geschlossenheit – wie auf der Druckseite – unmöglich zu machen. Diese formalen Eigenheiten erschließen sich gleichsam im Draufblick. Doch das, was zur Sprache kommt, läßt sich inhaltlich schwer zusammenfassen oder repräsentieren, um damit auf einer anderen Ebene zutage zu treten. Wenn auch für die literaturwissenschaftliche Praxis das gilt, was Michel Foucault an der Diskurspraxis des Kommentars im allgemeinen hervorgehoben hat: die »Abstufung von Primärtext und Sekundärtext«, welche es überhaupt erst erlaubt, »etwas anderes als den Text selbst zu sagen, aber unter der Voraussetzung, daß der Text selbst gesagt und in gewisser Weise vollendet werde«,[21] so widerstreitet *Die zweite Schuld* diesem Modus der Repräsentation und errichtet Sperren gegenüber jener Zweistufigkeit, mit der sich ein Text über einen anderen schreiben

21 Michel Foucault, *Die Ordnung des Diskurses*, München (Hanser) 1974, S. 18.

ließe, so daß sich die Literaturwissenschaftlerin genötigt sehen könnte, den Primärtext ohne die verschiebende oder gar interpretierende Praxis des Kommentars kurzerhand zu wiederholen.

Stimmen jüdisch-deutscher Schriftsteller

Joachim Neugröschel wurde 1938 in Wien geboren. Mit seinen jüdischen Eltern emigrierte er 1939 zunächst nach Rio de Janeiro, 1941 weiter nach New York und wurde dort, neben seiner Tätigkeit als Lyriker, zum gefragten Übersetzer insbesondere literarischer Werke. Von 1959 bis 1965 lebte er in Berlin und war, wie Fichte, Mitglied des 1963 gerade gegründeten »Literarischen Colloquiums«, zu dem unter der Leitung von Walter Höllerer und Walter Jens die schon arrivierten Schriftsteller der Gruppe 47 und internationale Kollegen mit bundesrepublikanischen jungen Autoren zu Lesungen und Diskussionen zusammenkamen. 2011 ist Joachim Neugröschel in New York gestorben.[22]

Das Interview mit Joachim Neugröschel beginnt folgendermaßen: »Hubert Fichte: / – Wie ist der Tageslauf eines Literaten in New York? / Joachim Neugröschel: / – Gewöhnlich stehe ich so irgendwann zwischen neun und zehn auf, frühstücke dann sehr langsam, weil ich sehr lange brauche, bis ich mich für den Tag fit fühle, dann arbeite ich meistens, mache meine Übersetzungen bis etwa zwölf, ein Uhr, dann gehe ich schwimmen. / Dann esse ich meistens in Lokalen, manchmal auch zu Hause, ich koche nicht gern. / Dann lese oder übersetze ich weiter. / Abends gehe ich meistens zu Bekannten oder schaue mir Filme an. / – Dann gehen Sie ins Bett. / – Ja meistens so gegen zwölf Uhr. / Jetzt im Herbst ist es etwas anders. Ich besuche zwei Kurse über jiddische Literatur. / – Essen Sie gerne? / – Ja. Deshalb frühstücke ich so langsam. / Ich bereite den Kaffee sehr genau und langsam zu. / Ich mahle den Café selber. Ich filtriere das Wasser. Ich nehm filtriertes Wasser und schütte das Wasser ganz langsam durch.«[23]

22 Auf youtube ist anläßlich des ersten Jahrestages von Neugröschels Tod eine kleine biographische Bilderstrecke erschienen. Fichtes Interview selbst lassen sich die wesentlichen Lebensdaten entnehmen.

23 Fichte, *Die zweite Schuld*, S. 11. Die Namen werden nur zu Beginn des Interviews genannt.

Nichts an dieser Passage erfordert einen Kommentar, dessen Aufgabe es wäre, »das *schließlich* zu sagen, was *dort* schon verschwiegen artikuliert war«.[24]

Am Anfang des Interviews steht die Thematisierung völlig unspektakulärer Gewohnheiten des Alltags, die keine existentialistische Dramatisierung erfahren – eine Praxis, die sich ebenso in den Interviews mit der Schriftstellerin Elfriede Gerstl und dem Leiter des »Literarischen Colloquiums« Walter Höllerer antreffen läßt.[25] Auch in Fichtes Romanen findet dieses Interesse am Gewöhnlichen besondere Aufmerksamkeit, wenn über Essensstände und Arbeit,[26] über gedecktes Geschirr oder das Verhalten von Eltern zu ihren Kindern,[27] über Weisen des Sprechens und den Klang von Stimmen, über das Verdienen von Geld oder über sexuelle Praktiken geschrieben wird.[28] Es wäre deshalb höchst unzutreffend, in diesem Startpunkt des Interviews eine zufällige Trivialität zu sehen. In der Rehabilitation des Alltagslebens liegt eine Antwort auf dessen Verachtung in allen, sei es philosophischen, ästhetischen, medialen und nicht zuletzt politischen Strategien, die das Außergewöhnliche zur Schau stellen und die gerade in Deutschland auf Reichsparteitagen und im Einzigartigkeitswahn des Dritten Reiches Gestalt angenommen hatten. Es sind insbesondere die Schriften des französischen Soziologen und Linksintellektuellen Henri Lefèbvre, die zu einer solchen Rehabilitation des Alltagslebens auch in Deutschland beigetragen haben. Wir wissen nicht, ob Fichte dessen *Kritik des Alltagslebens* tatsächlich zur Kenntnis genommen hat, aber die politische Bedeutung, die dem alltäglichen Leben in den links-libertären Bewegungen der 1960er Jahre zukam, dürfte er kaum übersehen haben. Lefèbvre schreibt im Blick auf Deutschland: »Die totale Verweigerung (gegenüber dem Leben und der Wirklichkeit, CKE), die allen unseren Dokumenten nach auch die Hitlerjugend bis zum Zusammenbruch beherrschte, erlaubte ihr, und erlaubt vielleicht immer noch, den

24 Foucault, *Die Ordnung des Diskurses*, S. 18.

25 S. Fichte, *Die zweite Schuld*, S. 55f. u. 94ff.

26 So z.B. Fichte, *Der Platz der Gehenkten* (= *Die Geschichte der Empfindlichkeit*, Bd. 4), Frankfurt a.M. (S. Fischer) 1989, S. 37, 75, 79 u. 105.

27 Z.B. Hubert Fichte, *Die Geschichte der Nanã* (= *Die Geschichte der Empfindlichkeit*, außerhalb der Bandzählung) Frankfurt a.M. (S. Fischer) 1990, S. 100f. u. 135.

28 Z.B. Hubert Fichte, *Der Kleine Hauptbahnhof oder Lob des Strichs* (= *Die Geschichte der Empfindlichkeit*, Bd. 2), S. 76f., 118 u. 122.

Zusammenbruch ihrer ›übermenschlichen‹ Träume zu glorifizieren, indem sie ihn zu einem Opfergang stilisiert. Man muß lediglich aus der Verweigerung des Alltagslebens – der Arbeit, des Glücks – eine Massenerscheinung, eine Krankheit der sich auflösenden mittleren Klassen, eine kollektive Neurose [...] machen und die Hitlersche ›Mystik‹ ist vollendet.«[29] Wenn es weiter heißt: »In dem Maße, in dem die Wissenschaft vom Menschen existiert, findet sie ihren Stoff im ›Banalen‹, im Alltäglichen«,[30] so dürfte dies Fichtes Zustimmung finden. In dessen Interviewpraxis, die Kaffeezubereitung von Neugröschel oder Höllerers Abneigung gegenüber Corn Flakes zur Sprache kommen zu lassen, wird eine Abwehr nazistisch imprägnierter Außergewöhnlichkeitsvorstellungen realisiert. Diese gesprächsweisen Bewegungen im Alltäglichen benötigen für ihren Antifaschismus keine ideologische oder doktrinäre Stütze.

Das Interview mit Neugröschel läßt sich in thematische Sequenzen gliedern, die auch, wie zu zeigen sein wird, strukturelle Parallelen zu den anderen Texten aufweisen. Auf das Alltagsentrée folgen Fragen zum literarischen Leben in New York, zur Übersetzertätigkeit Neugröschels sowie zur Bekanntheit deutscher Autoren in den USA; hier fallen die Namen von Celan, Grass, Böll, Johnson, Frisch, Handke, auch zusammen mit unmißverständlichen Urteilen, wenn Neugröschel z.B. über Heinrich Böll sagt: »Als er den Nobelpreis gewonnen hat kam mir das so ironisch vor, als ob die schwedische Akademie ganz absichtlich die Bundesrepublik Deutschland beleidigen wollte.«[31] In der nächsten Sequenz geht es um Neugröschels Biographie, speziell um Juden und Homosexuelle, schließlich, den größten Raum einnehmend, um Situationen und Begegnungen im »Literarischen Colloquium«, insbesondere um dessen amerikanische Finanzierung, die Aufnahme aller Debatten und Lesungen auf Tonband, um Urteile über Schriftsteller-Lehrer, den Ausschluß der englischen Sprache (in der Neugröschel schrieb bzw. schreiben wollte), den politischen bzw. unpolitischen Charakter des »Colloquiums« und die durchaus zerstörerische Konkurrenz unter den Schriftstellern. Am Ende des Interviews kommt Neugröschel auf Übersetzerprobleme zurück und bemerkt: »Tausende

29 Henri Lefèbvre, *Kritik des Alltagslebens*, Bd. 1, München (Hanser) 1974, S. 137 (Paris 1958, 1961).
30 Lefèbvre, *Kritik des Alltagslebens*, Bd. 1, S. 139f.
31 Fichte, *Die zweite Schuld*, S. 17.

von Schriftstellern die immer über Menschlichkeit und alles mögliche schreiben, verwirklichen ihre Ideen nie im Alltagsleben.«[32] Häufig reagiert Neugröschel auf Fichtes Fragen zur Vergangenheitsrecherche des »Literarischen Colloquiums« mit der Auskunft, er könne sich »nicht so sehr an Einzelheiten erinnern« oder »erinnere (sich) überhaupt nicht«,[33] worauf Fichte seine Erinnerungen an Situationen oder Personen auf eine Weise ins Spiel bringt, die wiederum Erinnerungen von Neugröschel evoziert, so daß das Interview, wie die anderen auch, als ein Prozeß mit symbiotischen Resonanzen erscheint.

Etliche Themen werden in den einzelnen Interviews wiederkehrend von Fichte angesprochen. Dazu gehört die Anwesenheit von CIA-Spitzeln in Westberlin und damit die Vermutung, ein wesentlicher Experimentierort der bundesrepublikanischen Literatur könnte – nicht zuletzt wegen seiner Finanzierungsquellen aus amerikanischen Geldern – nicht die Unabhängigkeit gehabt haben, die man ihm gemeinhin attestierte.[34] Gegenstand wiederholten Nachfragens ist ebenfalls die Ausstattung des »Colloquiums« mit einer unübersehbaren Aufnahmetechnik auf Initiative Walter Höllerers, der seit 1961 die Zeitschrift *Sprache im technischen Zeitalter* herausgegeben hatte und nun ganz praktisch den Prozeß literarischer Produktion mit einer technischen Apparatur koppelte.[35] In dieser Aufwertung der Mündlichkeit dürfte auch eine Inspirationsquelle für Fichtes Schreibweise im Allgemeinen und für die Praxis des Interviews im Besonderen gelegen haben.[36]

In einer Passage des Neugröschel-Interviews, die für den Untertitel des Bandes wesentlich ist, geht es um Modalitäten und Stil des Verhaltens beim Sprechen über Literatur in der Gruppe. Fichte erinnert an den Beginn von Grass' Zeit als Lehrer am »Literarischen Colloquium« und daran, daß dieser »einmal einen Text von Ihnen zerrissen« habe. Dabei handelte es sich um eine Satire auf den polnischen Romancier

32 Fichte, *Die zweite Schuld*, S. 46f.

33 Fichte, *Die zweite Schuld*, S. 34 u. 35; s. auch S. 36-38, 41 u. 43.

34 Fichte, *Die zweite Schuld*, S. 27 (Neugröschel-Interview), S. 63 (Gerstl), S. 210ff. (Höllerer), S. 302 (Piwitt).

35 Fichte, *Die zweite Schuld*, S. 29 (Neugröschel), S. 66 (Gerstl), S. 215f. (Höllerer), S. 258 (Erzähltext).

36 Instruktiv hierzu Till Greite, »Aufnahmesystem LCB, 1963/64. Kleine Diskursgeschichte zu Walter Höllerers Literarischem Colloquium Berlin in der Epoche der Kybernetik«, in: *Hubert Fichtes Medien*, hg. v. Stephan Kammer u. Karin Krauthausen, Zürich/Berlin (diaphanes) 2014, S. 21-42.

Gombrowicz. Auf Neugröschels gelassene Antwort: »Ich fand das komisch, weil er (Grass, CKE) selbst in seinen eigenen Büchern so respektlos mit Leuten umgeht. / Aber das ist schon so lange her. / Das ist mir egal«, hakt Fichte nach: » – Hat Sie das nicht sehr getroffen«, um dann »Abbitte« für sein eigenes Verhalten gegenüber Neugröschel zu leisten: » – Ich habe damals in die gleiche Kerbe gehauen und das bereue ich heute«. Neugröschel bemerkt daraufhin: » – Ich erinnere mich überhaupt nicht daran. / Wie lange ist das her. 15 Jahre.« Etwas später folgen die Sätze: » – Als der Grass Sie so verrissen hat, sagte der Buch: Das war ein Judenmord. / – Hat er das gesagt? / Ich weiß nicht, was er damit gemeint hat. / Ich fand Grass sehr hysterisch.«[37] Diese Szene kommt nicht allein im Interview mit Neugröschel zur Sprache, sondern ebenso in den Interviews mit Höllerer und Gerstl sowie in einer längeren Passage des tagebuchähnlichen Erzähltextes.[38]

In der Redeweise des Interviews, die das Verhalten beim Reden über Literatur zum Gegenstand nimmt, wird eine andere Art von Vergangenheitsbewältigung betrieben. Sie unterscheidet sich von jener, die eine erste Schuld auf die Zeit des Nationalsozialismus – seine »Daten« – bezieht. Vergangenheitsbewältigung ist hier zu einer persönlichen Angelegenheit geworden; die zweite Schuld kennt deshalb auch keine »Stunde Null«, sondern die Aufgabe des Gesprächs. So heterogen die je angesprochenen Themen – Alltag, Biographie, literarischer Markt, kulturpolitische Lage, gruppendynamische oder technische Implikationen literarischer Produktion, literarische Vorlieben oder Abneigungen – sein mögen, so gehört es doch zur Struktur der *Zweiten Schuld*, daß einzelne Szenen, Situationen und Themen wiederkehrend »abgefragt« werden, so daß die Erinnerung des einen Interviewpartners an sie als Supplement einer anderen fungiert. Wenn auch nicht im strengen Sinn standardisierter Interviews, so ist darin doch ein Leitfaden zu sehen, der qua Wiederholung Verweise zwischen den einzelnen Interviews generiert, ohne dabei eine Stimme zu privilegieren.[39]

Die Interviews mit Neugröschel und Gerstl – und in einem bestimmten Sinne auch das mit Piwitt, auf das wir weiter unten zurück-

37 Fichte, *Die zweite Schuld*, S. 35 f. Der Schriftsteller Hans Christoph Buch, geb. 1944, hatte bei der Gruppe 47 gelesen, bei Höllerer promoviert und war in den 1970er Jahren Lektor im Rowohlt Verlag.

38 Fichte, *Die zweite Schuld*, S. 217f., 65, 67 u. 265 ff.

39 S. hierzu auch Bandel, *Nachwörter*, S. 194-199.

kommen – privilegieren ein Politikum. Mit Neugröschel und Gerstl sprechen zwei von den Nationalsozialisten als Juden Verfolgte über ihre wenig glücklichen Erfahrungen im »Literarischen Colloquium«. Nicht aus einem Zentrum des Erfolgs oder von einem programmatischen Selbstverständnis einer »neuen Literatur« her wird hier gesprochen, sondern vom Rande her. Elfriede Gerstl, 1932 geboren, überlebte die Zeit des Nationalsozialismus in verschiedenen Verstecken in Wien, begann in den fünfziger Jahren mit ersten literarischen Publikationen, vor allem Lyrik und Essays, und war insbesondere in der Wiener Gruppe junger österreichischer Autoren aktiv; 2009 ist sie in Wien gestorben. Zwei große Themenstränge kennzeichnen das Interview: zum einen über Literatur, das eigene Schreiben und die Zeit am »Literarischen Colloquium«, zum anderen die eigene Biographie. Die Verbindung zwischen beiden – ein für Fichtes Literatur wesentlicher Problemkomplex – ist für Gerstl kein erstrebenswertes Programm. Auf Fichtes Frage: »Warum wolltest du deine Kindheitserlebnisse nicht in Literatur umsetzen«, lautet die Antwort: »Ich möchte nicht für meine merkwürdige Biographie ins Gespräch kommen.« Für Gerstl handelte es sich dabei um eine »Art von Exhibitionismus«, während Fichte darin einen »ungeheuren Verdrängungsvorgang« sieht und zu bedenken gibt, der »Exhibitionismus, wie auch der Voyeurismus, ist doch eine vergleichsweise unschuldige Variante des menschlichen Sexualverhaltens«.[40] Fichte beklagt: »Das Buch über Elfriede Gerstl hast du nie geschrieben.«[41] Auf Nachfragen zum »Literarischen Colloquium« stellt Gerstl fest, dies sei für sie »wie ein Rettungsanker« gewesen und fügt hinzu: »Ich war nicht nur durch meine Arbeit sondern durch meine psychische Situation in einer Außenseiterposition; meine Kontaktunfähigkeit und meine andersartigen Texte. [...] Ich betrachte das Colloquium als eine Art Ableger der Gruppe 47, nicht nur daß die Trainer oder Kursleiter allesamt Mitglieder der Gruppe 47 waren. / Es hat auch ein 47er Ton geherrscht. / [...] / Ich war nur deprimiert und verzweifelt, ich hab überhaupt keine Möglichkeit gesehen, was an Anregung oder Bestätigung zu finden.« Sie habe »meistens nur verkrampft und stumm dagesessen«.[42]

40 Fichte, *Die zweite Schuld*, S. 60.
41 Fichte, *Die zweite Schuld*, S. 58.
42 Fichte, *Die zweite Schuld*, S. 62 u. 64.

Eine Teilnahme am Gespräch, in dem ihre Verfolgung zur Sprache käme, ist der jüdischen Schriftstellerin doppelt verstellt, sowohl im Gebiet des literarischen Schreibens wie im Gruppenzusammenhang der Schriftsteller. Jean-François Lyotard hat die Situation, in der Schwierigkeiten existieren, ein Unrecht zu bezeugen, in *Der Widerstreit* eindrücklich analysiert. Zugespitzt auf Auschwitz und die Ermordung der europäischen Juden legt er das geradezu teuflische Verfahren einer sprachlich verfaßten Bezeugungslogik dar, die darauf hinausläuft, die leibliche Existenz des Zeugen gegen seine Aussage zu kehren, indem gesagt wird: »Der einzig annehmbare Beweis für ihre (der Gaskammern, CKE) tödliche Wirkung besteht darin, daß man tot ist. Als Toter aber kann man nicht bezeugen, daß man in einer Gaskammer umgekommen ist.«[43] Dieses Regelsystem von Sätzen, von Lyotard als totalitär bezeichnet, läßt die Darstellung des Unrechts nicht mehr zu und führt zum Ausschluß der Opfer. Während ein Kläger jemand ist, »der geschädigt wurde und über Mittel verfügt, es zu beweisen«, bedeutet Opfer sein, »nicht nachweisen zu können, daß man ein Unrecht erlitten hat«; das »perfekte Verbrechen« bestünde »nicht in der Beseitigung des Opfers oder der Zeugen [...], sondern darin, die Zeugen zum Schweigen zu bringen«.[44] Was Lyotard am äußersten Punkt »Auschwitz« freilegt, die Beraubung der Sprache auf Seiten des Opfers in Diskursen der Macht, begegnet dem Leser im Interview mit Elfriede Gerstl wieder. Um den Kläger nicht zum Opfer werden zu lassen, wäre eine besondere »Satzbildungskraft« nötig, um einem solchen in keinem Rechtsstreit zu verhandelnden Unrecht die Sprache des Widerstreits zu eröffnen. »Für eine Literatur, eine Philosophie und vielleicht sogar eine Politik geht es darum, den Widerstreit auszudrücken, indem man ihm entsprechende Idiome schafft«[45] – also andere Weisen des Sprechens und Sprecher findet, die Opfern eine Sprache geben. Das Interview mit Gerstl führt diesen Prozeß des aus dem Schweigen zur Sprache Kommens vor; am Ende erfährt der Leser, daß Elfriede Gerstl hier mit Fichte »das erste Mal« über »diese Zeit« ein Interview gab und dies »wohl mit jemandem anderen wohl auch nicht gemacht (hätte). [...]

43 Jean-François Lyotard, *Der Widerstreit*, 2. korr. Aufl., München (Fink), 1989, S. 18.

44 Lyotard, *Der Widerstreit*, S. 25.

45 Lyotard, *Der Widerstreit*, S. 33.

Weil ich Vertrauen zu dir hab und dich so lange kenn.«[46] Offensichtlich benötigt dieses Sprechen-Können einen Raum, in dem die Scham des Opfers, eben dies zu sein, ebenso suspendiert werden kann wie ein richterliches Verfahren, in dem die Glaubwürdigkeit von Aussagen auf dem Spiel steht.

Lyotards Interesse im *Widerstreit* gilt der Frage, auf welche Weise bestimmte Ordnungen der Rede mit der Legitimität von Aussagen einhergehen, welche Aussagen von wem unter welchen Bedingungen anerkannt werden. Wenn ein genre du discours so funktioniert, daß einem Opfer die Satzbildungskraft entzogen wird, folgt auf ein erstes Unrecht ein zweites oder – mit Fichte zu sprechen – eine zweite Schuld.[47] Es ist hier daran zu erinnern, daß die Frage, wer anerkanntermaßen und legitim über jene Satzbildungskraft verfügt, die die Shoah zur Sprache bringen könnte, im Deutschland der Nachkriegszeit höchst brisant war. Ihre fatalen Dimensionen lassen sich im Fall der Literatur an der Geschichte eines Buches verdeutlichen, das 1948 erstmals und 1992 wieder erscheint. 1948 lautet der Titel dieses Buches *Aufzeichnungen aus einem Erdloch*, sein Verfasser ist Jakob Littner, ein jüdischer Deutscher, der von der Verfolgung und Ermordung der Juden und seinem eigenen Entkommen berichtet. Das Buch wird kaum beachtet, ebensowenig die unveränderte Neuausgabe von 1985. 1992 dann erscheint das Buch als, wie das Impressum vermerkt, »unveränderter Nachdruck der Erstausgabe« im Jüdischen Verlag des Suhrkamp Verlages, nun aber mit einer bemerkenswerten Veränderung. Der Name des Autors lautet Wolfgang Koeppen, der Titel *Jakob Littners Aufzeichnungen aus einem Erdloch*, Gattung: »Roman«. In der öffentlichen Aufmerksamkeit, die das Buch unter dem Autornamen Koeppen (der sich als Autor des früheren bekannt hatte) nun erhält, sind die Meinungen geteilt. Die einen sehen darin den Beweis, daß auch ein deutscher Deutscher über die Leiden eines jüdischen Deutschen schreiben und Zeugnis ablegen könne, und zwar unabhängig davon, ob dies nun durch die Erzählungen oder Aufzeichnungen Littners in seiner Authentizität beglaubigt sei; die anderen erheben den Vorwurf, Koeppen habe sich eine fremde Biographie angeeignet und dem jüdischen Opfer seine

46 Fichte, *Die zweite Schuld*, S. 90.

47 Hierzu über »Die zweite Schuld« hinaus: Jonas Engelmann, *»Welches Vergessen erinnere ich?« Auschwitz im Werk von Paul Auster und Hubert Fichte*, Marburg (Tectum) 2007.

Stimme geraubt.[48] Diese Konstellation ist fatal. Während im Fall der frühen Littner-Publikation dem Autor jene Satzbildungskraft, die ihm öffentliche Anerkennung hätte verleihen können, versagt blieb, gilt für die umstrittene Koeppen-Publikation, daß der »Volks-Körper« des Autors, seine leibliche Existenz als deutscher Deutscher sich gegen sein literarisches Zeugnis kehrt, so daß seinem literarischen Sprechen die Legitimität entzogen werden kann. Da es sich in beiden Fällen um ein und denselben Autor handelte, kann die Ursache des Entzugs von Anerkennung und Legitimität des Sprechens nicht in der Beschaffenheit des Textes, sondern nur in der »Existenz« seines Verfassers liegen. Gegenüber dieser im bundesrepublikanischen Literaturbetrieb offensichtlich lange persistierenden Enteignung von Sprachbildungskraft ist in Fichtes Praxis des Interviews ein Verfahren zu sehen, das Fragen nach der Anerkennung oder Legitimität des Sprechens a priori aussetzen muß, um überhaupt stattfinden zu können.

Eine Zoologie des deutschen Literaturbetriebes in Nachkriegszeiten

Der bundesrepublikanischen Literatur einen über den Rahmen der Gruppe 47 hinausreichenden Raum zu eröffnen, ist über weite Strekken das prominente Thema des Interviews mit dem Gründer des »Literarischen Colloquiums« Walter Höllerer,[49] wobei hier in besonderem

48 Der Streit um diese Bücher wird noch dadurch kompliziert, daß 1999 Auszüge aus Littners Manuskript »Mein Weg durch die Nacht« erstmals auf Deutsch erscheinen. Ausführlich die Beiträge von Theodor Fiedler, »›eine sehr komplizierte Rechtslage wegen der Urheberrechte‹. Zu Jakob Littner und Wolfgang Koeppen«; Reinhard Zachau, »Das Originalmanuskript zu Wolfgang Koeppens ›Jakob Littners Aufzeichnungen aus einem Erdloch‹«; Roland Ulrich, »Vom Report zum Roman. Zur Textwelt von Wolfgang Koeppens Roman ›Jakob Littners Aufzeichnungen aus einem Erdloch‹«; Jakob Littner, »Mein Weg durch die Nacht. Eine Dokumentation des Rassenhasses. Drei Auszüge«, alle in: *Colloquia Germanica. Internationale Zeitschrift für Germanistik* 39(2)/1999, S. 103-150. Inzwischen liegen beide Texte vor: Jakob Littner, *Mein Weg durch die Nacht. Mit Anmerkungen zu Wolfgang Koeppens Textadaption,* hg. v. Roland Ulrich u. Reinhard Zachau, Berlin 2002; Wolfgang Koeppen, *Jakob Littners Aufzeichnungen aus einem Erdloch. Roman*, mit einem Nachw. v. Alfred Erstermann, Frankfurt a.M. (Suhrkamp) 2002. S. auch: Christa Karpenstein-Eßbach, *Deutsche Literaturgeschichte des 20. Jahrhunderts*, München (Fink) 2014, S. 249-251.

49 Zur Bedeutung Höllerers für Fichtes Konzeption von Literatur ist informativ Peter Braun, »Die ›Akzente‹-Jahre. Hubert Fichte im Kontext der ›zweiten

Maße gilt, daß die Aussagen nicht immer personal eindeutig zuzuordnen sind, sondern den Charakter eines entgrenzten Gesprächsflusses annehmen, der zudem nicht so geglättet ist, wie es in gemeinhin gefällig gemachten Interviews der Fall ist. Es sind drei Themen, die hier besonders interessieren und den vorigen Interviews weitere Aspekte hinzufügen: Konkurrenzlagen im Literarischen Colloquium; Höllerers literaturpolitisches Engagement; das Verhältnis von Literaturwissenschaft, Literatur und Wissen. Andere Themen wie die Frage, ob Literatur die Welt verändern könne, die biographischen Erinnerungen Höllerers oder die Lage der Literatur angesichts neuer Medien sollen hier zurückstehen.

Das Interview versteht sich als Versuch, »eine Zoologie des deutschen Literaturbetriebs zu entwerfen«, in dem es offensichtlich um Positionsbesetzungen und soziale Situationen mit Angstpotentialen geht. Angesichts des Selbstverständnisses des »Literarischen Colloquiums«, die Konventionen der Nachkriegsliteratur zu überwinden, liegen Divergenzen in Literaturauffassungen nahe: »Das war: Hier bin ich Mayer die richtige Position und da seid Ihr Höllerer, die falsche.«[50] Aber jenseits eines Feldes, auf dem ein Streit um Literaturkonzepte im reziproken Austausch unter Gleichen ausgetragen werden könnte, liegt ein anderes, das von Machtverhältnissen geprägt ist und in dem autoritäre Atmosphären nach 1945 weiterhin persistieren können. Als Höllerer von seinen Erfahrungen mit dem »Zimmern von einengenden Gerüsten« spricht, bemerkt Fichte: »In Ihren Stunden (im LC, CKE) haben Sie nie Angst ausgelöst«, Höllerer hingegen entgegnet: »Aber ich habe manchmal Angst gehabt«[51] und stellt später fest: »Eine andre Eigenschaft der Deutschen ist – und ich fröne ihr im Augenblick im Exzeß, ist das Hineinreden, das andre Korrigieren. Anderen vorwerfen, sie machen etwas falsch.«[52] Für Höllerer hat sich »eine mehr autoritäre Form« besonders in Günter Grass verkörpert, der »die anderen Diskussionsteilnehmer ja immer dadurch einschüchtert, sofort mit einer Gestik: Ich weiß es ja authentischer, auftritt.« Als beobachtete

Moderne‹ der deutschsprachigen Literatur«, in: *Hubert Fichte. Texte und Kontexte*, hg. v. Jan-Frederik Bandel u. Robert Gillett, Hamburg (Männerschwarm Verlag) 2007, S. 11-31.

50 Fichte, *Die zweite Schuld*, S. 220.

51 Fichte, *Die zweite Schuld*, S. 136.

52 Fichte, *Die zweite Schuld*, S. 165.

Verhaltensalternativen zum »Herrschaftsgebaren« werden »Wehleidigkeit« und »Priesterhaftes, Zeremonienhaftes« genannt,[53] wobei zu allem die »Autoreneitelkeit« gehört, die, so Höllerer, »bei mir genauso vorhanden ist wie bei Ihnen«.[54] Das »Literarische Colloquium« erscheint hier als macht- und zeremoniengestützter Raum der Feier deutscher Dichtung, in dem um die Besetzung der Plätze gekämpft wurde. Höllerer wie Fichte sehen die in diesem Raum entstandenen spezifischen Konkurrenzstrukturen mit ihren Atmosphären als einen persistierenden Effekt der Gruppe 47. »Dieser ganze Zeremonienkram aus der Gruppe 47. [...] Dieses nicht reden dürfen von den Leuten oben und nichts dagegen sagen dürfen und da unten reden die Leute. [...] Und das zweite war, daß man dann stumm abtreten mußte. Nicht mal ein Schlußwort bekam. Und das dritte war, was mich immer mehr gestört hat: Diese Riege von Kritikern. Im Anfang war das ja nicht so. [...] Diese Trennung dann von professioneller Kritik und Autoren, das schien mir ganz schief zu sein.«[55] Das »Literarische Colloquium« verstand sich dagegen, so Höllerer, als »Versuch, Sachen auszuprobieren, runter zu kommen von dem, worunter wir so gelitten hatten [...] Was ist dagegenzusetzen? [...] Daß man miteinander Sachen machte. Ob das abwegig ist. Ob sich das überhaupt mit Literatur vertrug.«[56] Von einer klaren Erfolgsgeschichte spricht Höllerer nicht: »Ich erinnere, daß ich manchmal das Gefühl hatte: Jetzt kommst du in das rein, so eine Sache: Da ist der Lehrer, da ist der Schüler. Und das hätte man ja vermeiden müssen.«[57]

Höllerer war in seinem literaturpolitischen Engagement davon überzeugt: »Wir können uns nicht mehr so in diese Riten weiter hineinbegeben« – was spätestens mit der Tagung der Gruppe 47 in der Pulvermühle 1967 evident geworden sei – was Fichtes Sicht der Dinge entspricht.[58] Aber das Interview ist nicht darauf angelegt, kurzerhand einen literaturpolitischen Helden zur Sprache kommen zu lassen, der sich nun in einem herrschaftsfreien Raum wiederfinden ließe. Fichte ist auch hier, einem wesentlichen Thema seiner literarischen Werke

53 Fichte, *Die zweite Schuld*, S. 222f.
54 Fichte, *Die zweite Schuld*, S. 233.
55 Fichte, *Die zweite Schuld*, S. 196.
56 Fichte, *Die zweite Schuld*, S. 208, s. auch S. 239.
57 Fichte, *Die zweite Schuld*, S. 208.
58 Fichte, *Die zweite Schuld*, S. 239.

verpflichtet, an Riten und Machtverhältnissen interessiert und fragt Höllerer, ob es »so etwas gibt, für das man sich vielleicht richtig schämt« – also eine Art Schuld, zu der er sich ja Neugröschel gegenüber bekannt hatte. Höllerer spricht davon, daß »man sich selber dann in einer Routine sieht, die man für das Verderbliche hält«, er habe sich in seiner Arbeit für die Zeitschrift *Akzente* etwa »dabei ertappt [...], Antworten zu schreiben, die routinemäßig waren ...«.[59] Fichtes Bemerkung: das »Lebendige kommt doch gerade nicht heraus in einer Maschinerie, die diesen Hinrichtungscharakter hat«, und seine Vermutung, all diese »immer mehr aufgebauschten Institutionen« könnten dazu führen, »daß man auch die letzten Reservate in der gleichen Weise pervertiert«, findet volle Zustimmung: »Sie haben recht. Deswegen schäme ich mich ...«.[60] Zur Sprache kommt hier genau jenes »Management von Literatur«,[61] das sich als Alternative zu dem der Gruppe 47 verstand. Die Veränderung, die das Interview kenntlich macht, liegt in der Verschiebung von personal-autoritativen Machtverhältnissen zu solchen, die den Charakter eines apersonalen Systems haben, das auch noch seine Opponenten zu verwerten droht. »Selbständig zu sein im Underground« erweist sich für Höllerer als Unmöglichkeit, weil es »dauernd zum Overground diese Verbindungen gibt, diese Pervertierungen ...«, während umgekehrt auch »Institutionen im Grunde nicht weiterhelfen«.[62] Wollte man den Wechsel, der hier im Blick auf die emotional-atmosphärischen Dimensionen der Organisation und Pflege von Literatur erfragt wird, in literatursoziologische Termini übersetzen, so handelt es sich um den von feudal tingierten Abhängigkeits- bzw. Unterwerfungsverhältnissen zu den Einbindungen in Funktionszusammenhänge eines Betriebes.

Ein drittes Thema, das Fichte interessiert, umkreist Fragen des Verhältnisses von Literatur und Wissenschaft, zum einen hinsichtlich der interpretierenden Literaturwissenschaft, aber auch die Frage betreffend, ob Literatur selbst Beziehungen zu den Gebieten des Wissens unterhält. Die Verlagerung von der Literaturkritik, die für den Literaturbetrieb der Gruppe 47 eine zentrale Rolle spielte, hin zur Literaturwissenschaft gehört zugleich in den Rahmen der Diskussionen um

59 Fichte, *Die zweite Schuld*, S. 105.
60 Fichte, *Die zweite Schuld*, S. 112.
61 Fichte, *Die zweite Schuld*, S. 230.
62 Fichte, *Die zweite Schuld*, S. 119 u. 231.

die Germanistik, die in den sechziger Jahren anläßlich eines genaueren Blicks auf die Geschichte des Faches und die nationalsozialistischen Affinitäten seiner Vertreter aufbricht. 1966 schreibt Karl Otto Conrady, es »ist schwerlich zu bestreiten, daß die Einheit des Faches (Germanistik, CKE) weit weniger in der Sache selbst als vielmehr in bestimmten Traditionen des Faches als einer vorzüglich nationalen Wissenschaft begründet ist«.[63] Der 1969 erschienene Band *Ansichten einer künftigen Germanistik* spricht von einer »ideologisch belastete(n) Tradition« und diagnostiziert eine Krise des Faches, die zu Kritik und Neubestimmung herausfordere.[64]

Diese Auseinandersetzungen dürften weder Höllerer noch Fichte entgangen sein. Sie rufen die Diskussion um das Verhältnis von Literaturwissenschaft und Literatur auf den Plan, das nicht minder problematisch ist als im Fall der Literaturkritik, weil eine Begegnung von Literatur und Wissenschaft dann, so Höllerer, zerstört wird, wenn »man die Wissenschaft in einem erstarrten Sinn anwendet« und es »Leute (gibt), die garnichts anderes mehr machen als Sekundärliteratur zusammenzustellen«.[65] Jedes System »ist für eine literarische Untersuchung schon nicht mehr geeignet«. Höllerer spricht von einem »Wissenschaftspanzer, den man um etwas Lebendiges herum schließt«, Fichte von einer »fast mörderischen Wissenschaftlichkeit«,[66] auf deren Folgen für Dissertationen Höllerer nachdrücklich hinweist. Es gehört zu den Regeln institutionalisierter literaturwissenschaftlicher Diskurse, daß sie ihren Gegenstand auf bestimmte Weise ausschließen – ihn damit als ihren Gegenstand erhaltend.

Fichtes Interviewpraxis, seine Fragen und Reaktionen machen deutlich, worauf er Wert legt. Er fragt: »In der Wissenschaft mit poetischen

63 Karl Otto Conrady, *Einführung in der Neuere deutsche Literaturwissenschaft*, Reinbek (Rowohlt) 1966, S. 36.

64 *Ansichten einer künftigen Germanistik*, hg. v. Jürgen Kolbe, München (Hanser) 1969, S. 7-8, hier S. 7. Es folgt 1973 der ebenfalls von Kolbe herausgegebene Band: *Neue Ansichten einer künftigen Germanistik* (München: Hanser) mit einer Bestandsaufnahme von Theorie- und Methodenfragen, die u.a. auf die »sprach- und texttechnokratische Disziplinsparte: die Linguistik« als »puristischen Ausweg aus einer desolaten Wissenschaftspraxis« antwortet. Jürgen Kolbe, »Wie denn nun weiter? Vorbemerkung des Herausgebers«, S. 7-11, hier S. 7.

65 Fichte, *Die zweite Schuld*, S. 129.

66 Fichte, *Die zweite Schuld*, S. 130.

Mitteln zu arbeiten – Feature, Interview, wie ich das versucht habe, die hätten Sie nicht durchgekriegt.« Höllerer stimmt zu: »Nicht in einer Dissertation …«.[67] Das Interview skizziert eine mögliche Verkehrung der Perspektive: wenn Wissenschaft nur in Distanzordnungen zu Literatur möglich ist, könnte Literatur der Ort sein, sich für Gebiete des Wissens zu öffnen – eine Verschiebung, die nicht nur Fichtes literarische Praxis wesentlich motiviert, sondern die gerade in diesem Interview deutlich werden läßt, daß diese Praxis nicht aus einem diffusen literarischen Außen kommt, sondern sich innerhalb der Ordnungen und Regeln der Diskurse bewegt, die die Verhältnisse zwischen Literatur und Wissenschaft regeln – denn sie wäre ansonsten kaum nachvollziehbar und ohne ihre eigene Wahrheit. Es gehe um eine Begegnung »dessen, was man als Fiction bezeichnet und dessen was man als Non-Fiction bezeichnet«, so Höllerers Antwort auf Fichtes Vorschlag, Herodot als Modell für einen »dritten Weg« zu verstehen, der aus dem »Gegensatz von Idealismus und Analyse bei Platon und Aristoteles« herausführen könnte.[68] Höllerer insistiert im Blick auf Wissenschaft – nicht nur die der Literatur – darauf, »daß Schriftsteller in solchen Beziehungen viel mehr an zuständiger Erhellung bringen als Leute, die sich vorzeitig auf Systeme festlegen«.[69] Die Aussage Höllerers kommt Fichte fraglos entgegen. Damit ist ein Begriff von Literatur anvisiert, der ihre besondere Leistungskraft in den ihr eigenen Ausdrucksformen des Wissens sieht. Diese Auffassung von Literatur ist inzwischen auch in die Spiele der Literaturwissenschaft aufgenommen worden, die einen neuen Untersuchungsgegenstand in den Beziehungen zwischen Literatur und Wissen gefunden hat. Eben dies verdankt sich der selbstkritischen Reflexion der Literatur.

Den Themen der voraufgegangenen Interviews werden im Gespräch mit Höllerer weitere hinzugefügt, die die Institutionen des Literaturbetriebs von der Gruppe 47 bis zum »Literarischen Colloquium« mit ihren atmosphärischen Eigenheiten, Höllerers literaturpolitisches Engagement und insbesondere eine neue literarische Praxis betreffen, die sich, nach dem Fokus auf die Literaturkritik, wie er lange in der Bundesrepublik vorherrschend war, aus den virulent gewordenen Diskussionen um Literatur und Wissenschaften speist.

67 Fichte, *Die zweite Schuld*, S. 134.
68 Fichte, *Die zweite Schuld*, S. 132.
69 Fichte, *Die zweite Schuld*, S. 136.

Fragt man schließlich nach den supplementären Themen, die mit dem vergleichsweise kurzen, laut »Herausgeber«-Notiz nur in Resten erhaltenen Interview mit dem Schriftsteller und Colloquiumsteilnehmer Hans Hermann Piwitt gegenüber den vorausgegangenen hinzukommen, so liegen sie im Gebiet des Politischen, das nach einem die Freude und vor allem auch erinnerten Nöte von Sexualität und Homosexualität zur Sprache bringenden Entrée den weitaus größten Raum einnimmt. Zu finden ist hier die Skizze eines Politisierungsprozesses, der mit den sechziger Jahren beginnt. Piwitt charakterisiert seine vorpolitische Haltung mit den Worten: »Das war ein ontologisches Unglück, was ich mit mir herumtrug. / Das war alles vom Sein geschickt. / Die ewig elende Existenz«,[70] und beschreibt damit eine sei es heideggerianisch, sei es existentialistisch grundierte depolitisierende Stimmung der postfaschistischen Bundesrepublik. Den Prozeß der Politisierung befördern verschiedene Ereignisse und Erfahrungen: Kennedys Deutschlandbesuch, die Notstandsgesetze, der Ost-West-Antagonismus und, speziell die Literatur und die Schriftsteller betreffend, die sogenannte »Ballonaffäre« und die Gründung des »Wahlkontors deutscher Schriftsteller« durch Günter Grass zur Unterstützung der SPD im Wahlkampf um die Ablösung der Großen Koalition, in dem auch Reden für Politiker geschrieben wurden. Schriftstellerische Kreativität soll u.a. den Satz hervorgebracht haben, den zu zitieren man sich schwerlich versagen kann; er ist auf den Kanzler Erhard gemünzt: »Ein weicher Kanzler macht die Mark nicht wieder hart.«[71] Es handelt sich um eine diffuse Gemengelage von Politisierungselementen, in deren Zusammenhänge erst noch Klarheit gebracht werden muß. Eine problematische Zone ist ihre Übersetzung in definitive Frontstellungen. Während Piwitt hervorhebt, daß man das alles »durchschauen« müsse und wie wichtig es ist, »daß man den Gegner erkennt, anstatt den Gegner immer in sich selbst zu sehen«, zeigt sich Fichte verwundert darüber, »daß es dir so leicht ist, von einer richtigen und einer falschen Seite der Barrikade zu sprechen«, erhält aber die Antwort: »Es ist sehr schwer.« Daß »ein

70 Fichte, *Die zweite Schuld*, S. 306.

71 Fichte, *Die zweite Schuld*, S. 307ff. Zur »Ballonaffäre«: Der Rowohlt Verlag hatte dem Ministerium für Innerdeutsche Angelegenheiten Lizenzen für »Bücher, die sich mit den desolaten Verhältnissen [...] im Ostblock« befassen, überlassen, um deren Neuausgaben per Ballon in die DDR zu schicken, was etliche Autoren des Verlages empörte.

Dichter in eine Partei gehen sollte«, paßt weder für den einen noch den anderen zu dessen Selbstverständnis.[72] Dennoch stellt sich für den Leser des Interviews der Eindruck ein, daß die Selbstgewißtheit, mit seinen Aussagen im politisch »Richtigen« zu sein, bei beiden Schriftstellern sehr unterschiedlich ausfällt. Fichte bemerkt: »Mir scheint, daß wir auf jeder Seite im Widerstand stehen.«[73]

So schwierig es um jede Affirmation der Positivität einer politischen Programmatik bestellt ist, so auch um die einer sich politisch verstehenden Literatur. In den Schlußpassagen des Interviews erinnert Fichte an die »Idee der Littérature Engagée«, mit der sie beide »groß geworden« seien, fragt, ob »das Zweck hat« und bemerkt: »Wir können die Alltagsschreiber nicht mehr ausstehn und haben doch zum Dokumentarismus beigetragen.« Im selbstkritischen Rückblick auf das eigene literarische Engagement werden die Themen und Schreibweisen in den Blick genommen, die in der Bundesrepublik »nötig« waren, »wenn man bedenkt, wie festgefahren das alles war« und es darum ging, wie Piwitt hervorhebt, »Leute zum Sprechen (zu) bringen«.[74] Dem Dokumentarismus, dem literarischen Bezug auf den Alltag und das Authentische aber kann die politische Spitze genommen werden, wenn sie in ein »Therapiemilieu« und eine »Therapiesprache« abgleiten, »so eine Art Gartenlaube« werden, und eben dies sei, stellt Piwitt fest, in den »Bücher(n) der Bestenliste« nachzulesen.[75] Auch die Modalitäten eines politisch motivierten literarischen Sprechens können in eine Aussageordnung fallen, mit der sie ihrer von Lyotard so genannten »Satzbildungskraft« beraubt werden, und insoweit könnte es zutreffend sein, daß ein Schriftsteller »auf jeder Seite im Widerstand steht«.

Versucht man, *Die zweite Schuld* insgesamt in den Blick zu nehmen, dann sind zwei Dimensionen hervorzuheben. Die erste betrifft die inhaltliche Seite der Themen und Aussagen. Gegenüber einer Bundesrepublik, die ihr postfaschistisches Selbstverständnis aus einer vergangenen (ersten) Schuld bezieht, insistiert das Buch auf den Gesten der Freilegung, des Aufdeckens persistierender Schuldzusammenhänge, die sich aus den Ordnungen dessen, was gesagt und geschrieben werden darf, ergeben – sei es, daß dies Empfindungen, Gewohnheiten, sexuelle

72 Fichte, *Die zweite Schuld*, S. 308 u. 303.
73 Fichte, *Die zweite Schuld*, S. 313.
74 Fichte, *Die zweite Schuld*, S. 312 f.
75 Fichte, *Die zweite Schuld*, S. 314.

Vorlieben, Demütigungen, Alltagserfahrungen, Literaturprogramme und -institutionen oder die Potentiale von Literatur im Blick auf Wissen und Politik betrifft. Immer geht es hier wesentlich um die Erfahrung von Konstellationen der Macht. Keineswegs handelt es sich dabei allein um eine »Zoologie des deutschen Literaturbetriebs«. Es sind insbesondere die Interviews, aus denen die spezifischen Erfahrungen der Sprechenden mit bundesrepublikanischer Gegenwart, deren Mentalitäten und mit den von Machtverhältnissen durchsetzten Stimmungen zutage treten.

Die zweite Dimension betrifft den Modus der Darstellung, ihre besondere Form. Es gibt in diesem ganzen Buch keinen Satz, der in dem Sinne zitierfähig wäre, daß sich in ihm eine definitive Aussage seines Verfassers über etwas finden würde, die den Anspruch der Richtigkeit gegenüber einer falschen Aussage erheben oder ein abschließendes Urteil fällen würde. Wollte man das tun, so wären die protokollierten Aussagen als einzelne fast belanglos oder aber sie gerännen zu geschmäcklerischen Sentenzen wie der Satz »Ich bin für Ichs«. Stattdessen hat der Leser ein Tableau von Aussagen vor sich, das nicht von einer Stimme regiert wird und das sich – darin tatsächlich ein Stück weit dem Drama ähnlich – erst in den Dynamiken der Sequenzen, im Spiel der Aussagen zueinander erschließt. Man könnte auch von einem supplementären Verhältnis sprechen, in dem sie sowohl zueinander wie zu dem stehen, worüber sie sprechen. In diesem Modus, die Bundesrepublik zur Sprache zu bringen, läge dann weniger der Impuls, in richtigen Aussagen über dieses Land zu urteilen, sondern der Versuch, in diesem Land mit den Mitteln der Literatur eine Praxis vorzuführen, die man mit Michel Foucault vielleicht als Bemühen um das »Wahr-Sprechen« verstehen könnte.[76]

76 Michel Foucault, *Der Mut zur Wahrheit. Die Regierung des Selbst und der anderen II.*, Frankfurt a.M. (Suhrkamp) 2010. Eine »Typologie von Veridiktionsstilen« für die Literatur steht noch aus.

4. Empfindlichkeit und Synkretismus: Literarische Ethnographie

Einen ersten Eindruck der Welthaltigkeit von Fichtes Werk, die weit über das Interesse an Deutschland und Frankreich hinausgeht, kann eine Auflistung der literarischen Orte und des literarischen Personals vermitteln: Ägypten, Äthiopien, Brasilien, Haiti, Hamburger Hauptbahnhof, Hotels, Marokko, New York, Paris, Portugal, die Provence, Senegal, ein Szenelokal Hamburgs, Togo, Venezuela, ein Waisenhaus – die Aufzählung ist nicht vollständig. Unter den literarischen Personen finden sich der Krankenheiler Samba, Abbé Pierre, der Staatspräsident von Tansania Nyerere, Bratspießchenverkäufer, Assane (ein Einwohner Dakars), der Hermaphrodit Ibraima, Voudoupriesterinnen, der Ledermann, Bettler, Homosexuelle, Schlangenbeschwörer, Touristen, Kinder und Negerhippies.

Auch bei dieser literarisierten Weltbeschreibung mit ihren vielen Orten und Personen spielt der biographische Komplex eine wichtige Rolle. Er soll zunächst genauer expliziert werden, weil die Modalitäten der Verschränkung von Literatur und Biographie, das Verhältnis zwischen der Vertextung der Welt und der Selbstverortung des Vertextenden in der ethnologischen Perspektive, die in beiden Richtungen von Fichte eingenommen wird, eine besondere, für Fichte charakteristische Kontur gewinnt. Nicht die Frage, inwiefern die Referenz auf die Person des Autors und sein Leben für die literaturwissenschaftliche Interpretation des Werkes wesentlich ist oder nicht, interessiert hier, sondern – und darum geht es zweitens – das Selbstverständnis des schreibenden Ich im ethnologischen Feld der Erkundungen, in dem Selbst und Welt gleichermaßen zum Gegenstand eines interkulturellen Ritenstudiums gemacht werden.[1] Die Weisen, auf die sowohl eine biographische Erzählung wie die von eigenen oder fremden kulturellen Identitäten dekomponiert werden, werden schließlich am Beispiel der beiden Romane *Hotel Garni* und *Forschungsbericht* – der eine auf den

1 Fichtes Werk ist darüber hinaus in vielfältiger Weise für Fragestellungen im Bereich der Interkulturalitäts-, der Geschlechter- oder Wissensforschung relevant; s. dazu die Aufsätze in *Medium und Maske. Die Literatur Hubert Fichtes zwischen den Kulturen*, hg. v. Hartmut Böhme u. Nikolaus Tiling, Stuttgart (M&P) 1995.

Blick auf das eigene Leben, der andere auf die Phänomene der Welt bezogen – aufgefaltet.

Die Perspektive dieses Kapitels ist insofern eingeschränkt, als sie sich vor allem in der Immanenz der Werke bewegt und auf diesem Wege eine Interpretation anstrebt, die die beiden Komponenten der literarischen Ethnographie: Empfindlichkeit als Mittel der Wahrnehmung und anthropologische Neugier unter der Annahme eines kulturellen Synkretismus, zu erhellen erlaubt. Aber es wird nicht genügen, in einer solchen Immanenz stehenzubleiben. Denn trotz aller Programmatik von Empfindlichkeit und Synkretismus, die einer idealisierten Interkulturalitätsvorstellung bei vielen Fichteforschern entgegenkommen mag, steckt in Fichtes Werk eine Menge von Polemiken, Glossen, Kritiken, heftigen Angriffen und Abgrenzungen. Die literarische Ethnographie Fichtes hat Gegner und wendet sich gegen andere Ordnungen ethnologischen Wissens von sich und der Welt. Es ist Sache des übernächsten Kapitels, diese Selbstkonturierung der literarischen Ethnographie im Diskursfeld von Gegnerschaften und resonanzträchtigen Kontexten außerliterarischen Wissens zu untersuchen.

Literatur und Biographie

Die vielen Orte und Personen, die in einer ersten Auflistung genannt wurden, gehören nicht in die Welt der literarischen Fiktionen; beide Listen verweisen auf Fichtes Biographie, ihre Stationen und Begegnungen, und beide sind durchzogen von exotischen Dimensionen des Fremden und randständiger Existenzweisen. Über den Wirklichkeitsgehalt der literarischen Orte und Figuren hinaus liegt eine weitere Verbindung von Werk und Biographie nahe: Fichte, 1935 in Perleberg (Mecklenburg) geboren, aufgewachsen in Hamburg-Lokstedt, war, so vergißt keine biographische Notation zu betonen, Halbwaise, Halbjude und Homo- bzw. Bisexueller.[2] Diese dreifache minoritäre Zugehörig-

2 S. Reinold Werner, »Möglichkeiten und Unmöglichkeiten einer (Auto-)Biographie«, in: *Leben, um eine Form der Darstellung zu erreichen. Studien zum Werk Hubert Fichtes*, hg. v. Hartmut Böhme u. Nikolaus Tiling, Frankfurt a.M. (S. Fischer) 1991, S. 161-179. Werner fragt: »Was konnte oder was mußte einen westdeutschen, halb-jüdisch-halb-christlichen, halb-heterosexuell-halb-homosexuellen Autor in das Abenteuer eines Ganzheitenentwurfs (dies bezieht sich auf die Gesamtkonzeption von »Die Geschichte der Empfind-

keit könnte allen Grund für eine schriftstellerische Selbstbeschreibung als Außenseiter abgeben, die sich dann in literarischer Personnage und Topographie niederschlägt. Aber Fichte unterläuft diese Zugehörigkeitsordnungen, wendet sie nicht zum Ausbau von Identitäten um, obwohl sein Interesse auch jenen gilt, die als randständig gelten.

Im Vergleich zu Aussagen des französischen Schriftstellers Jean Genet in einem Interview, das Fichte mit ihm führte, wird der unterschiedliche Umgang mit minoritären Verortungen und deren Bedeutung für Identitätskonzepte deutlich. Genet, Vollwaise und Homosexueller, sieht sich »derart als Fremder« und deshalb ganz Frankreich als seinen Feind, daß er »die Tatsache, daß die französische Armee, das, was es an Angesehenstem vor 30 Jahren auf der Welt gab, vor den Truppen eines österreichischen Gefreiten kapitulierte«, für sich mit dem Satz interpretiert: »Ich war gerächt.«[3] Dramatischer kann der Bezug auf die Polarität von zugehörig/nicht-zugehörig kaum ausfallen. Für Genet erwächst aus der Erfahrung des Ausschlusses das Verlangen nach einer neuen Mitgliedschaft in einem anderen Kollektiv: »Ich bin vielleicht ein Schwarzer, der weiße oder rosa Hautfarbe hat, aber ein Schwarzer.«[4] Vergleichbare Zuordnungen sind bei Fichte nicht zu finden; stattdessen sagt er über sich: »Ich war den Afrikanern verwandt, den Lappen, den Mizteken.«[5] Zwischen den Aussagen »ich bin« und »ich bin verwandt« liegen Welten. Mit dem Satz: »Der Äquator war meine Heimat«[6] plaziert sich Fichte genau auf jener Linie, die die Welt in zwei Hälften teilt, nicht auf dieser oder jener Seite, sondern auf einer Mitte, einem Mittel. Wenn man Mitte/Mittel mit Medium übersetzt, wird Fichtes schriftstellerisches Selbstverständnis erkennbar: sich als Medium der Welt, nicht aber als deren Außenseiter zu verstehen. Gerade die Depotenzierung einer außenseiterischen Identität als Referenzraum des Schreibens ermöglicht Fichte einen spezifischen ethnographischen Blick auf Zugehörigkeiten stiftende kulturelle Praktiken

lichkeit«, CKE) katapultieren?« und sieht in Fichtes Lebensgeschichte eine »Bewegung von einem gespaltenen Einen auf eine Vielheit zu«. (S. 162f.)

3 *Hubert Fichte – Jean Genet. Fotos von Leonore Mau*, hg. v. Bernhard Albers, Aachen (Rimbaud) 1992, S. 23.

4 *Hubert Fichte – Jean Genet. Fotos von Leonore Mau*, S. 24.

5 Hubert Fichte, *Hotel Garni* (= *Die Geschichte der Empfindlichkeit*, Bd. 1), Frankfurt a.M. (S. Fischer) 1987, S. 10.

6 Fichte, *Hotel Garni*, S. 10.

und Selbstverständnisse, der anders ist als wir ihn von Michel Leiris, Claude Lévi-Strauss und Clifford Geertz kennen.[7]

Fichtes Schreiben steht im Zeichen des »Bewußtsein(s) der hermeneutischen Spannung von Universalität und Alterität«, ist bezogen auf den »Umgang mit der Differenz«,[8] aber es zielt nicht auf die literarische Ausarbeitung markierbarer, gegeneinander abgrenzbarer Identitäten und Alteritäten, die Ausstellung von mehr oder weniger auf Universalität bezogenen einzelnen Kulturen oder Unterscheidungen von Außenseitern. Fichte faßt zwar, in der Tradition der Ethnologie, kulturelle Praxen als je Zugehörigkeiten stiftende Riten im Sinne fraglos existierender Vollzüge auf, doch gerade der »Gemeinsamkeit der Riten [...] entspringt eine Gemeinsamkeit der Menschen«[9] – eben weil alle Menschen auf Riten angewiesen sind, in denen sich ihr Leben vollziehen kann. Der ethnologische Diskurs, der kulturelle Besonderheiten ins Zentrum stellt, wird von Fichte damit gleichsam dekonstruiert auf eine jede Besonderheit übergreifende »Verwandtschaft« hin. Tatsächlich sind Riten Praxen, die Welt zugleich erstellen und verstellen, weshalb sie dem schriftstellerischen Blick auch als bloße Masken erscheinen, die einer Verwandtschaft von Eigenem und Fremdem nur vor-gestellt

7 S. die z.T. überaus heftige Auseinandersetzung Fichtes mit Lévi-Strauss: »Das Land des Lächelns. Polemische Anmerkungen zu Tristes Tropiques von Claude Lévi-Strauss«, in: *Homosexualität und Literatur 1. Polemiken* (= *Die Geschichte der Empfindlichkeit, Paralipomena*), Frankfurt a.M. (S. Fischer) 1987, S. 319-351, hier S. 319ff. Zum Vergleich von Fichte mit den Schreibweisen anderer Ethnographen: David Simo, »Hubert Fichte und Michel Leiris: Selbstanalyse und Ethnographie«, S. 199-212; Klaus Neumann, »Hubert Fichte und experimentelle Ethnographie, oder: Auch in Amerika sind die Möglichkeiten universitärer Anthropologie nicht unbegrenzt«, S. 213-143, beide in: *Medium und Maske. Die Literatur Hubert Fichtes zwischen den Kulturen*, hg. v. Hartmut Böhme u. Nikolaus Tiling, Stuttgart (Metzler) 1995. Einen umfassenden Überblick über Ethnographie, Anthropologie, ethnologische Poetik und Beziehungen zur Literaturwissenschaft gibt Irene Albers, *Der diskrete Charme der Anthropologie. Michel Leiris' ethnologische Poetik*, Konstanz (Konstanz University Press) 2018. Dort zu Fichte u.a. S. 102ff. Ethnographie unter dem Aspekt der »Lektüre« des Eigenen und Fremden, u.a. bei Fichte, Lévi-Strauss und Geertz behandelt Karl Katschthaler, *Xenolektographie: Lektüren an der Grenze ethnologischen Lesens und Schreibens. Hubert Fichte und die Ethnologen*, Frankfurt a.M., Berlin (Peter Lang) 2005.

8 Herbert Uerlings, *Poetiken der Interkulturalität. Haiti bei Kleist, Seghers, Müller, Buch und Fichte*, Tübingen (Niemeyer) 1997, S. 311 u. 8.

9 Uerlings, *Poetiken der Interkulturalität*, S. 312f.

sind.[10] Die Auflösung bzw. Verstellung fundamentierbarer Zuordnungen auf der Basis von kulturellen oder sozialen Ab- oder Ausgrenzungen scheint geradezu das energetische Schreibzentrum Fichtes zu sein. Dies bestimmt die andere, die literarische Ethnographie im Unterschied zur wissenschaftlichen ebenso wie das schriftstellerische Selbstverständnis. In einem Essay zu de Sade, dessen Werk Fichte nicht zuletzt wegen seiner extremen Ambivalenz fasziniert hat, wird jeder Positionierung des Schriftstellers, wie sie für Kant und Schiller noch möglich gewesen sei, eine Absage erteilt, weil sie dem Menschen nicht mehr entspreche: »Die psychische Realität reduziert nicht nur für den Leser die Eindeutigkeit der Aussage des Schriftstellers – es gibt diese Eindeutigkeit nicht mehr.«[11] Das Aufgeben des Standpunktes verändert den hermeneutischen Prozeß des Verstehens. Der Startpunkt liegt nun nicht mehr in der eigenen Standortgebundenheit, von der aus der Zugang zum Anderen, zum Fremden gesucht wird, um es sich in der Freilegung seines Sinns anzuverwandeln. Fichtes Schreibpraxis interveniert in die feste Stellung von Unterschieden, depotenziert die Macht der Differenz, indem sie auf die Konstitutionsbedingungen von Differenz und Zugehörigkeit selbst einen ethnologischen Blick wirft.

Weltbeschreibung als interkulturelles Ritenstudium

Auch wenn die lebensgeschichtliche dreifache Alterität Fichtes kein Schreibzentrum konstituiert, so setzt die Interpretation der Werke die Kenntnis der Biographie dennoch voraus, weil alle Texte Fichtes, handele es sich um Hörspiele, Essays, Protokolle von Reisen, Auseinandersetzungen mit anderen Autoren wie de Sade, Lévi-Strauss, Sartre oder Graf August von Platen-Hallermünde, um Interviews oder die dem Bereich des Fiktiven zugeordneten als Romane gekennzeichneten Werke, biographisch konnotiert sind. Wer jenen »Tod des Autors«, der literarisch und literaturwissenschaftlich häufiger diagnostiziert wurde

10 Auf einem Fotoporträt, das Leonore Mau aufgenommen hat, ist Fichtes Gesicht zur Hälfte zu sehen, während die andere Hälfte von einer Maske verdeckt ist, die Fichte seitlich versetzt vor sein Gesicht hält. Hartmut Böhme, *Hubert Fichte. Riten des Autors und Riten der Literatur*, Stuttgart 1992, sieht darin »die Formel des autobiographischen Schreibens« (S. 207).

11 Hubert Fichte, »Der Blutige Mann. Sade«, in: ders., *Homosexualität und Literatur 1. Polemiken (= Die Geschichte der Empfindlichkeit. Paralipomena)*, Frankfurt a.M. (S. Fischer) 1987, S. 23-131, hier S. 109.

(S. Beckett, R. Barthes, M. Foucault), wiederfinden wollte, sähe sich hier dementiert und fände stattdessen ein Werk, das auch in seinen fiktiven Teilen ganz auf autobiographischen Vorgaben basiert.[12] Aber jeder Interpret ist sofort mit der Schwierigkeit konfrontiert, daß es sich um keine autobiographische Erzählung von einer Entwicklungs-, Bildungs- oder Krisengeschichte des Autor-Ichs handelt. Schon ein Blick auf die Formgestalt gerade der Roman genannten literarischen Werke macht den Verzicht auf die Konstitution des Ich als Geschichte sinnfällig. Wenn die Romane häufig aus mit Spiegelstrichen gekennzeichneten Aussagen verschiedener Personen oder meist kurzen Aussagesätzen zu Sachverhalten oder Beobachtungen bestehen, so wird man den Untertitel »Lob des Strichs«, den Fichte dem Roman *Der Kleine Hauptbahnhof* gegeben hat, auch als eine schriftstellerische Programmatik verstehen dürfen, die auf den sexuellen Bereich eines mehr oder weniger organisierten Verkuppelns außerhalb der triangulären familialen Ordnung von Identitätsstiftung bezogen ist,[13] die zugleich aber, und vielleicht vor allem, eine Schreibweise bezeichnet, das Kontinuum der Erzählung in die Vielheit von Aussagen und deren Kombination zu verwandeln. Darin knüpft Fichte an die Tradition der hermeneutischen Auslegung im Zeichen des Gesprächs an. Aber die Aussagen anderer werden genauso wie die Aussagen des Autor/Schriftstellers keiner Interpretation unterzogen, die vom sinnstiftenden Verstehen eines Interpreten regiert oder sich – um mit Jacques Lacan zu sprechen – der symbolischen Ordnung des Vaters unterwerfen würde. Sie haben, wie Beobachtungen und Sachverhalte auch, den Status von Dokumentationen, die eigenes und fremdes Leben wiedergeben. Die Sätze sind zumeist kurz, und sofern es sich nicht um mit Spiegelstrichen gekenn-

12 Die enge Verknüpfung von Biographie und Werk arbeitet Johann Nikolaus Tiling, *Hauchbilder der Erinnerung. Biographische Spuren und die Entwicklung literarischer Motive im Werk Hubert Fichtes*, Berlin (Verl. Rosa Winkel) 1996 heraus. Leben und Werk werden hier allerdings so enggeführt, daß sich eine literaturwissenschaftlich-biographische Entwicklungsdarstellung ergibt, die sich von Fichtes Schreibweise und dem literarischen Verhältnis des Werks zur Biographie als Erzählform eher entfernt. Zur literaturtheoretischen Frage nach dem Autor s. Christa Karpenstein-Eßbach, »Die Autorfunktion«, in: *Anschlüsse. Versuche nach Michel Foucault*, hg. v. Gesa Dane u.a., Tübingen (Konkursbuchverlag) 1985, S. 169-178.

13 In Fichtes Roman *Der Platz der Gehenkten* (= *Die Geschichte der Empfindlichkeit*, Bd. 6), Frankfurt a.M. (S. Fischer) 1989 wird das »Kuppeln« im Sinne von »Verbindungen schaffen« als Muster des Romans und Ziel bezeichnet (S. 81).

zeichnete Aussagen von Personen (wobei die Person des Sprechers nicht immer zu identifizieren ist) handelt, beginnen sie mit jeweils einer neuen Zeile: »Die Schwarzen Kariben schliefen zwischen den Stelzen der Häuser. / Die Pinten und Diskotheken lagen verriegelt. / Neben den Eingängen saßen aufgereiht die Männer. / – Sie warten darauf, eingelassen zu werden, um mit dem Trinken zu beginnen. / – Die alten Frauen verstecken sich noch in ihren Kammern.«[14]

Die Spannung zwischen autobiographischer Referenz und dieser dezentrierenden Schreibweise führt im Ergebnis dazu, daß die Biographie in Welt-Beschreibung transformiert wird. Fichte ist ein Reisender – aber nicht in Sachen einer Ichfindung oder Persönlichkeitsbildung, die sich im literarischen Text dann ausspricht.[15] Weltbeschreibung kann unter den Voraussetzungen einer Konzentration auf den Innenraum des Subjekts kaum gelingen, so sehr sie die Empfindlichkeit des Beschreibenden, seine »Medialität« erfordert. Fichte hat einen solchen ich-zentrierenden Bezug in einem Interview explizit zurückgewiesen: »Ich habe wie wenige Schriftsteller vorgefundenes, provoziertes Material, Lebensläufe zu erstellen, nachzustellen versucht. Ich habe Schichten von Kultur, die auf den ersten Blick nichts miteinander zu tun haben, in meine Literatur hineingezogen [...] also glaube ich nicht, daß man mir einschränkend den Vorwurf machen kann, ich interessiere mich nur für mich selbst.«[16] Aussagen von Schriftstellern über sich sind zweifellos allein noch keine Garanten für zutreffende Interpretationen.

14 Hubert Fichte, *Forschungsbericht* (= *Die Geschichte der Empfindlichkeit*, Bd. 15), Frankfurt a.M. (S. Fischer) 1989, S. 70.

15 Wenn Michael Fisch, *Die Verwörterung der Welt. Über die Bedeutung des Reisens für Leben und Werk von Hubert Fichte. Orte – Zeiten – Begriffe*, Aachen (Rimbaud) 2000 feststellt, Fichtes Interesse gelte »vorrangig der eigenen Person« (S. 17), so widerspricht dem schon der von Fichte entlehnte Titel der ansonsten erhellenden Darstellung, die u.a. auch die Unterschiede zwischen Fichtes Verhältnis zum Reisen und dem etablierten Genre der Reiseliteratur und ihren Traditionen herausstellt. Zum Verhältnis von Reisen, Schreiben und Ethno-/Anthropologie s. Renate Schlesier, »Verdichtete Reiseberichte. Zur Geschichte des Homo Viator«, in: *Lesbarkeit der Kultur. Literaturwissenschaften zwischen Kulturtechnik und Ethnographie*, hg. v. Gerhard Neumann u. Sigrid Weigel, München (Fink) 2000, S. 133-149. Die Beiträge des Bandes insgesamt erkunden die »doppelte Bewegung einer kulturwissenschaftlichen Verortung der Literatur einerseits und einer Poetik der Kultur andererseits« (S. 10).

16 Rüdiger Wischenbart, »Ich schreibe, was mir die Wahrheit zu sein scheint. Ein Gespräch mit Hubert Fichte«, in: *Text und Kritik* 72/ 1981, S. 67-85, hier S. 68.

Die Konstruktionsweise des literarischen Werks selbst aber folgt nicht dem Leitfaden autobiographischer Ordnung, die ein Ich zur Sprache bringt. Daß Fichte ein Reisender ist und sein Leben ganz im Zeichen seiner vielen Reisen steht, impliziert keineswegs schon die literarische Zentrierung um den Reisenden im Werk. Erst in der Unterscheidung zwischen beidem wird die Umwandlung des Reise-Lebens in Welt-Beschreibung erkennbar. Der ursprünglich für *Die Geschichte der Empfindlichkeit* vorgesehene Titel »Die touristische Entwicklung in der zweiten Hälfte des zwanzigsten Jahrhunderts«[17] verdeutlicht dies vielleicht mehr als der schließlich gewählte.

In dem als zentral anzusehenden Essay »Mein Freund Herodot« wird die »Verwörterung der Welt« zur literarischen Leitlinie, nicht aber – wie mit Blick etwa auf Michel Leiris zu sagen wäre – die Verwörterung des Ich.[18] »Herodots Gebiet war die Welt«[19] gilt auch für Fichtes Literatur. Natürlich bedarf es, das weiß Fichte auch, zur Verwörterung der Welt nicht unbedingt der Literatur; der Hinweis auf die *New York Times*, die dies auch leistet, wird explizit gegeben.[20] Aber im Unterschied zur nachrichtlichen Information, deren Bedeutung im situativen Neuigkeitswert aufgeht, folgt Fichtes Weltbezug nicht einer Logik des Spektakulären, sondern einer weitaus ausgreifenderen empirischen Erkundung. Herodot gilt Fichte als »Avantgarde, Aufklärung«, denn »jeder Empiriker ist es, der präzise von einem neuen Gebiet berichtet«.[21] Es geht um Entdeckungen, Erforschungen, Erkundungen, aber, dem zweifellos stilisierten »Freund Herodot« folgend, nicht um den Neuigkeitswert oder die Besonderheit einer exotischen Sensation, sondern um eine nüchterne Beschreibung von Praktiken, die als Quasi-Riten aufgefaßt werden. Man könnte versucht sein, von einer dichten Beschreibung zu sprechen. Aber zwischen Geertz' und Fichtes ethnographischer Idee liegen Welten. Während der balinesische Hahnenkampf dem Ethnographen als Ort einer interpretatorischen Bedeutungsverdichtung dient, die das Zentrum einer Kultur offen-

17 Hubert Fichte, *Explosion. Roman der Ethnologie* (= *Die Geschichte der Empfindlichkeit*, Bd. 7), Frankfurt a.M. (S. Fischer) 1993, S. 219.

18 Hubert Fichte, »Mein Freund Herodot«, in: *Homosexualität und Literatur 1. Polemiken.* (= *Die Geschichte der Empfindlichkeit. Paralipomena, Bd. 20.1.*), Frankfurt a.M. (S. Fischer) 1987, S. 381-423, hier S. 419.

19 Fichte, »Mein Freund Herodot«, S. 401.

20 Fichte, »Mein Freund Herodot«, S. 382.

21 Fichte, »Mein Freund Herodot«, S. 401.

bart, sind Riten bei Fichte interkulturell neutralisiert.[22] Zwischen dem Dugu-Ritus und dem Sommerschlussverkauf, zwischen der Lederszene und arabischer Bäderkultur, zwischen räumlich und zeitlich Entferntem werden Kontinuitäten, Bänder und Berührungen aufgewiesen. Die Angst des Ethnologen davor, seine Deutungen des Fremden als eigene Projektion erkennen zu müssen, verwandelt sich bei Fichte in die selbst fast rituell anmutende Beschwörung einer Interkulturalität, die die hermeneutische Positionierung des Eigenen gegenüber dem Fremden verläßt. Dies führt zu einer literarischen Ausdrucksform, die auf den Abbau von personalen und kulturellen Identitäten zielt.

Dieser Identitätsabbau läßt sich in zwei Hinsichten präzisieren: zum einen bezogen auf die Position des Subjekts als dessen Depsychologisierung in den Beschreibungen seines Genießens und Leidens, und zum anderen bezogen auf die Phänomene der Welt als eine Ermächtigung der Empirie des Profanen. Für den ersten Gesichtspunkt soll der Roman *Hotel Garni* herangezogen werden, für den zweiten der Roman mit dem Titel *Forschungsbericht*. Die Auswahl ist nicht unproblematisch; denn beide Romane gehören in den Gesamtkontext der *Geschichte der Empfindlichkeit*, die sich, dem Gedanken der ars combinatoria verpflichtet, als Großroman mit labyrinthischen Verweisungen und Schichtungen im Sinne des Baudelaireschen Konzepts der correspondance und des Mallarméschen Traums von dem »einen« Buch versteht und von Fichte auch als »roman fleuve« bezeichnet wurde.[23] Für die Auswahl spricht, daß *Hotel Garni* als Band 1 der *Geschichte der Empfindlichkeit* einen ausgeprägt biographischen Charakter hat, während in Band 15 *Forschungsbericht* der ethnologische Blick auf die Phänomene der Welt im Zentrum steht.

22 Clifford Geertz' Hahnenkampfstudie »Deep Play«, in: ders., *Dichte Beschreibung. Beiträge zum Verstehen kultureller Systeme*, Frankfurt a.M. (Suhrkamp) 1983, S. 202-260. Zur Auseinandersetzung mit Geertz: Lutz Ellrich, *Verschriebene Fremdheit. Die Ethnographie kultureller Brüche bei Clifford Geertz und Stephen Greenblatt*, Frankfurt a.M./New York (Campus) 1998.

23 Gisela Lindemann u. Hubert Fichte, »In Grazie das Mörderische verwandeln«, in: *Sprache im technischen Zeitalter* 25(104)/1987, S. 308-317, hier S. 314. Hans-Jürgen Heinrichs, *Die Djemma el-Fna geht durch mich hindurch. Oder wie sich Poesie, Ethnologie und Politik durchdringen. Hubert Fichte und sein Werk*, Bielefeld (endragon) 1991 gibt einen ausführlichen Überblick über Arbeitspläne und Entwürfe zur »Geschichte der Empfindlichkeit«.

»Hotel Garni«: Ethnographie der Biographie

Hotel Garni besteht aus der Aufzeichnung der Lebensgeschichten, die sich die beiden Kunstfiguren Jäcki und Irma, Doubletten von Fichte und seiner Lebensgefährtin, der Fotografin Leonore Mau, in einem Hotelzimmer gegenseitig erzählen. Der Status dieser Kunstfiguren ist schwierig, weil er sich nicht vereindeutigend bestimmen läßt. Sie sind nicht im Raum der literarischen Fiktion angesiedelt, wie etwa Oskar Matzerath eine literarische Erfindung von Günter Grass ist; sie weisen auch keine Ähnlichkeit mit einer Figur wie Naphta in Thomas Manns *Zauberberg* auf, in der sich ein Stück weit Georg Lukács wiederfinden läßt. Sie sind auch nicht Träger eines stream of consciousness. Die Nähe der beiden Kunstfiguren zu den leibhaftigen Menschen Leonore Mau und Hubert Fichte ist hingegen überaus groß (wie denn auch die gesamte Personnage von Fichtes Werk in der Welt des Realen angesiedelt ist). Dennoch sind sie mit ihnen nicht identisch, so daß Jäcki mit dem Autor Hubert Fichte gleichzusetzen wäre. Am ehesten läßt sich die Erfindung dieser Figuren über ihre literarische Funktion erschließen. Sie erlauben die Distanzierung von Authentizität, ohne die Orientierung an ihr aufgeben zu müssen. Als zweite Reflexionsfiguren im Sinne eines Spiegelmediums ermöglichen sie eine ethnologische Perspektive gegenüber dem Ich und dem Anderen, ohne die Fremdheit des Exotischen aufrufen zu müssen oder die Kunstfigur als Korrektivinstanz für Richtigstellungen oder Interpretationen gegenüber der biographierten Person einzusetzen. »Irma« und »Jäcki« verdoppeln Biographie, indem sie sie aus der Form ichzentrierter Wiedergabe herauslösen. Dem entspricht ein literarischer Stil, der auch dort, wo Erinnerungen mitgeteilt werden, ganz auf den Moment bezogen ist und in der Gegenwärtigkeit seinen Bezugspunkt findet, so wie auch der Blick in den Spiegel nur im Moment gegeben ist und mit der Abwendung von ihm verschwindet. Vermittelt über die Kunstfiguren, wird »Biographie« so radikalisiert, daß sie sich als gelebter Augenblick präsentiert, auf der Spitze des Jetzt.

Der Roman *Hotel Garni* folgt denn auch dem Prinzip einer in Schrift transformierten »Mündlichkeit«, die Erzählung und momentane Aussage so mit einander verschränkt, daß der Text wie eine Ansprache erscheint. »Schreiben wie man spricht.«[24] Reportageartig werden

24 Fichte, *Hotel Garni*, S. 93.

Äußerungen, zumeist in kurzen Sätzen, zuweilen ohne Prädikat aneinandergereiht und bleiben uninterpretiert, als bloße Aussage stehen. Ein Beispiel aus der monologischen Erzählung Jäckis; es betrifft den Beginn einer Landwirtschaftslehre im Jahr 1955: »Hans war weggeflohen von Tellingstedt nach Fischerhude zu Cocteau, Rilke, Regler, Höllerer und Paula. / Er hatte geweint, wenn er die Mistgabel anfassen mußte. / Er wollte Kaufmann werden, um nicht den Kühen neben dem Euter zu sitzen. / Ich floh von Rilke und Steiner und Hans Henny Jahnn und Sartre und Fichte auf den Misthaufen zurück. / Mit meinem mulmigen Kloß unter dem rechten Rippenbogen. / Groth hieß der Bauer. / Er war genau das, was man sich unter einem jungen dithmarscher Bauern vorstellt. / Also ganz anders.«[25]

Die lebensgeschichtliche Erzählung bleibt Quasi-Dokument ohne Interpretation, sie wird nicht eingeordnet in einen Motivationszusammenhang oder psychologische Erklärungen. Dasselbe gilt für Irmas Erzählung, die von Jäckis Nachfragen häufiger unterbrochen wird. Irma berichtet von ihren ersten Verliebtheiten: »– Empfindungen? / Als mein Bruder seinen Freund Herbert hatte und ich dachte: Jetzt ist er da! / – Da warst du vier? / – Da war ich vier. Und dann lange nicht. / Dann mein Klavierlehrer mit acht, der sah aus wie Beethoven. Er stammte auch aus Bonn. / Die Nähe dieses Menschen und die Idee, daß er mich verschlingen würde, daß sich alles ändern würde. / Ich würde plötzlich etwas wissen oder können, was ich vorher nicht gekannt hatte. / – Was? / – Mit acht hat man sehr unpräzise Vorstellungen. / – Wirklich?«[26] Auch Jäckis Nachfragen wechseln nicht auf die Ebene von Erklärungen oder Interpretationen, die einen tieferen lebensgeschichtlichen Sinnzusammenhang anstreben. Es gibt auch keine weitere vermittelnde Erzählerinstanz. »Den Entwicklungsroman schmiß ich weg«, notiert Jäcki über seine Weise des Schreibens.[27] Dementsprechend verweigert sich Fichtes reihende Aufzeichnungspraxis dem Impuls, eigenes oder fremdes Leben zum Anlass oder Material für Deutungen zu nehmen; seine Kunstfiguren Irma und Jäcki sind nichts als Medien, in denen sich das Leben in all seinen Facetten des Leidens und Genießens ausspricht und gehört wird. Für den Leser des Romans

25 Fichte, *Hotel Garni*, S. 43.
26 Fichte, *Hotel Garni*, S. 145.
27 Fichte, *Hotel Garni*, S. 93.

heißt dies, daß jeder Impuls einer einfühlend-identifikatorischen Lektüre angesichts der bloßen, veräußerlichten Kundgabe der Oberfläche des Lebens verunmöglicht wird.

Man mag darin eine gewisse Kälte von Fichtes Literatur erblicken. Gegen den Wärmestrom der Einfühlung setzt sie den Respekt vor der Außenseite geformter Handlungen, gegen die Ichzentrierung der Empfindsamkeit als Selbstgefühl eine allgemeine Empfindlichkeit als Medium der Wahrnehmung, das nicht nur dem Ich, sondern auch dem Anderen zur Verfügung steht. An die Stelle der Psychologie tritt die Ermächtigung der Wahrnehmung im Sinne einer Empfindlichkeit des und gegenüber dem Anderen. Das Verständnis vom Ich als Medium der Welt, das von sich etwa sagt »die Djemma el-Fna geht durch mich hindurch«,[28] wird aber zudem begleitet von der Frage, in welchem artifiziellen Medium denn diese Weltwahrnehmung repräsentiert werden soll. Die Schrift verhält sich hier komplementär zu Fotografie, dem Medium, das Fichte in der Person der Fotografin Leonore Mau immer begleitet hat.[29] Die Aufzeichnungs- und Repräsentationsweise der Fotografie ist wiederkehrendes Thema in Fichtes Literatur, insbesondere jenen Werken, die auf die Reisen mit Leonore Mau bezogen sind. Die Fotografie wird wiederkehrend zu einer Art Sparring-Partner der Literatur, deren formale Konstruktionsweisen mit der momentan wahrnehmbaren Ganzheit des fotografischen Bildes wenig gemein haben. Die Schrift kennt nicht diese Bilder, bzw. allenfalls »Bilder« unter Abzug jener sinnlichen Visualität, die den Raum des Imaginären aufschließt. Das Medium für das Medium »Ich« ist ganz und gar Schrift. Es handelt sich um ein literarisches Programm, das sich imaginären Darstellungsweisen wie z.B. der Fotografie entgegensetzt. Am Anfang des Romans und damit am Anfang der *Geschichte der Empfindlichkeit* steht eine Aktion Jäckis, die die Einheit des Bildes zerstört. »Er zerschnitt ihre Fotos. Irma ließ ihn.«[30] Dieses Zerschneiden ist eine Art Initiationsritus in biographie-vermeidende Schreibpraxis.

28 Fichte, *Der Platz der Gehenkten*, S. 85.

29 S. die instruktive Untersuchung von Peter Braun, *Die doppelte Dokumentation. Fotografie und Literatur im Werk von Leonore Mau und Hubert Fichte*, Stuttgart (M&P) 1997.

30 Fichte, *Hotel Garni*, S. 7. Ausführlich werden die Beziehungen und Konkurrenzen zwischen Schriftstellerei und Fotografie im siebten Kapitel behandelt.

»Forschungsbericht«: Phänomenologie kultureller Synkretismen

Fichtes Weltbezug ist getragen von einer ethnologischen Perspektive; in ihr doppelt sich der auf das Einzelleben bezogene Identitätsabbau auf der Ebene des Verständnisses von Kulturen. Ethnologie wird entschieden in der Tradition der Aufklärung als Anthropologie verstanden, nicht als exotisierende Völkerkunde.[31] Der Roman *Forschungsbericht* ist nicht nur als Ausdruck dieser anthropologischen Neugier zu verstehen, sondern auch als eine Romantheorie.

Am lockeren Faden von elf Tagen berichtet der Roman über den Forschungsaufenthalt von Irma und Jäcki in Dangriga/Belize, wo sie die Riten der Schwarzen Kariben erkunden wollen. Für Jäcki ist »alles gleich bedeutungsvoll«,[32] radikaler Empirismus die Voraussetzung des Vorhabens. Es geht um Holzfäller, Kellnerinnen, Barbesucher, Cassavareiberinnen, Liebende, Priesterinnen und Priester, Architektur und Farbe der Häuser, Kochrezepte, Leichenwachen, den Charakter der Tänze, Beschwörungsriten und vieles mehr. Wie in anderen Werken Fichtes sticht eine außerordentliche Detailbesessenheit ins Auge. Angesichts schon vorliegender ethnologischer Aufzeichnungen zu den Schwarzen Kariben fragt sich Jäcki: »Was hat es für mich für einen Sinn, dasselbe noch einmal zu tun? Habe ich mir die Finger knorpelig geschrieben für die Rundfunkanstalten, damit ich endlich nachweise, daß die Priesterin nicht am ersten Tag die Klapper dreimal rechts in die Höhe hebt, sondern am dritten Tag zweimal links?!«[33] In der Tat wäre der Sinn dieser Differenz, ein zwingender Grund für die eine oder die andere rituelle Praktik schwer zugänglich. Freilich weiß, wer alles daran setzt, Riten zu neutralisieren, darum, welche Rolle die Aufladung von Riten mit Sinn und tieferer Bedeutung für Identitätspolitiken und kulturell begründete Selbstprofilierungen hat.

Die Ermächtigung des Details und des Profanen führt nicht zur kohärenten Interpretation der Sinngründe einer Kultur. Dies hat Kon-

31 Zu Fichtes Auseinandersetzung mit Fragen der Anthropologie s. Hubert Fichte, »Ketzerische Bemerkungen für eine neue Wissenschaft vom Menschen«, in: ders., *Petersilie. Die afroamerikanischen Religionen. Santo Domingo, Venezuela, Miami, Grenada.* Frankfurt a.M. (S. Fischer) 1980, S. 359-365. Zu Fichtes Rezeption ethnologischer Literatur s. Fisch, *Verwörterung der Welt*, S. 162ff.

32 Fichte, *Forschungsbericht*, S. 23.

33 Fichte, *Forschungsbericht*, S. 24.

sequenzen, die die als Bericht scheiternde, aber als Roman gelingende Forschung im Ergebnis vorführt. Das ethnologische Prinzip teilnehmender Beobachtung versagt, weil es zwar eine Fülle von Beobachtungen gibt, sich aber gerade in der Fülle des Beobachteten die Signifikanz des Details als Teil eines stimmigen Ganzen zerstreut und die Relativität der vielfältigen Annäherungen zu Tage tritt. Wenn es fraglich wird, »aus dem Filz von Handlungen, Gesten, Vorstellungen, Wörtern, Betonungen, Eindrücken eine ganze Zeremonie zu beschreiben«,[34] so läßt sich kein Zentrum von Wesentlichkeit markieren, von dem aus sich etwas zum Ausdruck der kulturellen Identität einer Andersheit formieren ließe. Geradezu im Gegenzug zu Claude Lévi-Strauss unterläuft Fichtes radikaler Empirismus das Modell der Geburt fremder kultureller Ganzheiten aus dem Geist teilnehmender Beobachtung. Während bei Lévi-Strauss die Spannung von Eigenem und Fremden dadurch aufgebaut wird, daß sich der Ethnologe als Engagierter und emotional Beteiligter mit in Szene setzt, ist der *Forschungsbericht* von einer bemerkenswert kühlen Sachlichkeit gekennzeichnet – die übrigens Fichtes Werk insgesamt sehr spröde macht.[35] »Fichte gibt sich keine Mühe, Emotionen zu gestalten«, aber die gehörten oder gelesenen Wörter »sollen uns die der Personen erahnen und fühlen lassen«.[36]

Diese Weise des Schreibens, der »Roman der Ethnologie«,[37] d.h. Ethnologie als Roman kennt keine Kulturen. Die Phänomenologie der Details findet weder Exotisches noch Ursprüngliches. »Wo war es, das Ganz-Andre, das Fremde, das Uralte, Ungeteilte, das Rasende? / Ein paar Meter vor Jäcki brach der Penner aus dem Dickicht. / Seine Hosen standen vor Dreck.«[38] Nicht einmal der Dugu-Ritus, um dessen Erforschung es im *Forschungsbericht* geht und von dem die Leserin so gern lesen würde, wird kohärent beschrieben, er ist nur ein »Labyrinth aus Prozessen«.[39] Wird Weltbeschreibung ernst genommen, werden alle Kleinigkeiten tatsächlich verzeichnet, so verflüchtigt sich die Kohärenz der Riten. Insofern folgt Fichte dem, »was sein Ideal gewesen war, seine

34 Fichte, *Forschungsbericht*, S. 58.
35 Zu Fichtes Vorbehalten gegenüber dem »Ecrivain Engagé« s. Fichte, *Forschungsbericht*, S. 17.
36 Heinrichs, *Die Djemma el-Fna geht durch mich hindurch*, S. 54.
37 So der Untertitel von *Explosion*.
38 Fichte, *Forschungsbericht*, S. 26f.
39 Fichte, *Forschungsbericht*, S. 135.

Idee«, nämlich »Riten aufzulösen«.[40] Eben dies gelingt auf der Ebene der Literatur. Darin liegt nicht nur ein Abweis von rituell erzeugten Zugehörigkeitsordnungen, sondern auch eine explizit politische Kritik. Gegen Ende des Romans werden »Synthesen« dem »neunzehnten Jahrhundert« zugeschrieben und als »der blanke Kolonialismus« qualifiziert.[41]

An die Stelle der Synthese tritt der Synkretismus, genauer: eine literarische Phänomenologie kultureller Synkretismen. Synkretismus als ein Phänomen des Unreinen und Unursprünglichen eignet Kulturen immer schon, sei es ihnen nun bewußt oder nicht.[42] Wenn Fichte kulturelle Phänomene und Praktiken, die auf den ersten Blick kaum etwas miteinander zu tun haben, zusammenbringt, so handelt es sich dabei weniger um jenes Phänomen der Vermischung, das – nicht zuletzt im Blick auf postkoloniale Literatur – als Hybridität bezeichnet wird. Während Hybridität auf die Kreuzung von Eigenschaften im Feld meist bipolarer Strukturen und auf einen ihr zugrunde liegenden Akt des Wollens im Sinne der Hervorhebung eines bestimmten angelegten Merkmals verweist, bezeichnet Synkretismus ein vom Wollen unabhängiges, je schon vorhandenes Phänomen. Auch die Rede von Interkulturalität bleibt angesichts von Fichtes literarischer Ethnographie zu ungenau, impliziert sie doch eine Abgrenzbarkeit einzelner Kulturen in ihrer Besonderheit, zwischen denen *dann* eine Beziehung hergestellt wird. Jede Synthetisierung von kulturellen Praktiken oder Riten zum Ganzen einer Kultur aber weist Fichte von sich, um auf der Ebene der Vollzüge des Lebens und ihrer Beobachtung zu bleiben.[43] »Synkretismus heißt immer auch Vermischung von Lebenskategorien

40 Fichte, *Explosion*, S. 426.

41 Fichte, *Forschungsbericht*, S. 132.

42 In der »kleinen Einführung in die Afroamerikanische Kultur« heißt es, gegen eine »altmodische Auffassung von der Wissenschaft vom Menschen« gewendet: »Das Echte, das Alte, das Ursprüngliche werden höher bewertet als das Gemischte, das Ephemere, das Verfälschte – so als ob nicht auch die Mysterien von Delphi, das Christentum und der Buddhismus unreine und unursprüngliche seien.« Hubert Fichte, *Lazarus und die Waschmaschine*, Frankfurt a. M. (S. Fischer) 1985, S. 285 f. Im Gespräch mit einem anderen »Feldforscher« bemerkt Jäcki: » – Mischreligion – haben Sie eine Religion gesehn, die nicht gemischt sei?« Fichte: *Explosion*, S. 557.

43 Deshalb ist Fichte auch nicht auf die eher »identitätsstiftenden« Höhenkammlagen kultureller Manifestationen bezogen, sondern auf Verwebungen von high und low culture.

und Lebensformen«.[44] Eine solche Deessentialisierung von Kultur entsteht vor dem Hintergrund von Fichtes empiristischer Phänomenologie. Dies synkretistische Verständnis von Kultur und die radikale Orientierung an Phänomenologie führt zu einer Schreibweise, die ihrerseits von kultureller Redevielfalt, von der literarischen Aufnahme der Stimmen der anderen in ihrer ganzen Heterogenität gekennzeichnet ist.[45] Die literarische Ethnographie will nicht selbst synkretistisch sein, sie ruht vielmehr den durch Beobachtung und Teilnahme erschlossenen Phänomenen des Synkretismus auf. Insofern ist sie als ein Medium des Synkretismus zu verstehen.

Umgekehrt wird das Bild von einem richtigen, ganzen, ursprünglichen, intakten und unberührten Dugu-Ritus zu einer Sache der Literatur, also: der Fiktion erklärt. »Ich schreibe dir einen schöneren Dugu-Ritus, als sie ihn je aufführen. Ich brauche ganz wenig, fast nichts. [...] Ein bißchen Schmutz und einige Ornamente, die ihn auf das Papier übertragen. Der Gang heute morgen ist schon viel zu viel.«[46] Aber gegen solche schönen, essentialisierbare Riten steht die Ermächtigung der Empirie des Profanen im Sammeln, Ordnen, Schichten, Verwerfen, Komponieren und Dekonstruieren als Aufgabe des Schriftstellers, und zwar auf DIN-A4-Fomat, nicht auf Karteikarten.[47] Das ist eine Neubegründung der Literatur aus der Tragik empiristischer Phänomenologie der Kultur und eines unbeendbaren Positivismus. Eine andere Literatur hätte – für Fichte jedenfalls – den Preis des Mythos falscher Einheit zu bezahlen.

Wenn man Fichtes Literatur in einen größeren denkgeschichtlichen Kontext einordnen wollte, so läßt sich die zwischen den Polen »Empfindlichkeit« und »Synkretismus« liegende Dekomposition biographischer Kohärenz und die Deessentialisierung von Kultur mit Jean-François Lyotards Analyse der Signaturen postmodernen Wissens in Beziehung setzen.[48] Wenn die großen Erzählungen, die das Wissen in

44 Fichte, *Petersilie*, S. 372.

45 Uerlings, *Poetiken der Interkulturalität*, sieht darin verschiedene Formen der Intertextualität bei Fichte (S. 297f.). Zur ethnographischen Erfahrung und ihrer Übersetzung in Intertextualität s. auch: Simo, »Interkulturalität und Intertextualität«.

46 Fichte, *Forschungsbericht*, S. 36.

47 Fichte, *Forschungsbericht*, S. 139.

48 Jean-François Lyotard, *Das postmoderne Wissen. Ein Bericht*, Bremen (Impuls & Association) 1982.

seiner Beziehung auf das Leben des Geistes oder die Emanzipation der Menschheit legitimiert haben, ihre Kraft verloren haben, so treten an ihre Stelle »Sprachspiele« lokaler Vielheiten, die in einem übergreifenden Ganzen so wenig aufgehen, wie sich die Details eines Ritus' oder eines Lebens zu einer schönen Synthese fügen. Auf jeden Versuch, eine solche Synthese herzustellen, fiele der Schatten der Ungerechtigkeit. Die Konsequenzen, die Lyotard aus den Konditionen des Wissens in gegenwärtigen westlichen Gesellschaften gezogen hat, erwachsen bei Fichte aus den anthropo-ethnologischen Reflexionen des »Außenseiters«, der mit dem Ende der Synthesen ebenso wegfallen will wie diese es tun. In diesem Sinne ist Fichte durchaus als postmoderner Schriftsteller, vielleicht avant la lettre, zu verstehen, dem es darum geht, »in der Ritenleere der intellektuellen Freiheit zu existieren«.[49]

49 Fichte, »Mein Freund Herodot«, S. 404.

5. Widerklänge: Fichte und Hans Henny Jahnn

Dieses Kapitel behandelt Fichtes Werk im Zusammenhang mit dem eines anderen Literaten. Zwei Schriftsteller miteinander in Beziehung zu setzen, kann sich verschiedenen Gründen und Perspektiven verdanken. Ihrer beider Begegnung kann eine herausragende Wichtigkeit für die eigene weitere Biographie haben; der Grund kann auch darin liegen, daß es biographische Gemeinsamkeiten und geteilte Erfahrungen gibt; schließlich können auch solche Affinitäten interessieren, die das literarische Werk und die Welt der schriftlich gewordenen Imaginationen und Themen betreffen. Während im ersten Fall sich die Wege beider tatsächlich gekreuzt haben müssen, muß dies bei den beiden anderen nicht zwingend so sein. Für die Beziehungen zwischen Hubert Fichte und Hans Henny Jahnn gilt, daß sich die Widerklänge hier in allen drei Hinsichten finden: ihre tatsächliche Begegnung hatte für Fichte eine wesentliche Bedeutung, es gibt biographische Verbundenheiten und Ähnlichkeiten, und es gibt ein Bündel von Themen und Interessen, die sich in den literarischen Werken beider wiederfinden lassen. Schon Fichtes erster Aufbruch nach Frankreich, der ihn später auch in die Montagne de Lure führte, stand unter dem Einfluß Jahnns. Neben allen biographischen Bezügen zwischen beiden und weit darüber hinaus finden sich eine ganze Reihe von Spielarten thematischer Werkaffinitäten, die dieses Kapitel entfalten möchte. Was für den Hormonforscher, der Jahnn auch war, zur Sache der Literatur gehörte: die Frage der Geschlechter und Sexualitäten, wird auch für Fichte zu einem Bezugspunkt seines Schreibens. Weitere Themenverschränkungen liegen im Gebiet von Religion, den Vorstellungen von Sakralität und den Riten, in denen ein Heiliges auf- und angerufen wird, das weder bei Jahnn noch bei Fichte den Charakter eines erhabenen oder schönen Sakralen hat. Auch wenn Jahnn, zweimal in der Emigration lebend, kein Reisender wie Fichte war, ist beiden des weiteren gemeinsam ihre über Europa weit hinausreichende Vorliebe für andere Kulturen, insbesondere die Liebe zu den Schwarzen, die Sympathie für Gestalten der Mischung und Synkretismen sowie ihre Auseinandersetzung mit dem Kolonialismus. In unserer Perspektive dieser schriftstellerischen Paarbildung interessiert schließlich die Frage danach, auf welche Weise und unter welchen Schwerpunkten eine Kritik des globalen Kapitalismus in ihren Werken Gestalt annimmt. Die

Widerklänge zwischen Jahnn und Fichte, die in diesen thematischen Affinitäten hörbar gemacht werden sollen, sind nicht kurzerhand nur als Fortklang von Jahnns Literatur in der Fichtes zu begreifen; vielmehr handelt es sich auch um Umschriften oder Verschiebungen in den Notationen, die erst in einer vergleichenden Konstellation erkennbar werden.

Hormone, Geschlechter, Sexualitäten

Für die biographische Dynamik, die die Begegnung mit Jahnn provozierte, verweist Fichte auf die Szene eines Erstkontaktes, der bemerkenswerterweise im Zeichen eines wissenschaftlichen Interesses steht. Jahnn betreibt Hormonforschung und bittet Schüler der Niendorfer Schule, darunter auch den jungen Fichte, ihm Urinproben für seine Untersuchungen abzugeben. Es ist aber nicht dieses Forschungsinteresse, das Fichtes Aufmerksamkeit erregt, sondern der Modus des Experimentierens. In einem Interview mit Fichte, das der Jahnn-Biograph Thomas Freeman 1973 mit Fichte führte, erinnert sich Fichte: »Und vor unseren Augen wurde der Urin dann mit Zucker versetzt, mit großen Bergen von Kristallzucker, und das war also für mich das Inbild der Verschwendung, denn '49 gab es noch nicht allzuviel wieder zu essen, und die vielen, vielen Kilo Zucker hat er in unserem pubertären oder vorpubertären Urin aufgehen lassen. Das hat mich also außerordentlich beeindruckt.«[1] Das Erkenntnisinteresse des Versuchs und eine mögliche Diagnostik scheinen geradezu irrelevant gegenüber dem Geschehen und der Praktik des Versuchs selbst; im Klassenraum steht zunächst einmal einer, dessen wissenschaftliches Interesse sich mit einem zum Nachkriegsdeutschland nicht passenden Verhalten verbindet.

Jahnn hingegen ging es um Diagnostik; aber es ist nötig, hier genauer hinzusehen. Jahnn war davon überzeugt, daß Hormone zu therapeutischen Zwecken eingesetzt, daß »Kehlkopf [...], nervöse Unruhe, Erschöpfungszustände, Blindheit« mit ihrer Hilfe geheilt werden könnten.[2] Diese Vorstellung, Krankheiten mit Hilfe von Hormonen heilen zu können, hat mit dem Unterschied der Geschlechter so wenig zu tun wie die kiloweise Verwendung von Zucker bei der Durch-

1 Thomas Freeman, »Gespräch mit Hubert Fichte über Hans Henny Jahnn«, in: *Forum Homosexualität und Literatur* 8/1989, S. 93-105, hier S. 94.

2 Freeman, »Gespräch mit Hubert Fichte«, S. 95. Vermutlich sei »Kehlkopfkrebs« gemeint, so Freeman.

führung des Versuchs. Im Zusammenhang dieses primären Interesses an therapeutischen Möglichkeiten entdeckt Jahnn zufällig, daß es mit männlichen und weiblichen Hormonen und ihrem Unterschied etwas Wichtiges auf sich haben könnte, als er ein wenig ertragreiches Feld mit möglichst viel Kuhmist zu retten versuchte und feststellte, daß dessen Ertrag dann deutlich höher lag als dies bei allen anderen Feldern zuvor der Fall gewesen war, so daß er diesen Mist dann auf Herkunft und Zusammensetzung hin untersuchte, um festzustellen, daß sich die Ertragssteigerung einem Überschuß an männlichen Hormonen verdankte.[3] Das Geschlecht wird wichtig, genauer: eine bestimmte Verfaßtheit des Geschlechts in einem Zustand des noch nicht Fertigen, denn um seine Vermutungen beweisen zu können, schienen Jahnn die hormonellen Zusammensetzungen des Körpers in einer bestimmten psychosexuellen Phase – nämlich der von Jungen »kurz vor der Pubertät« und insbesondere »bisexuelle Typen« – besonders geeignet; danach oder davor sind sie unbrauchbar.[4] Die hormonelle Verfaßtheit des Körpers ist zwar relevant für Heilungsprozesse, dies aber nicht, um Sexualhormone zur Transformation von Sexualverhalten einzusetzen, sondern weil sie überhaupt therapeutisch hilfreich sind. Es ist diese Prämisse, die dann die Klassifikation von Hormonen und ihre prozentuale Skalierung nötig werden läßt. Mit diesem Interesse an Hormonen steht Jahnn keineswegs im skurrilen Abseits. 1927 beginnt der Chemiker Adolf Butenandt mit seinen Hormonforschungen, um dafür zehn Jahre später mit dem Nobelpreis ausgezeichnet zu werden; es war ihm u.a. gelungen, Östrogen aus dem Urin trächtiger Stuten zu gewinnen – ein Mittel, das sich noch immer therapeutischer Beliebtheit erfreut.[5]

Die zweite Szene biographischer Dynamisierung, die Fichtes Begegnung mit Jahnn beschreibt, steht nun – ganz anders als die erste – im Zeichen diagnostischer Präzision, wenn Fichte von Jahnn erfährt, er, Fichte, habe »ein ganz besonderes Hormon«.[6] In seinen Roman *Versuch über die Pubertät*, dessen Titel auf Jahnns experimentelles Inter-

3 Thomas Freeman, *Hans Henny Jahnn. Eine Biographie*, Hamburg (Hoffmann und Campe) 1986, S. 355.

4 Freeman, »Gespräch mit Hubert Fichte«, S. 94.

5 Zur zeitgenössischen Hormonforschung s. Armin Schäfer, *Biopolitik des Wissens. Hans Henny Jahnns literarisches Archiv des Menschen*, Würzburg (Königshausen und Neumann) 1995, S. 130ff. u. 146ff. (ad Jahnn).

6 Freeman, »Gespräch mit Hubert Fichte«, S. 94.

esse an dieser Lebensphase unüberhörbar anspielt, hat Fichte diese Szene aufgenommen, und zwar zweifach. Zunächst heißt es: »Bumms! Bi! Und Schicksalssymphonie! Ich bin fiftyfifty! [...] Fiftyfifty – das heißt homosexuell. Fiftyfifty. Fünfe gerade sein lassen. Wenn schon fünfzig, dann auch das ganze Hundert. [...] Fiftyfifty! Eine Tunte! Eine Tunte!«[7] Wenige Seiten später wird die Vorstellung des Hundertprozentigen verabschiedet. »Bumms! Pozzi! Bi! Pozzi! Wer sagt da ›fiftyfifty‹? Komm hoch! Öffne den Bleisarg! Sammel die Knöchelchen zusammen! Komm übers Meer! Triefend!«[8] So sehr hier die platonische Vorstellung von der Hälftenhaftigkeit des Menschen, der vorher einmal ein Ganzes, Rundes war, anklingen mag – ein solches Ganzes wird dennoch nicht imaginiert; an die Stelle der Zerlegung in zwei Sexualitäten tritt weitaus eher die Vorstellung einer neuen Zusammensetzung, und der Bleisarg, in dem Jahnns Literatur die ewig geschützte Ruhe der Toten imaginiert, soll und kann jenes Ganze nicht mehr umschließen.

Hans Henny Jahnn ist hier zur Romanfigur namens Pozzi geworden, deren Bedeutung für den Ich-Erzähler dem Leser gewiß auch ohne jede Kenntnis von der hinter diesem Namen verborgenen wirklichen Person deutlich werden dürfte. Ob »Pozzi« oder »Jahnn« – beide Namen stehen für eine biographische Schwellenerfahrung, bei der Jahnn/Pozzi wie Akteure in einem Initiationsritus das Leben des Initiierten verändern. Daß es sich hierbei um keine harmonische Beziehung handelt, wird im *Versuch über die Pubertät* schon zu Beginn deutlich, wenn Pozzi/Jahnn als Toter imaginiert und die Zerlegung eines Körpers beschrieben wird. Man hat dies als Fichtes Absage an Jahnn, geradezu als Abrechnung mit ihm interpretiert,[9] womit jedoch all jene Affinitäten zwischen Fichtes und Jahnns Werken unterschlagen werden, die auf der Ebene von Themen, Szenen oder Motiven und deren Verschiebungen zu finden sind.[10]

7 Hubert Fichte, *Versuch über die Pubertät*, Frankfurt a.M (S. Fischer) 2005, S. 35.
8 Fichte, *Versuch über die Pubertät*, S. 40.
9 Wolfgang von Wangenheim, *Hubert Fichte*, München (Beck) 1980, S. 111. Ein »Prozeß der Ablösung« sei auch in Briefen Fichtes an Jahnn zu beobachten, so Nikolaus Tiling, »Spuren außerhalb des veröffentlichten Werkes. Briefe von Hubert Fichte an Hans Henny Jahnn und Peter Hinrich Boll«, in: ders. u. Hartmut Böhme (Hg), *Leben, um eine Form der Darstellung zu erreichen. Studien zum Werk Hubert Fichtes*, Frankfurt a.M. (S. Fischer) 1991, S. 24-38, hier S. 26.
10 Hierzu instruktiv Thomas Freeman, »›Versuch über die Pubertät‹: Einige Anmerkungen zur biographisch-literarischen Beziehung zwischen Fichte und

Anders sieht es aus, wenn es um die Gemeinsamkeiten geht, die die biographischen Vergleichbarkeiten zwischen Jahnn und Fichte betreffen, und dies ganz unabhängig davon, daß Fichte selbst seine Begegnungen mit Jahnn literarisiert hat, denn es handelt sich hier um eine aus der Perspektive der Rezeption beider Autoren hergestellte Gemeinsamkeit. Zweifellos gilt für Jahnn – wie auch für Fichte – grosso modo: »Die ihn von Amts wegen propagierten, waren meist selbst Außenseiter«.[11] Die Gründe dafür dürften vielfältig sein und von der Eigenwilligkeit des literarischen Schreibens bis hin zu befremdlich bis provokativ anmutenden Themen und tabuverletzenden Aufmerksamkeiten für Wirklichkeiten jenseits des Gewöhnlichen reichen. Vor allem aber hat das Interesse am Komplex Homosexualität und Literatur, am männlichen Schreiben und an homosexuellen Schriftstellern, das sich wie im Fall der lesbischen so auch der homosexuellen Bewegungen artikulierte, Jahnn und Fichte in die Reihe derjenigen Schriftsteller eingerückt, die für die literarisch interessierte Homosexuellenbewegung zum Medium eines Selbstverständigungsprozesses werden konnten. Gerade in eben diesem Rahmen wurden erste Rezeptionsprozesse angestoßen. Daß die rezeptive Verbrüderung von Fichte und Jahnn wiederum besonders intensiv ausfallen konnte, verdankt sich ihrer beider Freundschaft.

Jahnn und Fichte erhalten im Gebiet von Homosexualität und Literatur eine geradezu privilegierte Stellung; ihre Texte »bieten sich jedenfalls […] an«, um »die traditionell männliche, patriarchale, hegemoniale Wirklichkeitssicht nicht nur (zu) unterscheiden gegenüber einer ›wirklich weiblichen‹, sondern auch gegenüber einer ›wirklich männlichen‹

Jahnn«, in: *Leben, um eine Form der Darstellung zu erreichen*, hg. v. Hartmut Böhme u. Nikolaus Tiling, Frankfurt a.M. (S. Fischer) 1991, S. 216-226. Zu Beziehungen zwischen beiden speziell hinsichtlich der Rolle des Schriftstellers: Rainer Guldin, »Dichtung als Fälschung. Zur Chatterton-Diskussion bei Hans Henny Jahnn und Hubert Fichte«, in: *Archaische Moderne. Der Dichter, Architekt und Orgelbauer Hans Henny Jahnn*, hg. v. Hartmut Böhme u. Uwe Schweikert, Stuttgart (Verlag für Wissenschaft und Forschung) 1996, S. 144-164 sowie Rainer Guldin, *Zu Hubert Fichtes und Hans Henny Jahnns Thomas Chatterton*, Aachen (Rimbaud) 2010.

11 Gert Mattenklott, »Jahnns Kompaß. Die Bedeutung des Nordens für die Poetik Hans Henny Jahnns«, in: *Archaische Moderne. Der Dichter, Architekt und Orgelbauer Hans Henny Jahnn*, hg. v. Hartmut Böhme u. Uwe Schweikert, Stuttgart (Verlag für Wissenschaft und Forschung) 1996, S. 259-276, hier S. 263.

Wirklichkeitssicht«.[12] Die »Frage der eigenen männlichen Geschlechtsidentität (bestimmt) sowohl Leben als auch Werk Jahnns«; Fichte ist »mit der eigenen Identität und Authentizität beschäftigt, mit den eigenen Wünschen, Bedürfnissen und Scheiterungen, und mit der eigenen Geschlechtsidentität als Homosexueller«. Bei beiden sei ein »›wirklich männliches Schreiben‹ (zu) erkennen«.[13] Es geht hier um den Aufbau einer Ahnengalerie von Autoren, »die als Homosexuelle die deutschsprachige Literaturgeschichte des 20. Jahrhunderts wesentlich und in sehr unterschiedlicher Weise geprägt haben« – neben Stefan George, Thomas Mann und Klaus Mann sind dies der »schwule Jahnn« und der »homosexuelle(n) Schriftsteller Hubert Fichte«.[14] Frei von intellektuellen Aporien können diese Strategien aneignender Eingemeindung kaum sein; sie bewegen sich in dem Dilemma, daß der Homosexuelle sowohl Außenseiter ist, wie es nicht sein soll, daß Fremddefinitionen von außen ins Innen der Selbstdefinition transponiert werden. Man mag diesen Double-Bind von Ausgrenzung und Befreiung der Homosexualität dadurch lösen, daß das »homosexuelle Stigma« zum »Stigma des in unserer Gesellschaft zutiefst verletzten, bedrohten Humanen überhaupt« überhöht wird,[15] oder die »revolutionäre Sprengkraft der Homosexualität« hervorheben.[16] Aber sowohl für die existentielle wie für die revolutionäre Wendung des »homosexuellen Stigmas« bleibt die Frage virulent, wer auf welche Weise warum mit welcher Authentizität seine Stimme im Zusammenhang von Literatur und Homosexualität erhebt und wie überhaupt von Homosexualität in irgendeiner Weise

12 Wolfgang Popp, »›Weibliches Schreiben‹ – ›Männliches Schreiben‹. Geschlechtsidentität und literarische Authentizität am Beispiel von Christa Wolf, Hans Henny Jahnn und Hubert Fichte«, in: ders. u. Maria Kalveram (Hg), *Homosexualitäten – literarisch. Literaturwissenschaftliche Beiträge zum Internationalen Kongreß ›Homosexuality, which Homosexuality?‹ Amsterdam 1987*, Essen (Verlag Die Blaue Eule) 1991, S. 123-132, hier S. 128.

13 Popp, »›Weibliches Schreiben‹ – ›Männliches Schreiben‹«, S. 128 u. 131.

14 Wolfgang Popp, »Männerliebe bei Hans Henny Jahnn: Die überfällige Diskussion«, in: *Forum Homosexualität und Literatur* 3/1988, S. 79-90, hier S. 81 u. 88.

15 Popp, »Männerliebe bei Hans Henny Jahnn«, S. 87.

16 Tomas Vollhaber, »Das Nichts – Die Angst – Die Erfahrung. Untersuchung zur zeitgenössischen schwulen Literatur«, in: *Homosexualitäten – literarisch. Literaturwissenschaftliche Beiträge zum Internationalen Kongreß ›Homosexuality, which Homosexuality?‹ Amsterdam 1987*, hg. v. Maria Kalveram u. Wolfgang Popp, Essen (Verlag Die Blaue Eule) 1991, S. 133-144, hier S. 138.

richtig gesprochen werden könnte. Die Abschlußdiskussion des Siegener Jahnn-Kolloquiums von 1985 ist als eindrückliches Dokument dieser Schwierigkeiten zu lesen, geht es doch nicht allein darum, ob und wie Schriftsteller mit Homosexualität befaßt sind, sondern auch darum, welche Sprache eine homosexuelle Literaturwissenschaft für homosexuelle Schriftsteller und ihre Werke finden kann.

Hubert Fichte war zum Siegener Kolloquium, das anläßlich des 25. Jahrestages des Todes von Jahnn stattfand, eingeladen worden und antwortete mit einer heftigen Absage, die mit den Worten schloß: »Diese Sprache hat mit der Sprache Hans Henny Jahnns nichts mehr zu tun, sie hat nichts mit meiner Sprache zu tun. Wenn ich so etwas von engagierten Freunden lese, möchte ich mich nur noch aufhängen. Eine gemeine sinnlose Floskel an der anderen.« Stilelemente seines literarischen Schreibens verwendend, fertigt Fichte in seinem Brief eine Liste der in der Einladung zu findenden Formulierungen an und spiegelt sie, syntaktisch zerhackt, zurück: »folgende[] Möglichkeiten vorgesehen / sie kündigen / Redebeitrag, Kurzreferat / Fragestellung Ihrer Priorität / maximal 20 Minuten / Einhaltung / beiliegenden Zeitplan / endgültigen Gestaltung« u.a.m. Es ist eine Sprache der Formierungen und Regulative, die Fichte offenbar für eine Tagung zum Thema Homosexualität und Literatur wenig angemessen erscheint und die ihn zu dem Schluß veranlaßt: »Wir haben umsonst gearbeitet«[17] – »wir«: also Jahnn und Fichte, deren Sprache bei denen, die über sie sprechen möchten, nicht angekommen ist. Für das Konzept des Kolloquiums stand die Frage nach der Homosexualität und deren Literarisierung im Zentrum und damit auch der Impuls, Jahnn und Fichte in diesem Sinne einzugemeinden und deren Gemeinsamkeiten der Regie des definierenden Terminus' Homosexualität zu unterstellen. In seiner Antwort hat Fichte dies nicht direkt thematisiert, wohl aber die formierende Kraft einer Sprache, die sich gerade im Modus des Über-etwas-Sprechens äußert und zur sprachlichen Produktion von Gruppenidentitäten und »Bewegungen«, denen gegenüber Fichte eine eigene Skepsis an den Tag legte, beiträgt.

Fichtes schroffe Reaktion auf jene Einladung darf man als Antwort auf eine im Kampf um die Anerkennung der Homosexualität zwar

17 Hubert Fichte an Wolfgang Popp, in: *Siegener Hans Henny Jahnn Kolloquium. Homosexualität und Literatur*, hg. v. Dietrich Molitor u. Wolfgang Popp, Essen (Verlag Die Blaue Eule) 1986, S. 237-239, hier S. 238.

verständliche, aber zumindest ungenaue Profilierung der biographischen Gemeinsamkeiten von Jahnn und Fichte und der Rezeption ihrer Werke lesen. Homosexualität ist nicht der kurzerhand tragende Terminus im Selbstverständnis der beiden Schriftsteller, so sehr auch eine homosexuelle Literaturwissenschaft die Jahnn- und Fichterezeption auf den Weg gebracht hat. In seiner umfangreichen Jahnn-Biographie stellt Thomas Freeman fest, »Jahnn selbst bezeichnete sich nicht als homosexuell. Er nannte sich ›omnisexuell‹«.[18] In einem Brief an Fichte schreibt Jahnn, er könne »auch etwas zur Homosexualität sagen. Ich bin es nicht in dem Sinne, wie es gemeinhin verstanden wird. Ich will sogar sagen, daß mir die sogenannten echten Typen, deren ich ja manche kennengelernt habe, zuwider sind. Homosexualität und Heterosexualität sind für mich nicht wertbestimmend. Ich weiß, daß niemand für seine Hormone verantwortlich ist. Ich urteile deshalb nicht. Ich glaube aber, daß die Liebe bei mir nicht durch das Geschlecht erzeugt wird. Ich bin, wenn ich so sagen darf – frei.«[19] An anderer Stelle schreibt Jahnn über die Bedeutung sexual-hormoneller Mischungsverhältnisse für die künstlerische Produktivität: »Es gibt keinen schöpferischen Menschen im eigentliche Sinne, der nicht ein Übergewicht von Oestron in sich erzeugt. Wie die Determinierung sein muß, vermag ich nicht anzugeben. Es sind auch dort sicherlich große Schwankungen möglich [...] Das Grundgesetz aber scheint festzustellen: je weiter der Seelenausschlag in die Richtung Anoestron, desto geringer die Möglichkeit phantasiebeflügelten Schaffens.«[20] Nicht nur aus seiner Hormontheorie zog Jahnn den Schluß, daß Männer weder ausschließlich hetero- noch homo-, sondern auf unterschiedliche Weise bisexuell sind; auch in seinem Zusammenleben mit Männern und Frauen auf Bornholm und in Hamburg finden sich nach allen Seiten hin offene sexuelle Unangepaßtheiten, die den Eindruck hinterlassen, »er würde sich kaum mit einer Bewegung identifizieren oder sich klassifizieren lassen«.[21]

18 Freeman, *Hans Henny Jahnn*, S. 637.

19 Jahnn an Fichte, Brief vom 3. Oktober 1955, zit. n. Freeman, *Hans Henny Jahnn*, S. 637.

20 Jahnn an Dr. Fritz Weißenfels, Brief vom 10. März 1949, zit. n. Freeman, *Hans Henny Jahnn*, S. 358. Bei Oestron handelt es sich um weibliche, bei Anoestron um männliche Hormone.

21 Freeman, »Gespräch mit Hubert Fichte«, S. 95. Zu Jahnns Liebesbeziehungen zu Frauen s. Jan Bürger, *Der gestrandete Wal. Das maßlose Leben des Hans Henny Jahnn. Die Jahre 1894-1935*, Berlin (Aufbau) 2003, S. 178 ff.

Um eine Möglichkeit, anders als klassifizierend über Homosexualität zu sprechen, zu skizzieren, bemerkt Fichte: »Es bedurfte ja wohl Autoren, die wenigstens bisexuell waren, wenn sie nicht stocknormal waren, wie Thomas Mann oder Bert Brecht, die in einer etwas größeren Offenheit über das Thema geredet haben«, und er fügt einschränkend hinzu, daß angesichts der »ungeheuren Verblasenheit, Verdrängung«, in der über Homosexualität gesprochen worden sei, auch »an Bronnen, an Jahnn usw.« zu denken sei.[22] Fichte hat sich Jahnns bisexuelles Selbstverständnis in seinem Leben wie in seinen Werken zu eigen gemacht, aber in einer anderen Sprache geschrieben als derjenigen, der er »Verblasenheit« attestierte. Es mutet wie eine Ergänzung eines bei Jahnn noch nicht zur Sprache gekommenen Sprechens an, wenn Fichte ein Interview mit dem seinerzeit programmatischen Homosexuellen führt, bei dessen Begegnung es Jahnn am Ende der fünfziger Jahre noch die Sprache verschlagen hatte: Jean Genet. Genet hatte Jahnn nicht nur angegriffen als jemanden, der auf der Seite der Unterdrücker und des Establishments stehe, sondern hatte auch in der Homosexualität nichts anderes als den Ausdruck des Hasses auf und die Rache an der Gesellschaft gesehen, worauf Jahnn etwas hilflos bemerkt habe, Homosexualität sei »doch etwas Schönes«.[23] Im Dezember 1975 führt Fichte sein Interview mit Genet, das zwar wenig harmonisch verläuft, aber von den romanischen Kuppelkirchen, der Bedeutung der Musik über Rituale, sexuelle Praktiken, Gewalt, Macht und Mord bis hin zu Fragen einer homosexuellen Programmatik, der Brüderlichkeit und Weltrevolution eine Palette von Themen durchläuft, über die auch Jahnn mit Genet hätte sprechen können, aber nicht konnte.[24]

Von der Idee und biographischen Wirklichkeit einer Omni- bzw. Bisexualität ausgehend, liegt die Gemeinsamkeit Fichtes und Jahnns darin, die Spielarten von Sexualität zu erkunden, zu denen dann auch die homosexuellen gehören. Umgewendet und verkehrt wird genau jene Perspektive, die von den Figuren der Ausschließung oder der außen-

22 Freeman, »Gespräch mit Hubert Fichte«, S. 95.

23 Freeman, *Hans Henny Jahnn*, S. 636f. Über seine Begegnung mit Genet s. Hans Henny Jahnn, »Versuch einer Erklärung (Fragment)«, in: *Werke und Tagebücher* Bd. 7: Schriften und Tagebücher, Hamburg (Hoffmann und Campe) S. 377-387, hier S. 386.

24 *Hubert Fichte. Jean Genet. Fotos von Leonore Mau*, hg. v. Bernhard Albers in Zusammenarbeit mit Leonore Mau, Aachen (Rimbaud) 1992.

seiterischen Sexualität in Gestalt der Homosexualität ausgeht, um von hier aus das Gebiet der Sexualität zu vermessen. Dies hat Konsequenzen nicht allein für die Selbstdefinition des Schriftstellers in seiner Existenz (die aus einer vom Ausschluß startenden Bewußtseinslage als Verdrängung bezeichnet werden mag), sondern auch für deren Literatur der Homosexualität. Was für Jahnns Literatur diagnostiziert wurde, gilt in weiten Strecken auch für die Fichtes: »All die Männer, die Sex mit Männern und Frauen und Tieren haben und die Jahnns Werke bevölkern, sind eigentlich weder homo- noch hetero- noch bisexuell, noch verhalten sie sich entsprechend, sondern sie sind Aktanten eines Geschehens, das sich zwischen naturgesetzlicher Determination und pränormativer Wirklichkeit abspielt: ›Wir sind der Schauplatz von Ereignissen.‹ Jahnns Texte erstellen weniger eine Klassifikation, Wiederholung und Bestätigung von sexuellen Typen und Verhaltensmustern, sondern bieten ein Reservoir von Praktiken und Imaginationen auf, die den Zusammenhang von Liebe und Sexualität, von Sexualität und Reproduktion, von biologischem Geschlecht und Geschlechterrolle hintertreiben und dissoziieren und die die Gesetze von Familialismus und Reproduktion, von Geschlechtsidentität und romantischem Liebesdispositiv zu unterbrechen suchen.«[25] Ein wesentlicher Unterschied liegt allerdings darin, daß die Referenzzonen, die bei Jahnn Biologie und Natur heißen, von Fichte in das Gebiet der Ethnologie verschoben werden.

Daß die Resonanzen und Affinitäten zwischen Fichte und Jahnn »bei weitem zu vielschichtig« sind, um auf ihren »biographischen Gehalt reduziert zu werden«, hat Christian Riedel in seiner gegen die »in großen Teilen der Sekundärliteratur zu findende Verabsolutierung der biographischen Jahnn-Bezüge« gerichteten luziden und sorgfältigen Untersuchung der intertextuellen Jahnn-Bezüge in Fichtes Werk gezeigt.[26] Den Schwerpunkt der Untersuchung auf solche intertextuellen Bezüge legend, stellt Riedel fest, daß »die Auseinandersetzung mit Jahnn in der ›Geschichte der Empfindlichkeit‹ bei weitem nicht so zentral ist wie im ›Versuch über die Pubertät‹«, wiewohl sich »ein Netz an Jahnn-Ver-

25 Schäfer, *Biopolitik des Wissens*, S. 108. Zu Fichtes Perspektive auf Homosexualität s. auch Martin Dannecker, »Engel des Begehrens. Die Sexualität der Figuren in Hubert Fichtes Werk«, in: *Der Körper und seine Sprachen*, hg. v. Hans-Jürgen Heinrichs, Frankfurt a. M. (Athenäum) 1989, S. 15-35.

26 Christian Riedel, *Der geöffnete Bleisarg. Hans Henny Jahnn als literarischer Intertext bei Hubert Fichte*, Marburg (Tectum) 2008, Zitate S. 130 u. 134.

weisen durch die Texte (zieht)«.[27] Mit den »versus rapportati«, einem Arrangement von Zitaten aus Jahnns *Das Holzschiff* wird im *Versuch über die Pubertät* die Sprachgewalt Jahnns ebenso aufgerufen wie zerlegt und rekombiniert.[28] Über die Referenz auf Jahnn und seine Literatur hinaus sind sie aufschlußreich für Fichtes kombinatorische Schreibweise überhaupt; versus rapportati finden sich auch in *Hamburger Hauptbahnhof. Register*.[29] Bei diesen versus rapportati handelt es sich, wie Hartmut Böhme gezeigt hat, um eine höchst strenge, mathematische und barock-manieristische Verfahrensordnung. Es gibt drei Versblöcke mit je vierzehn Zeilen, einen mit Substantiven, einen mit Verben, einen mit adverbiellen Bestimmungen, die jeweils eins bis vier, meistens drei Glieder enthalten; zähle man nach, so enthält jeder Block »38 Satzglieder, aus denen sich mithin 38 vollständige dreigliedrige Sätze bilden lassen. Also: man hat das erste Glied des Verses 1 im ersten Block zusammenzulesen mit dem ersten Glied des Verses 1 im zweiten Block und mit dem ersten Glied des Verses 1 im dritten Block«.[30] Wenn die Fichteschen Verse lauten: »Ein Sonderling, das Allgemeine, ein brauner Neufundländer Hund« (1. Block); »wurzelte, weicht, wandert« (2. Block); »In einem anderen Jahrhundert, dem Allgemeinen, mit ausladenden Knaggen« (3. Block), dann lautet der rekonstruierte Satz: »Ein Sonderling wurzelte in einem anderen Jahrhundert«, der sich ganz zu Beginn von *Das Holzschiff* finden läßt.[31] Wenn Fichte hier die »Bannkraft der Jahnnschen Sprachpotenz auf(nimmt)«,[32] so handelt es sich zugleich um einen literarischen Umgang mit ihr, der dem Vokabular des in einem anderen Jahrhundert wurzelnden Sonderlings mit einer Skepsis begegnet, die es in eine literarische Neubeschreibung transformiert.

27 Riedel, *Der geöffnete Bleisarg*, S. 108.
28 Fichte, *Versuch über die Pubertät*, S. 47-49.
29 Hubert Fichte, *Hamburger Hauptbahnhof. Register* (= *Die Geschichte der Empfindlichkeit* o.Z.), Frankfurt a.M. (S. Fischer) 1993, S. 25-27 (als zerlegte Wortblöcke) und S. 219-221 (als rekomponierte Sätze).
30 Böhme, *Hubert Fichte*, S. 212.
31 Nicht alle rekombinierten Sätze sind als solche bei Jahnn an einer Stelle vollständig zu lesen, sondern bestehen aus Elementen, die an verschiedenen Stellen im *Holzschiff* zu finden sind, wodurch das literarische Vokabular Jahnns in eine Neubeschreibung überführt wird. Die Entschlüsselung von Fichtes versus rapportati mit den Fundorten im *Holzschiff* findet sich bei Böhme, *Hubert Fichte*, S. 212f.
32 Böhme, *Hubert Fichte*, S. 214.

Während im *Versuch über die Pubertät* verschiedene Phasen der Auseinandersetzung mit Jahnn, vermittelt auch über die Veränderungen des Roman-Ichs, zu finden sind, wird in den späten Texten der *Geschichte der Empfindlichkeit* ein Ton hörbar, in dem »Jahnn anerkannt und wieder in die Nähe des eigenen Schreibens gerückt (wird)«.[33] Neben diesen intertextuellen Verwebungen mit Versatzstücken aus dem Jahnnschen Werk mit ihren formalen Eigenheiten gibt es eine Reihe von Motiven und Problematiken, die für Berührungen zwischen Jahnns und Fichtes Werk eine wesentliche Rolle spielen. Sie liegen nicht allein auf der Ebene von Text-, sondern auf der von Themenverschränkungen. Wenn Jahnn in seinem Roman *Perrudja* den Wunsch formuliert: »Ich möchte diese Kreatur Mensch beschreiben«,[34] so dürfte dies auch für Fichtes Literatur gelten, und wie Fichte beschreibt auch Jahnn nicht die Schönheit der Liebe mit dem ästhetischen Triebe, sondern einen verletzten oder leidenden Menschen, der sich zwischen den Spielarten entfesselten Begehrens und der Sehnsucht nach kreatürlich-liebender Vereinigung bewegt. Diese noch recht allgemeinen Affinitäten lassen sich in drei Hinsichten erläutern: in ihren sakralen, sozialen und politischen Dimensionen, die neben dem Komplex der Religion den Kolonialismus und die Kapitalismuskritik betreffen.

Das niedrige Sakrale: Eine Sache der Literatur

1921 gründet Jahnn zusammen mit Gottlieb Harms und Franz Buse die »Glaubensgemeinde Ugrino«, orientiert am mittelalterlichen Bauhüttenmodell, in deren umfangreicher Verfassung mit insgesamt 35 Paragraphen als ihr Zweck angegeben wird: »das Erwecken einer letzte Konsequenzen umfassenden Gewissenhaftigkeit jedes einzelnen seiner Lebensführung, Lebensgestaltung und Lebensarbeit gegenüber und das Schaffen von Dingen, an die ein Wille zu solcher Gewissenhaftigkeit sich zu wenden vermag, um Gefühlsklarheit und Kraft zu gewinnen.«[35]

33 Riedel, *Der geöffnete Bleisarg*, S. 128, s. auch S. 71 ff.

34 Hans Henny Jahnn, »Perrudja«, in: ders., *Werke und Tagebücher in sieben Bänden*, Bd. 1, Hamburg (Hoffmann und Campe) 1974, S. 51-536, hier S. 204.

35 Hans Henny Jahnn, »Verfassung der Glaubensgemeinde Ugrino«, in: *Werke und Tagebücher in sieben Bänden*, Bd. 7, Hamburg (Hoffmann und Campe) 1974, S. 131-156, hier S. 131 f. Instruktiv zur Gründung und den Kontexten von »Ugrino«: Martin Hielscher, »Antikult und Kulturpolitik. Hans Henny Jahnns Weg von Ugrino zur Freien Akademie der Künste«, in: *»Liebe, die*

Wie aus den Bewegungen der Avantgarden der Moderne her vertraut, soll auch mit Ugrino die Trennung von Kunst und Leben in einer anderen Kunst und einem gegen die erstarrten Konventionalismen der Ordnung gerichteten anderen Leben überwunden werden, aber anders als jenen geht es der Glaubensgemeinde um die Verbindung zwischen dem Sakralen und der Welt der Kunst, um den Sitz einer sakralen Erfahrung im Leben. Ugrino strebt eine Wiederbelebung des Heiligen an, »aus dem Willen heraus, jenseits der Dinge zu stehen, die ein ökonomisches System des Alltags bringt«.[36] 1923 kommt es zu ersten Grundstückskäufen, auf denen die geplanten Kultstätten errichtet werden sollen.[37] Dabei steht die Baukunst »deshalb so sehr im Vordergrunde alles zu Erschaffenden, weil sie aus dem Urgefühl der Masse mit ihrer Sprache redet, weil in ihr die Gefühle des Todes überwunden werden, weil sie das Werk einer Vielheit ist, weil sie die Lebensbedingung und Heimat der anderen Künste ist«.[38] Im Gebiet der Architektur wiederum nimmt die Sepulkralarchitektur den prominenten Platz des Monumentalen ein, d.h. neben den ägyptischen die romanischen Bauwerke.[39] Überhaupt hat die Reaktualisierung archaischer Kulturen für Ugrino eine große Bedeutung. Die Architektur mit ihrer Stein gewordenen Masse bietet dann der Musik – und das ist hier die Orgel – ihren Raum, gefolgt von der Skulptur. Die Literatur findet allein als Theater im Sinne kultischer Aufführungen einen Platz.

Die Ugrino-Gründung ist dem Programm einer erhabenen Sakralität verpflichtet. In seiner erhellenden Studie über *Hans Henny Jahnn. Die Kunst der Überschreitung* hat Reiner Niehoff im Rückgriff auf Georges Batailles Theorie des Heiligen gezeigt, »daß Ugrino es zuerst und zunächst auf das imperative Heilige abgesehen hatte«, verbunden mit

im Abgrund Anker wirft«. Autoren und literarisches Feld im Hamburg des 20. Jahrhunderts, hg. v. Inge Stephan u. Hans-Gerd Winter, Hamburg (Argument) 1990, S. 252-276.

36 Hans Henny Jahnn, »Einige Elementarsätze der monumentalen Baukunst. Allgemeines; Schöpfungen der Baumeister«, in: *Werke und Tagebücher in sieben Bänden*, Bd. 7, Hamburg (Hoffmann und Campe) 1974, S. 156-188, hier S. 156.

37 Ausführlich hierzu der von Jochen Hengst und Heinrich Lewinski besorgte Band zur Ausstellung in der Niedersächsischen Landesbibliothek Hannover 27. September bis 9. November 1991: *Ugrino, Hans Henny Jahnn oder Die Geschichte einer Künstler- und Glaubensgemeinschaft*, Hannover (Revonnah) 1991.

38 Jahnn, »Verfassung der Glaubensgemeinde Ugrino«, S. 133.

39 Jahnn, »Einige Elementarsätze der monumentalen Baukunst«.

einer »autoritär festgeschriebenen Sakralordnung«.[40] Es geht Niehoff nicht um Bezüge zwischen Jahnn und Fichte, sondern um die Ausprägungen des Ugrinoschen Religionskonzeptes und dessen Verhältnis zu Jahnns literarischen Werken, also gerade um das Gebiet der Kunst, das im Ugrino-Programm ausgespart geblieben war. Tatsächlich rückt die Literatur für Jahnn erst ins Zentrum seiner Arbeit, nachdem Ugrino 1928 an finanziellen Schwierigkeiten gescheitert war, und hier werden die Affinitäten zu Fichte erkennbar, die in unserem Zusammenhang interessieren. Niehoff stellt fest: »Die sakrale Erfahrung, die da in den literarischen Texten von den Protagonisten etwa des ›Holzschiffs‹ gemacht wird, ist denn auch von ganz anderer Art als die, welche die reale Religionsgründung Ugrinos vor Augen hatte [...] Zwar zielen beide: Religionsgründung und Literatur bei Jahnn auf eine Resakralisierung der Welt ab. Während aber Ugrino das erhabene Heilige visiert [...], hält die Dichtung auf eben das Heilige zu, das Dank der Batailleschen Differenzierung und auf seinem Hintergrund nun als ein ganz anderes Heiliges bestimmt werden kann, nämlich als das abgespaltene, verfemte, undomestizierte, verbrecherische und gegen alle Macht revoltierende Sakrale; als das niedere Heterogene.«[41] Alles, was für die Glaubensgemeinde Ugrino den Bezugsrahmen bildete, findet sich auch in den literarischen Werken wieder: die Sakralbauten, Pyramiden, romanische Kirchen, die Protagonisten als Baumeister, Komponisten oder Organisten, entlegene, von der Welt des Profanen getrennte Orte, die Bedeutung der Zahlenkombinatorik für Musik und Baukunst, die Sepulkralkunst, das Reservoir archaischer Kulturen. Aber die Literatur bewegt sich nicht im Gebiet des erhabenen Sakralen, sie ruft es auf, um es in ein niedriges Heiliges zu verkehren.

40 Reiner Niehoff, *Hans Henny Jahnn. Die Kunst der Überschreitung*, München (Matthes und Seitz) 2001, S. 157.

41 Niehoff, *Hans Henny Jahnn*, S. 161. In seiner Jahnn-Biographie bevorzugt Jan Bürger statt des starken Begriffs der Überschreitung hingegen den moderaten der Überfahrt: man könne »Jahnns Vorgehen mit der Metapher *Überfahrt* fassen. In seiner Literatur geht es nicht um eine bewußte Grenzüberschreitung, sondern um ein – oft absichtsloses – Gleiten.« Jan Bürger, *Der gestrandete Wal. Das maßlose Leben des Hans Henny Jahnn. Die Jahre 1894-1935*, Berlin (Aufbau) 2003, S. 40. So fraglich es sein mag, den literarischen Figuren Jahnns und den Weisen ihrer Literarisierung so wenig Bewußtsein ihrer selbst zuzusprechen, so zutreffend ist es, daß es sich bei den Überschreitungen bzw. der »Überfahrt« um ein Geschehen ohne Absicht, Zweck oder Berechnung handelt.

Diese verkehrende Bewegung, die das Heilige nicht mit Heil, Unversehrtheit und Reinheit, sondern mit Unheil, Verletzung, Gewalt und Unreinheit verbindet, ist wiederkehrend in Jahnns literarischen Werken zu finden. In *Die Nacht aus Blei*, einem Roman, in dem der Weg des Protagonisten durch eine lichtlose Stadt, in ein Bordell und eine heruntergekommene Gaststube ohne jede Möglichkeit zur Gastlichkeit führt, trifft Matthieu auf Anders, das verletzte Double seiner selbst in jüngeren Jahren. Der Weg beider führt nicht in die Höhen des Sakralen, sondern in seine abstoßenden Niederungen, durch unterirdische Tunnel zur letzten Behausung des Jungen, der erklärt: »Unter uns fließen die Abwässer der Stadt [...] es ist die Hauptkloake.«[42] Im jungen Anders wiederholt sich eine frühe Verwundung Matthieus, und in einem blutigen Akt der »Umkehrung einer Geburt«, in dem Matthieus Hand »vom warmen Schaum der Eingeweide umgeben« ist, wird Matthieu von Anders zum Mörder gemacht von einem »Jungen, den er liebt«, und bleibt besudelt in der Kloakengruft zurück.[43] Das dargebrachte Opfer heilt keine Wunden und stiftet keine Erlösung, sondern weist auf das Unheil verletzter Körper, die sich in diesen Räumen des niedrigen Heiligen bewegen. Auch im Roman *Perrudja* wird die Konnotation des Heiligen, des Gefühls des Sakralen mit dem Niedrigen, Gemeinen, Anstößigen und Abstoßenden vielfach an seiner Personnage ausbuchstabiert. So heißt es in einer Erinnerungsgeschichte des Protagonisten Perrudja: »Wir sind eine der gemeinen Blumen auf den Wiesen. Etliche sind gelb an Farbe, andere sind blau, andere sind rot. Die gelb an Farbe sind, stinken einen Gestank.« Perrudja hat die Ahnung, »ich gehöre zu den Gelben. Ich fühle eine Schuld, wiewohl ich schließen müßte, die gelbe Blüte ist schuldlos. Doch ich bin ein Mensch. Und es wird gesprochen: Es lebt der Mensch mit der Fähigkeit zu erkennen. [...] Es ist ein göttlicher Stoff in ihm.«[44] Die Farbe Gelb steht für eine geradezu kosmische Kreatürlichkeit, die nicht gut riecht, aber unübergehbar ist und nicht in den gewöhnlichen Ordnungen des Alltags, sondern in den Niederungen religiös imprägnierter Erfahrungen ihren Ausdruck findet. Über den Wilddieb Thorstein Hoyer heißt es in *Perrudja*: »War

42 Hans Henny Jahnn, »Die Nacht aus Blei«, in: *Werke und Tagebücher in sieben Bänden*, Bd. 6, Hamburg (Hoffmann und Campe) 1974, S. 283-336, hier S. 322.

43 Jahnn, »Die Nacht aus Blei«, S. 333.

44 Jahnn, »Perrudja«, S. 204.

das Todesstraucheln vorüber, sprang er auf, warf sich über das Tier, sog mit den Lippen das entströmende Blut. Seine Seele nährte sich von dem Blut der Ermordeten. Sein Gottesdienst war roh. Sein Gebet rann in den eigenen Bauch. [...] Die moralische Weltordnung verkroch sich. Da weitete sich sein Antrag an die Schöpfung und engte sich wieder ein zu den Tatsachen seines viehischen Daseins.«[45]

Ein letztes Beispiel soll Jahnns literarischen Umgang mit dem Religiösen illustrieren.[46] Jahnns erste literarische Publikation, das Drama *Pastor Ephraim Magnus* von 1919, beginnt mit dem Auftritt des alten Magnus, der seinen Kindern brüllend, heulend und schreiend seine Predigt hersagt, in der »jeder Satz naß ist von Schweiß und schwer von Angst vor Bein und Knochen, und jeder Sinn in dickes rotes Blut getränkt und tief verhangen mit der Stille schwarzer, unbeweglich grausam schwarzer Nächte, die wie Grabgewölbe waren, lichtlos, moderriechend, Stein und zu.«[47] Gegenüber der Anschuldigung: »Du reißt Abgründe in uns auf und deckst sie nicht wieder zu. Du bist wie ein Folterknecht in all deinen Predigten«, besteht der alte Magnus darauf: »Meine Schmerzen verdienen andere Laute als die aus einem Sprachregister. [...] Ich werde solche Reden von mir geben, solange ich tierisches Leben in mir trage.«[48] Mit dem Wechsel des Handlungsortes vom Pfarrhaus zur Sakristei des Domes kommen zu den zum Himmel schreienden Anklagen und Flüchen geradezu rituell anmutende körperliche und moralische Grenzüberschreitungen hinzu, in denen sich verschmelzendes Liebesverlangen mit Verletzungen, Gewalt, Folter, Selbstverstümmelung und inzestuösem Begehren verbindet,[49] so daß dieser heilige Raum besudelt wird. Wenn es später in einer fast reflexiven Rückwendung auf das, was

45 Jahnn, »Perrudja«, S. 165. S. auch Christa Karpenstein-Eßbach, *Deutsche Literaturgeschichte des 20. Jahrhunderts*, München (Fink) 2013, S. 140-152.

46 Bei Niehoff, *Hans Henny Jahnn* sind Analysen zu weiteren Werken zu finden.

47 Hans Henny Jahnn, »Pastor Ephraim Magnus«, in: *Werke und Tagebücher in sieben Bänden*, Bd. 4, Hamburg (Hoffmann und Campe) 1974, S. 5-114, hier S. 9.

48 Jahnn, »Pastor Ephraim Magnus«, S. 9 u. 13.

49 Das Inzestmotiv ist bei Jahnn häufiger zu finden, so auch in »Der Arzt, sein Weib, sein Sohn« und in »Der gestohlene Gott«. In einem Brief an Jahnn vom 18. November 1956 geht Fichte darauf ein und schreibt: »Am wertvollsten an dem Stück (i.e. »Der gestohlene Gott«) ist mir eigentlich die Verarbeitung des Verkuppelungsthemas«, und er fragt, ob dies nicht aus zwei Beweggründen heraus erklärt werden könnte: »aus dem Gefühl von Impotenz oder aus der Empfindung weltumspannender Euphorie?«. Hubert Fichte an Hans Henny

mit *Pastor Ephraim Magnus* auf die Bühne gebracht wird, heißt: »Wir haben die Größe der dramatischen Rede überschritten« und der Hoffnung Ausdruck gegeben wird: »Wenn jemand uns sprechen hörte und alles aufschriebe! [...] Man muß es doch beschreiben können«,[50] dann wird damit jenseits und außerhalb der erhabenen Sakralität Ugrinos ein anderes Medium aufgerufen: die Literatur, in der das Profane als ein niedriges Sakrales, als ein unreines Heiliges zur Sprache gebracht werden kann. *Pastor Ephraim Magnus* wurde vor dem Scheitern Ugrinos geschrieben, so daß diese Weise des Umgangs mit Religion nicht kurzerhand nur als Effekt von dessen Scheitern verstanden werden kann, sondern zur Literatur Jahnns von Beginn an dazugehört. Zunächst aber ist es, ganz der ugrinoschen Wertschätzung des Theaters als wichtigster Ausdrucksform der literarischen Kunst entsprechend, das Drama, in dem das niedere Sakrale thematisch wird, während später die Prosa zunehmend Gewicht gewinnt.

Im Vergleich mit den höchst intensiven Gefühlswelten der literarischen Fiktionen Jahnns hat die zum »Roman« semi-fiktionalisierte Berichtsliteratur Fichtes einen deutlich kühleren Charakter. Während Jahnn, der zweimal zu Flucht und Emigration aus Deutschland getrieben wurde, die Welten eines anderen Religiösen imaginiert, kann Fichte sie als Tourist, Forscher oder Literatenethnologe selbst aufsuchen. Fichte besucht z.B. in Brasilien eine Macumba, den Ritus einer afro-amerikanischen Religion, deren afrikanischer Ursprung sich mit Elementen christlichen Glaubens vermischt hat, die eine besondere Verbindung zu den Toten pflegt und ausgeprägt thanatozentriert ist, aber keine Sepulkralarchitektur kennt. »Eine Hütte auf Stelzen wie die anderen. / Es ist ein Tempel, sagt der Verantwortliche. / Und das ist die Mutter. / Mãe de Santo. / Mutter des Heiligen, übersetzte sich Jäcki / Eine Mutter, die einen kleinen stacheligen Heiligen gebiert. / Komisch. / Eine hohe, schwarze etwas mucksche Frau, führte sie in den Tempel. / Drei mal drei Meter. / In der Bundesrepublik wohnen die Götter anspruchsvoller.«[51] Von den kultischen Handlungen wird berichtet: »Zuerst kleine Explosionen. / Die Mutter, die Jäcki und

Jahnn, Brief vom 18. November 1956, in: *Forum Homosexualität und Literatur* 5/1988, S. 81-83, hier S. 82. Fichte dürfte das letztere für sich reklamieren.

50 Jahnn, »Pastor Ephraim Magnus«, S. 91 u. 93.

51 Hubert Fichte, *Explosion. Roman der Ethnologie* (= *Die Geschichte der Empfindlichkeit*, Bd. 7), Frankfurt a.M. (S. Fischer) 1993, S. 65f.

Irma auf die Ehrensessel gestupft hat, singt jetzt ununterbrochen von Maria Padrinha, dann wird sie ganz böse, zittert, zappelt, schlägt mit dem Kopf hin und her, daß ihre ganze Frisur aus dem Dudd gerät, die schönen mit Chemikalien frischgeglätteten Haare / Sie wackelt mit den Knien. / Schreit: / Hüah! Hüah! / Würgen. / Gesten der Scham. / Der Körper der Knienden nach oben durchgerüttelt. / Und als kriegte sie hier, vor allen Leuten, unverschämt, grausig göttlich würde Wolli Köhler sächseln, tierisch einen rein.«[52] Wie bei Jahnn spielen nicht die Gedankenwelten religiöser Lehren oder irgendwelche Abstrakta von Glaubensinhalten eine Rolle, sondern die Ausdrucksformen und Lüste des Körpers mit seinen beunruhigenden und verstörenden Exaltationen, und das Heilige selbst ist »stachelig«. Auch hier handelt es sich um Ausdrucksformen jenseits eines geordneten Vokabulars.

Berichtet wird von rituellen Praktiken und Hilfsmitteln, die Trancezustände evozieren. Es gibt »Heilige Pflanzen«, aus denen ein Getränk hergestellt wird, mit dem das Bewußtsein zerbrochen wird, und mit einem solchen Ritus ist auch die Entstehung eines anderen Vokabulars, anderer Wörter verbunden, so daß es heißt: »Die Wörter waren das Gift. / Die Wörter waren das Zerbrechen des Bewußtseins.«[53] Es dürfte allenfalls ein wenig überinterpretiert sein, wenn man das, was hier als religiöser Ritus beschrieben wird, in der Weise der Darstellung gespiegelt, gedoppelt sieht, so daß die Wörter nicht nur in jenen Riten zu Gift werden, sondern die Literatur genau der Raum ist, in dem sie ihren Platz erhalten. Von Jäcki wird berichtet, daß er das »Einweihungsgetränk« trinkt, dann: »Jäckis Schrift verändert sich.«[54] Jedenfalls rücken die Blätter für den heiligen Trank und die Blätter, auf denen geschrieben wird, in eine solche intime Nähe, daß die Grenzen zwischen ihnen und ihre geordneten Austauschbeziehungen verschwimmen. »Haben die Tagebuchaufzeichnungen Jäckis die Trance / das ganz andre, das Fremde, die Veränderung, den Gott, den Neuen Menschen, das Zerbrechen des Bewußtseins zerstört? / Oder haben die Blätter die Aufzeichnungen auf den Blättern des Tagebuchs zerbrochen?«[55] Die religiösen

52 Fichte, *Explosion*, S. 69. Wolli Köhler ist eine Person, die zu Fichtes Literarisierung von Hamburg gehört.
53 Fichte, *Explosion*, S. 384-390, bes. S. 390.
54 Fichte, *Explosion*, S. 392.
55 Fichte, *Explosion*, S. 394.

Dimensionen, die in das Gebiet des Dionysischen hineinführen, sind wesentliche Leit- und Leidfiguren von Fichtes Literatur.

Neben den Trancezuständen sind es immer wieder auch Opferrituale voller blutiger Gewalt, für die sich Jäcki interessiert. Mit Irma, der Fotografin, wird er »in das Allerheiligste geführt, wo die Kranken und die Novizen bewußtlos auf den Blätterbetten lagen. [...] / Die Schlachter stehen bereit, die Opfertiere an der Leine, Herden von Angolahühnern, Enten, Puter watscheln durch das heilige Haus. [...] / Einer nach dem anderen werden die Novizen im Schumm, / die geistig Gestörten, die mit Menstruationsbeschwerden / an das Altarmauerchen geführt und über ihren Scheiteln / werden die Ziegen, die Enten, die Hunde geschlachtet / Hekatomben. / Fällt der erste Tropfen Blut auf die Hand / schreien sie auf. / Galle, Scheiß, Jappen [...] / Als alles vorüber ist liegen die Kranken und die Eingeweihten wie Gefolterte und verschiedene blutgestreift wieder auf ihren Kräuterbetten.«[56] Das sind Riten der Unreinheit, des Schmutzigen und Exkrementalen, die als solche beschrieben, aber so wenig wie bei Jahnn mit dem moralischen Verdikt des Unreinen belegt werden, weil das Heilige als eine erhabene Größe im dionysischen Rausch, der Trance, dem Opfer erniedrigt und zugleich – als Erniedrigtes – ein anderes Heiliges wird. Diese Bewegung wird sehr genau diagnostiziert: »In Jäcki war ein unwiderstehlicher Hang zur Profanation. / Er fand das ziemlich widerlich, denn er sagte sich so ganz konnte er einer Religion nicht entkommen sein, so ganz konnte er sie nicht nur beschreiben wollen, wenn er so sehr dem Zwang ausgesetzt war, sie zu profanieren, sie in den Schmutz zu ziehen / Schlimmer in den Schmutz zu ziehen, der ihm keinen Schmutz bedeutete, der fast schon wieder einen Heiligen Schimmer hatte, wie der Schlamm Nanãs mit ihren Kröten und der Schöpfung.«[57] Wie wir gezeigt haben, hat jede Kultur für Fichte einen synkretistischen, unreinen Charakter; dieser »Synkretismus« ist mehr als eine bloße Begriffsmetapher, denn das Unreine, das er bezeichnet, nimmt in den religiösen Riten, für die sich Fichte interessiert, eine sehr konkrete, sichtbare und heftig erfahrbare

56 Fichte, *Explosion*, S. 345 f. S. auch S. 161-165.

57 Fichte, *Explosion*, S. 344. Zu den »chtonischen Momenten«, die zu Fichtes Verständnis des Synkretismus gehören, s. Gisela Dischner, »Das poetische Auge des Ethnographen Hubert Fichte«, in: dies., *Über die Unverständlichkeit. Aufsätze zur neuen Dichtung*, Hildesheim (Gerstenberg) 1982, S. 157-177.

Gestalt an. Mit einer häufiger anzutreffenden Vergemütlichung von Interkulturalität hat dies wenig zu tun.

Die Sakralisierung des Schmutzigen, mit der ein »Heiliger Schimmer« aufscheint, führt nicht dazu, ein positives Heiliges auszuzeichnen. Bei seinem Besuch eines rituellen Totenmahls entdeckt Jäcki: »Das Allerheiligste ist leer«, was seinen profanen Grund erst einmal darin hat, »daß wegen der Dachdecker das Allerheiligste ausgeräumt worden ist«. Aber der Satz: »Das Allerheiligste ist leer« wird noch einmal wiederholt und zu einer grundsätzlichen Feststellung mit den darauf folgenden Sätzen: »Hatte das auch Pierri erlebt der Papst. / Und wollte die Leere füllen mit seinen Blätterzetteln, Akzenten und seinen zappeligen Tänzen? / Und jetzt / Jäcki erlebt die Leere wenigstens als ein Romanschriftsteller / Wenn man die Leere als Maître de Recherches erlebt und als Trancepriester muß es sehr unangenehm sein, wie es bei Klein Erna heißt.«[58] Während es in der Literatur ausgehalten werden kann, daß das Heiligste leer ist, gilt dies für ethnologische Wissenschaft nicht unbedingt und für die Praktizierenden eines Ritus wohl gar nicht. Ein von Echtheit erfüllter religiöser Ritus wird hingegen bei Fichte zur Illusion, weil er sich überhaupt erst über ein Marktgeschehen herstellt, das ethnologische oder touristische Wünsche nach ihm erfüllt. Im »Roman«, der vielleicht im Unterschied zu ethnologischen Berichten solche Echtheit als Fiktion enthüllt, ist von einer ehemaligen Oberschwester zu lesen, die Geld damit verdient, daß sie ihre Inszenierungen eines Blutbades verkauft. Die »Käuflichkeit auch dieser Popkultur« kommuniziert mit einem Verlangen nach »Romantik, Exotismus«, an das sich die Frage richtet: »War das nicht schlechtester Hans Henny Jahnn?«[59] An sie schließt sich die weitere Überlegung an: »War das nicht das Thema der Befreiung von Europa seit Hekataios, bis hin zu Rimbaud und seinen verhungerten Domestiken, zu Hans Henny Jahnn und seinen kosmischen Südafrikavisionen, zu Lévi-Strauss und seinem steinzeitlichen Bewußtsein und zu Jäcki selbst.«[60] Die Kritik an Europa ist die andere, die politische Seite romantisch-exotischer Dissidenz – auf sie wird zurückzukommen sein. Was die Dimension des Religiösen im Werk von Fichte und Jahnn

58 Fichte, *Explosion*, S. 709ff. Pierri ist ein ethnologischer Forscher mit der ausgeprägten Neigung zum »going native«, dem Jäcki bei seinen Recherchen mehrfach begegnet.

59 Fichte, *Explosion*, S. 199 u. 207.

60 Fichte, *Explosion*, S. 208.

betrifft, so bleibt hervorzuheben: Ihrer beider Interesse am niedrigen und schmutzigen Sakralen als einem wesentlichen Gebiet der Literatur ist motiviert von einer Bewegung der intellektuellen Auseinandersetzung mit Vorstellungen eines geglätteten und besänftigten Heiligen. Bei Jahnn führt der Weg von den Glaubensvorstellungen Ugrinos zur Literatur, bei Fichte ist es die ethnologische Wissenschaft mit ihrer Neigung zum romantisierenden Exotismus, die literarisch abgearbeitet wird. In beiden Fällen wird die Literatur zum prominenten Ort gemacht, an dem von einem wenig erbaulichen Komplex des Religiösen gehandelt wird, und zwar auf eine Weise, die frei von jeder Ironie ist.

Sklaven, Missionare, Schwarze, Mischlinge

Für die Kritiker des eigenen Landes, die Jahnn und Fichte zeitlebens bleiben, ist die europäische Welt nicht das alleinige Zentrum ihres Denkens; den einen führt die literarische Einbildungskraft über die Grenzen Europas hinaus, den anderen seine Reisen. Ein Jenseits von Europa im Sinne eines ganz Anderen ist dort kaum zu finden, sondern eine Welt, in der die Europäer schon waren. Der Kolonialismus, Macht, Herrschaft und Knechtschaft sind für den euroskeptischen und kritischen Blick unübersehbar. Dieser Komplex des Kolonialismus unterscheidet sich noch einmal von dem dritten für Jahnn und Fichte wesentlichen Thema der Kritik des Kapitalismus. Die koloniale Situation selbst wird von beiden nicht in dem Sinne fiktionalisiert, daß es so etwas gäbe wie einen historischen Roman oder eine semifiktionalisierte Welt der Vergangenheit, eher wird der Kolonialismus aus einer postkolonialen Gegenwart heraus erinnert, spielt in sie hinein bzw. wird aus der Gegenwart heraus aufgerufen.

So sehr die lange Geschichte kolonialer Herrschaft von Fichte in verschiedenen Werken, angefangen bei *Xango* und *Petersilie* bis hin zu etlichen Bänden der *Geschichte der Empfindlichkeit*, immer wieder vergegenwärtigt wird, soll hier ein Werk herangezogen werden, in dem die Erinnerung an den Kolonialismus aus einer postkolonialen Perspektive beispielhaft vorgeführt wird: Fichtes Hörspiel *San Pedro Claver. 1976.*[61] Die zentralen Personen sind Pedro Claver, als Angehöriger der

61 Fichte hat ein zweites Hörspiel über Pedro Claver verfaßt: »Grosses Auto für den Heiligen Pedro Claver. 1980«, in: ders.: *Zwei Autos für den Heiligen*

Gesellschaft Jesu von 1610 bis zu seinem Tod im Jahre 1654 Missionar in Cartagena, und Manuel Biafara, genannt El Moreno, der Mohr, der dem alten und kranken Claver als Faktotum dient – beide eine Verkörperung des Herr-Knecht-Gegensatzes, gedoppelt in dem von Weißem und Schwarzem. Daneben finden sich die Stimmen von Ignatius von Loyola, Alonso Rodriguez oder Bartholomé de Las Casas, die, wie auch Manuel, über die priesterlichen und missionarischen Praktiken Clavers sprechen, so daß es naheliegen könnte, darin eine historische Darstellung des spanischen Kolonialismus zu sehen, was aber eine geradezu unmögliche Interpretation ist angesichts einer von Anfang bis Ende anwesenden Touristengruppe aus Hamburg, organisiert von »Caravelle Reisen«, deren Touristenführer erklärt: »Gesicherte Abenteuer haben wir Ihnen garantiert. [...] Sie befinden sich hier im Jesuiten-Kollegium, zwischen den Quais, wo die Äthiopen abgeladen werden, der Hinrichtungsstätte der Inquisition, dem Peitschenplatz und unserer Kathedrale.«[62] Pedro Claver und Manuel Biafara, Herr und Knecht, werden in ihrer leibhaftigen Beziehung zueinander von den Touristen besichtigt, denn: »Sie finden es erbaulich, nachdem sich die Verladung der Afrikaner so fruchtbar ausgewirkt hat, den Segner der Verladenen zu begrüssen.«[63] Die koloniale Vergangenheit ist in einer anderen, heutigen hamburgischen Gegenwart zum interessanten Gegenstand touristischer Exkursionen geworden. Die Erinnerung an den Kolonialismus ist eine Seite, die Weise des Umgangs damit eine andere, nicht weniger wesentliche. Im *Versuch über die Pubertät* findet sich zweimal der den Roman wie eine Klammer umfassende Satz am Anfang und am Ende: »ich interessiere mich nicht touristisch für die Toten«.[64] Dem touri-

Pedro Claver, Frankfurt a.M./Paris (Qumran) 1982, S. 79-140. Ein »Auto« ist »in Spanien und Portugal Bezeichnung feierlicher religiöser oder gerichtlicher Handlungen, dann kurzer, einaktiger Schauspiele zur Verherrlichung kirchlicher Feiertage in Kirchen und auf öffentlichen Plätzen der grösseren Städte. Aus mittelalterlichen Mysterien, Mirakeln und Moralitäten entstanden, wurden sie im 12., 13. Jahrhundert Lieblingsunterhaltung des Volkes, jedoch 1765 als angebliche Entweihung des Heiligen untersagt und mühevoll verdrängt.« Ebd., S. 81. Dieses zweite Hörspiel ist eine deutlich diskursiver verfaßte Erinnerung an die Geschichte des Kolonialismus.

62 Hubert Fichte, »San Pedro Claver. 1976«, in: ders.: *Zwei Autos für den Heiligen Pedro Claver*, Frankfurt a.M./Paris (Qumran) 1982, S. 7-78, hier S. 12.

63 Fichte, »San Pedro Claver. 1976«, S. 11.

64 Fichte, *Versuch über die Pubertät*, S. 19, 284. Zu Fichtes Großprojekt, das ursprünglich den Titel »Die touristischen Entwicklung in der zweiten Hälfte

stischen Interesse wäre der Impuls entgegenzuhalten: »Identifikationen unmöglich machen.«[65]

Es ist nötig, die verschiedenen Schichten von *San Pedro Claver. 1976* genauer auseinanderzufalten, um Fichtes postkoloniale Auseinandersetzung mit dem Kolonialismus zu verstehen. Indem Fichte einen Missionar ins Zentrum rückt, tritt zur militärischen Unterwerfung der Kolonisierten eine zweite, mentale hinzu.[66] Pedro Claver »trieb nicht die Begierde nach Gold oder / Silber, sondern / nach dem Schatz der / Seelen«.[67] In der Rede Manuels, Clavers Haussklaven im Jesuitenkollegium, wird diese doppelte Unterwerfung ausgesprochen: »Meine Geschichte ist die eines jeden Äthiopen – ist keine Geschichte. / Meine Götter – keine Götter. / Mein Land – / kein Land. / Mein / Nam – / kein / Nam.« Bemerkenswerterweise ergreift Manuel das Wort hier nicht aus freien Stücken, sondern wird von den Touristen mit der Aufforderung: »Kommen Sie mal her da. / Das ist ein Dollar. / Machen Sie doch ruhig auch ein paar Angaben zur eigenen Person«, zum bezahlten Reden über sich ermuntert.[68] Fichtes ausgeprägtes Sensorium für Perversionen zeigt sich auch hier: in dem Skandalon, die Rede des Sklaven zur käuflichen Ware zu machen, erweist sich seine neuerliche, dritte Unterwerfung, die Enteignung seiner Stimme, die er doch zugleich dank der touristischen Aufforderung allererst erhebt. Zur postkolonialen Thematisierung des Kolonialismus gehört auch diese eigentümliche Dialektik des touristischen Interesses, durch das der Sklave zur Sprache kommt.

des zwanzigsten Jahrhunderts« tragen sollte (Fichte, *Explosion*, S. 219) gehört deshalb auch die Kritik touristischen Kolonialismusgedenkens.

65 Fichte, *Versuch über die Pubertät*, S. 21.

66 Jakob Spieth ist ein anderer Missionar, mit dem sich Fichte ausführlich beschäftigte, hier mit dem Fokus auf dessen ethnologischer Beschreibung der Ewe-Stämme. Wir gehen an anderer Stelle, im 6. Kapitel, darauf ein. Fichte vermutet am Ende seines Essays »Über die Ewe-Stämme von Jakob Spieth. Hamburg. August 1979« (in: ders., *Homosexualität und Literatur 1. Polemiken (= Geschichte der Empfindlichkeit)*, Frankfurt a.M. (S. Fischer) 1987, S. 287-317), daß neben der »Perversion, die es darstellt, wenn ein Missionar die Religion so liebevoll beschreibt, die er vernichten will«, die »Erforschung der Riten der Eweer […] hier nicht nur die Voraussetzung zur Christianisierung (war) – der Missionsberuf schuf vielmehr die Bedingung für die Einfühlung in das Glaubenssystem eines fremden Stammes« (ebd., S. 317).

67 Fichte, »San Pedro Claver. 1976«, S. 31.

68 Fichte, »San Pedro Claver. 1976«, S. 47. Zuvor spricht Manuel ausschließlich über Clavers Leben, seine Taten als Missionar und dessen Ruhm: »So / gross / war Pedro Clavers Ruf.« (S. 43).

Schließlich ist auf eine vierte Modalität der Unterwerfung hinzuweisen, die zu dieser postkolonialen Thematisierung des Kolonialismus gehört und deren verkehrende Bewegung vergleichbar verstörend ist. In *Explosion* wird darüber berichtet, daß lange nach der Missionierung der Sklaven und der Ausrottung ihrer Religionen und Riten Weiße, die Europa den Rücken gekehrt hatten, die Kulte der Schwarzen reaktivieren und sich aneignen, um sie den Schwarzen nahezubringen.[69] In dieser Konstellation ist der eindeutige koloniale Gegensatz von Herr und Sklave nicht mehr so evident – zumindest jedenfalls irritiert. Statt die Schwarzen wie in kolonialen Zeiten zum Objekt der christlichen Missionierung zu machen, werden sie nun zum Objekt einer Art Re-Afrikanisierung, doch zugleich ist das Subjekt: dieser auf neue Weise »missionierende« Weiße derjenige, der sich selbst den Riten der Schwarzen unterstellt, sie in dem, was er tut, verkörpert und, wenn man so will, schwarz wird.

Fichte buchstabiert das ganze Spektrum einer vierfachen Unterwerfung in den kolonialistischen Macht- und Gewaltverhältnissen aus, von der militärischen über die mentale, die touristische bis hin zu einer neo-missionaristischen. Wer darin eine literarische Reproduktion des Herr-Knecht-Verhältnisses mit seiner festen Verteilung der beiden Positionen und das politisch-moralische Angebot einer Identifikation mit dem Knecht sehen wollte, sieht sich jedoch getäuscht. Fichte verkehrt die Positionen von Herr und Knecht. In *Pedro Claver* wird Manuel zum Herrn, Claver zum Knecht: »Heute spielen wirs anders herum?«. Manuel, von Claver als sein »Herrknecht« und »Knechtherr« bezeichnet, sagt: »Ich Dreck?! / Sau du! / Du ungewaschene Sau! / [...] Du schwarz! / Schnauf! / Auf die Knie. / Grunz! Wühl. / Ich, weiss, ganz weiss!«, und Pedro Claver erniedrigt sich zum Sklaven: »Ja, ich bin der schwarze Hottentott und wühle mich ein, mit den Zähnen beiss ich mich fest in den Falten meiner Äcker, um mich meine Sündenbrut und die wippenden Brüste meiner Weiberscharen. Ich fresse an den Wurzeln meiner Früchte von unten.«[70] In diesem Austausch der Positionen vollzieht der Sklave am Herrn die Grausamkeiten, die ihm zugefügt worden waren, wobei sich beide, sowohl der Sklave als auch der Herr,

69 Fichte, *Explosion*, S. 722-828. Hier werden zwei Interviews miteinander konstelliert: die Weiße Gisèle praktiziert den Candomblé, die Schwarze Wilma wird von ihr rituell »eingeweiht«.

70 Fichte, »San Pedro Claver. 1976«, S. 49f.

an die Regel halten, daß der eine den anderen imitiert und spiegelt. Der Herr-Knecht-Antagonismus bleibt auch in seiner Verkehrung weiter erhalten, und beide Seiten unterwerfen sich ihm in einer sklavischen Spiegelung. Diese eigentümliche Logik der Verkehrung wird von Fichte als eine Persistenz der kolonialistischen Unterwerfung reflektiert. Die »1. Turistin« sieht sich durch deren Vorführung bestätigt: »Da sieht man die Grausamkeit der Äthiopen. Wie er es geniesst, den weissen Folterknecht zu spielen.« Der zum Weißen gemachte, folternde Manuel hingegen fragt: »Bin ich ein Jesuitenledermann? / Soll ich dich schinden, / weil du das / Schindluder, / das man mit mir trieb, / imitieren / möchtest, / Luder!«, und er wird sogleich von den Touristen zurechtgewiesen: »Halten Sie gefälligst Ihre Rolle durch.«[71] Die Chance zum Rollenbruch würde sich bei Fichte erst in der Aufkündigung des mimetischen Verhaltens eröffnen, durch das die archaische Gewalt des Herr-Knecht-Verhältnisses immer wieder reproduziert wird.

Fichtes Auseinandersetzung mit dem Kolonialismus folgt nicht kurzerhand dem Impuls einer anti-kolonialistischen Identifikation mit den Kolonisierten. Dies dürfte unter den »doppelten Verrat« oder »La Double Méprise« sowohl am »europäischen Bewußtsein« wie an dem der Kolonisierten fallen.[72] Vermittelt über die Problematik des Herr-Knecht-Verhältnisses und seine Umkehrung rückt vielmehr dessen fatale Strategie in den post-kolonialen Blick. Dieser Blick ist eher analysierend als engagiert. Zur Skepsis Fichtes gegenüber dem engagierten Schriftsteller: »Es ist unnütz und dilettantisch, wenn sich einzelne Schriftsteller politische Entscheidungen anmaßen«,[73] gehört auch die kritische Haltung gegenüber dem zeitgenössischen politischen Antikolonialismus und den Befreiungsbewegungen: »Die Studenten sind empört über Vietnam. / […] Aber wie verträgt sich das mit ihrer Bewunderung von Che Guevara. / Che will doch gerade mehrere Vietnams. / Und das ist auch ein Slogan, der ins Deutsche übersetzt wurde.«[74] Bei den Engagierten fürchtet Fichte einen bestimmten Habitus: »Schmatzend vor Anständigkeit« zu sein.[75] Stattdessen führt

71 Fichte, »San Pedro Claver. 1976«, S. 66 u. 69.

72 Fichte, *Explosion*, S. 119 u. 391.

73 Hubert Fichte, *Alte Welt. Glossen* (= *Die Geschichte der Empfindlichkeit*, Bd. 5), Frankfurt a.M. (S. Fischer) 1992, S. 143.

74 Fichte, *Alte Welt*, S. 312.

75 Fichte, *Alte Welt*, S. 234.

Fichte etliche Interviews mit Politikern post-kolonialer Länder über ihre Wege aus der kolonialistischen Vergangenheit, u.a. mit Salvador Allende. Im zwanzigsten Kapitel von *Explosion* rekapituliert Jäcki das Interview, das Fichte 1971 mit Allende geführt hatte. Es geht darin um das Leben der Landarbeiter, deren Berufsausbildung, Bodenbesitzverhältnisse, Ungerechtigkeit und Gewalt bei der Enteignung von Boden, staatliche Cooperativen, Bankzinsen, außenpolitische Beziehungen, Sexualpolitik und immer wieder um Armut.[76] Jäcki bemerkt einen »sehr eigentümlichen Sozialismus [...], da der orthodoxe philosophische ihm täglich durch Bevölkerungsexplosion und Technokratie – auch marxistischer Technokratie widerlegt wurde. / Wie sollte man angesichts des Eisgebirges an den stetigen Fortschritt der Menschheit glauben?«[77] Das neue Chile wird nicht zum Projektionsraum eines verwirklichten sozialistischen Traumes hochstilisiert. So wenig, wie aus der bloßen Umkehrung des kolonialen Herr-Knecht-Verhältnisses die Freiheit des Knechtes hervorgehen kann, ist im dekolonisierten Land schon deshalb die Freiheit zu finden, weil es nicht mehr kolonisiert ist. Politische Identifikationsstrategien nach dem Muster solcher Bipolaritäten weist Fichte in seiner Auseinandersetzung mit dem Kolonialismus offensichtlich zurück.

Anders als Fichte konnte Jahnn seine Reise zu den Schwarzen nicht verwirklichen; Kolonialismus und Rassismus sind vor vornherein Themen, die im Gebiet der literarischen Fiktion angesiedelt sind. Jahnn hat einen seiner Protagonisten auf eine solche Reise geschickt, erinnert in einer Passage des ersten Teils der *Niederschrift des Gustav Anais Horn*, die in unserem Zusammenhang neben dem Drama *Straßenecke*, in dessen Zentrum der Schwarze James steht, von Interesse ist. Auch aus Jahnns Texten spricht eine besondere Faszinationskraft der Schwarzen, die bei ihm – ein anderes Wort gab es zu jener Zeit nicht – meistens Neger heißen und eine fast kreatürliche Erhabenheit verkörpern, wenn Horn in seinen Aufzeichnungen schreibt, sie seien in seinen »Wunschgedanken stets weniger als Menschen, eher als wunderbare Tiere aufgetreten«, er habe »eine Leidenschaft für arglose Geschöpfe, für den Geruch begnadeten Fleisches« und »die Neger zu den Nachbarn der auserwählten Geschöpfe gerechnet«, worin er »einer Grundneigung

76 Fichte, *Explosion*, S. 277-291.
77 Fichte, *Explosion*, S. 288.

meines Geistes und meiner Sinne zum Einfältigen gefolgt« sei. Zu diesen »Vorstellungen meiner Jugend« gehört auch die Überzeugung: »ich würde die Sicherheit bewahren, daß meine Menschlichkeit sich jenen anders gerichteten anpassen könnte; ja, daß meine eigenen Vorurteile von der Gerechtigkeit und vom angemessenen Verhalten eine Ergänzung der fremden Sitten bedeuten könnten.«[78]

Horns Aufzeichnungen erinnern nach diesem Beginn mehrere Etappen der Verstörung und Verschiebung dieser »Wunschgedanken«. Dabei hat die Reaktualisierung des Kolonialismus eine hervorgehobene Bedeutung. Mit eindringlicher Detailgenauigkeit hatte Horns Vater beim Abendessen die kolonialen Grausamkeiten in heftigen »Anklagegesprächen« gegen den Einspruch der Mutter geschildert und sich darüber empört, »was für ein dichterischer und unwahrer Bericht« es sei, wenn man über »die Ware, diese Männer, Weiber, Kinder« kurzerhand nur sagen würde: »wie Schlachtvieh zusammengetrieben«. Gegenüber der direkten und drastischen Gewaltschilderung des Vaters wird von Horn ein Kontrapunkt gesetzt: »Der poetische Bericht war mir gemäßer: Sklaven zusammengetrieben wie Schlachtvieh.«[79] Die koloniale Gewaltausübung ist ein Problem für die literarische Darstellung, von Jahnn hier in die Gegenüberstellung von metaphorischer Redeweise und detaillierter, erregter Schilderung der Grausamkeit von Seiten des Vaters gebracht. Mit der folgenden Erinnerung Horns an ein Gespräch mit seinem Jugendfreund, dem Sohn eines Kaufmanns, gibt Jahnn ein Beispiel der Distanzierung des Kolonialismus als eines bloßen Phänomens der Vergangenheit, das auf eine bessere Zukunft hin schon überwunden sei. Von Jahnn exemplarisch verdichtet, wird der Kolonialismus für Horns Schulfreund zu einer bloßen Station auf dem Wege des Fortschritts in »jetzt andere Zeiten«.[80] Man könnte diese Rede des Kaufmannssohnes auch als Modell für einen historischen Roman nehmen, der, wie die Begegnung der beiden Freunde, in einem tränenselig gerührten Bekenntnis zu Humanität und Mildtätigkeit endet – ein Roman, den Jahnn nicht schreibt. Vielmehr folgt in der weiteren Erinnerung Horns der Sprung in die Gegenwart des Kolonialismus,

78 Hans Henny Jahnn, »Fluß ohne Ufer. Zweiter Teil: Die Niederschrift des Gustav Anais Horn I«, in: ders., *Werke und Tagebücher in sieben Bänden*, Bd. 2, Hamburg (Hoffmann und Campe) 1974, S. 175-781, hier S. 357.
79 Jahnn, »Fluß ohne Ufer«, S. 359f.
80 Jahnn, »Fluß ohne Ufer«, S. 360.

nun als »Menschenschau« im Zoologischen Garten der Stadt.[81] Unter den neben den Tieren ausgestellten Somalis ist ein junger Schwarzer, in dessen Nähe zu sein Horn ein »grenzenlose(s) Begehren« erfüllt, den er gern befreien möchte und den er »mehr liebte als den Sohn des königlichen Kaufmannes«.[82] Vom Pro und Contra des poetischen Berichts führt der Weg der Thematisierung des Kolonialismus über die historische Distanzierung in Näheverhältnisse des Begehrens; sie werden im Drama *Straßenecke* noch einmal anders ausbuchstabiert.

Horns weitere Aufzeichnungen umkreisen in dieser Passage die Reflexion des Geschriebenen, die Fragen der Fixierung von Vorstellungen vom Kolonialismus und den Schwarzen sowie einige Stationen und Erlebnisse der Afrika-Reise. Gegen eine von Empörung getragene Rekapitulation kolonialer Grausamkeit wird ein Einwand erhoben, der eine verborgene Komplizenschaft noch in der anti-kolonialen Gegnerschaft offenlegt: »Das Gewesene darf nicht die Leuchtkraft des Bösen bewahren. Ich muß das Gewebe aus Mitleid, aus heimlicher Lust an den dunklen Gestalten zerreißen [...], das süße sich dem Fremdartigen Hinneigen, es muß vorbei sein«, es ist »nicht erlaubt, den wohlgemeinten Gegensatz zu den Bewohnern Afrikas aufrechtzuerhalten«.[83] Man darf darin, Fichte durchaus vergleichbar, auch eine postkoloniale Reflexion von Kolonialismus und Anti-Kolonialismus sehen. Zwei Phänomene sind für diese Verschiebung der Perspektive wesentlich: der Mischling und die Arbeit. Während der Afrika-Reise »sahen wir den ausgedehnten Triumpf der Rassenmischung. Gesichter aller Farben und Zuschnitte. Unwahrscheinliche und liebenswürdige Kreuzungen. Erhaben schöne Köpfe und ihr Gegenteil, unverständliche Häßlichkeit.«[84] In der Gestalt des Mischlings, bei Jahnn vielleicht noch stärker idealisiert als der Neger, kommt der Unterschied der Rassen an sein Ende. Der wesentliche Unterschied zwischen den Menschen liegt vielmehr in dem »Besitz, der ihnen unterschiedlich zugeteilt war«.[85] Neben der Biologie des Mischlings ist es die Arbeit, die die Unter-

81 Tatsächlich sind solche Menschenausstellungen in Hagenbecks Tierpark in Hamburg historisch belegt.

82 Jahnn, »Fluß ohne Ufer«, S. 364.

83 Jahnn, »Fluß ohne Ufer«, S. 364f.

84 Jahnn, »Fluß ohne Ufer«, S. 367. Immer wieder findet sich bei Jahnn eine große Wertschätzung des Mischlings.

85 Jahnn, »Fluß ohne Ufer«, S. 366.

schiede der Rassen zur »Masse Mensch« transformiert. »Ohne Unterschied der Rasse wird er mit der Bürde der Arbeit beladen.«[86] Arbeit löst Rasse in Masse auf. Das koloniale Herr-Knecht-Verhältnis scheint sich in postkoloniale, kapitalistische Allgemeinheit zu transformieren. Die Überlegungen, die Jahnn seinen Protagonisten Horn anstellen läßt, muten wie eine frühe Vorwegnahme dessen an, was mehr als sechs Jahrzehnte später von dem politischen Philosophen und Theoretiker des Postkolonialismus Achille Mbembe formuliert wird. Zur Gegenwart des Kapitalismus gehöre »die deutlich erkennbare Möglichkeit einer Verwandlung der Menschen in belebte Dinge [...] Zum ersten Mal in der Geschichte der Menschheit verweist der Name Neger nicht mehr nur auf die Lage, in die man die Menschen afrikanischer Herkunft in der Epoche des Frühkapitalismus brachte.« Eben dies, so Mbembe, »meinen wir, wenn wir sagen, *die Welt werde schwarz*«.[87] Jahnn hat ein solches Schwarz-werden der Welt auch in seinem Drama *Straßenecke* als Parallele von Neger-Sein und Proletarier-Sein dargestellt. Aber Jahnn thematisiert darüber hinaus immer auch die Näheverhältnisse des Begehrens und die Faszination des Schwarzen, die sich in der Gewalt der Unterwerfung seines Körpers ebenso äußert wie in der Liebe zu ihm, ohne die kein Mischling auf die Welt kommen könnte.

Im Zentrum des Dramas *Straßenecke*, erschienen 1931, steht die Figur des Schwarzen James als Knabe, Jüngling und Mann, dessen Leben vom verbotenen erotischen Begehren der Weißen nach seinem Körper, von seiner sexuellen Unterwerfung und der Ausbeutung durch Arbeit bestimmt wird und das in einem Akt der Lynchjustiz am verbotenen Objekt des Begehrens mit dem Tode endet. Der Liebe zwischen James und der Weißen Alma droht die Gefahr, daß der Schwarze zum Sklaven der Lust der Weißen gemacht wird. »Die Lust an mir liebst du. Viele lieben ihre Lust in meiner Gestalt«, so James zur Geliebten.[88] Wirklich würde diese Liebe mit der Schwangerschaft Almas und der Geburt des Mischlings – einer Überwindung der perversen Lust der Weißen am Schwarzen, für die dessen »Fleisch ein Arsenal des Bösen« ist.[89]

86 Jahnn, »Fluß ohne Ufer«, S. 370.

87 Achille Mbembe, *Kritik der schwarzen Vernunft*, aus dem Französischen v. Michael Bischoff, Frankfurt a.M. (Suhrkamp) 2014, S. 20f.

88 Hans Henny Jahnn, »Straßenecke«, in: *Werke und Tagebücher in sieben Bänden*, Bd. 5, Hamburg (Hoffmann und Campe) 1974, S. 35-87, hier S. 41.

89 Jahnn, »Straßenecke«, S. 56.

Als »viele versammelt (sind), die ihren schlaffen Tag mit Ausschreitungen der Phantasie würzen wollen«, um James zu Tode zu lynchen, liefert er sich ihnen unter der Bedingung aus, daß die schwangere Alma freies Geleit erhält, und erklärt: »Alle Welt muß sich zu Bastarden vereinfachen. [...] Alles Reinrassige wird hingemäht werden, weil es eng und gewissenhaft. [...] Die Afrikaner können nicht bestehen.«[90] Am Ende läßt Jahnn einen »Kor der Neger und Proletarier« auftreten, die nach einer Beschreibung ihrer elenden Lage verkünden: »Wir wagen die Liebe, / die keiner zu schmecken uns gab.«[91] In diesem Stück zumindest hat Jahnn offenbar im Bündnis von Schwarzen und Proletariat einen möglichen Ausweg aus ihrer beider Unterdrückung und Ausbeutung unter den Bedingungen des Kapitalismus gesehen. Aber diese Überblendung von Rasse und Klasse hat für Jahnn nach dem Nationalsozialismus und der technischen Entfaltung des Kapitalismus ein großes Stück ihrer Evidenz eingebüßt. Was die Auswege aus dem Kolonialismus und dem von ihm geprägten Denken betrifft, so liegen sie für Jahnn immer wieder in der Figur des Mischlings beschlossen. Das geht nicht, ohne dem Blut eine wesentliche Bedeutung zu verleihen. Nach der nationalsozialistischen Feier des Blutes ist ein solcher Bezug auf das Blut – und sei es auch in der Gestalt einer zeugungsfrohen Vermischung – Mißverständnissen ausgesetzt. Das Pendant zum Jahnnschen Mischling liegt bei Fichte im kulturellen Synkretismus.

Kapitalismus, Technik, Armut

So sehr sich für Fichte und Jahnn eine dritte Affinität mit der ihnen gemeinsamen Kritik am Kapitalismus zeigt, so fällt der Fokus, von dem aus sie formuliert wird, unterschiedlich aus. Bei Jahnn stehen hier Technologie, Maschine, künstliche Umwelt, Naturwissenschaften bis hin zur Technologisierung der Kriegsführung im Zentrum – eine drohende Vernichtung durch technischen Fortschritt. Er war engagiert in der Bewegung »Kampf dem Atomtod«, insistierte auf dem Recht der Tiere und machte früh schon auf den Zusammenhang von Kernforschung und Biochemie aufmerksam.[92] Das ist im Prinzip eine plane-

90 Jahnn, »Straßenecke«, S. 77 u. 75.
91 Jahnn, »Straßenecke«, S. 86.
92 Hans Henny Jahnn, »Der Mensch im Atomzeitalter«; »Das Recht der Tiere«,

tarische Perspektive, die sich mit dem Gegensatz von Ost und West, von Staatssozialismus und Kapitalismus gar nicht fassen läßt. Jahnn transformiert sie in den politischen Gegensatz von Rechts und Links, wie an dem szenischen Drama *Neuer Lübecker Totentanz*, dessen erste Fassung von 1931 im Jahre 1954 als Neufassung mit der Musik von Yngve Jan Trede erschien, zu sehen ist. In diesem Stück, dessen Spielzeit die »jeweilige Gegenwart« ist, stehen sich zwei Figuren des Todes gegenüber: der alte Tod, zu dem das Altern, der kreatürliche Verfall, Krankheit, Naturkatastrophen oder die Not eines ungeborgenen Lebens gehören; und der »feiste Tod« mit seiner Ansprache: »Meine Freunde: Ihr habt mich gemästet. Ihr habt mich gewaltig gemacht. Ihr habt mich eingekleidet nach eurem Willen. [...] Ihr habt mich an die Hebel eurer Maschinen gestellt. [...] In den Arsenalen der Sprengstoffe und Gase befehle ich. Den Giftschrank der Menschheit verwalte ich. [...] Ich bin der zivilisierte Tod.«[93] Der Sieg des feisten Todes über die Figur des alten scheint ausgemacht, denn: »Das Schicksal hat nicht mehr den Namen eines Menschen, es heißt System«, dessen zynisches Prinzip lautet: »Gute Verwalter wollen wir sein.«[94]

Die Opposition dieser beiden Tode wird durchkreuzt von dem politischen Gegensatz von Rechts und Links. Der Paratext gibt hier eine genaue Regieanweisung. In der Mitte der Bühne befindet sich das Bild des Heiligen »St. Jürgen, der den Drachen tötet. [...] *Rechts* vom Pferd des Heiligen die Seite der Macht und Gewalt, *links* von ihm die Seite der Entrechteten und Machtlosen.«[95] Alle weiteren Szenen werden dieser Aufteilung zugeordnet bis auf eine, die »auf beiden Seiten« spielt, den Titel »Mann Maschine Tod« trägt und mit dem Kommentar der Stimme aus dem Off versehen ist: »Das bedeutet, die Äußerungen der Zivilisation haben sich geändert.«[96] Jahnns Kritik an der »jeweiligen Gegenwart« rückt die Maschine und die Technik in den Mittelpunkt, um den sich die Kämpfe zwischen Rechts und Links, zwischen Mächtigen und Machtlosen gruppieren, in dieser Szene verkörpert in Polizei

beide in: ders., *Werke und Tagebücher in sieben Bänden*, Bd. 7, Hamburg (Hoffmann und Campe) 1974, S. 389-405, S. 408-413.

93 Hans Henny Jahnn, »Neuer Lübecker Totentanz«, in: ders., *Werke und Tagebücher in sieben Bänden*, Bd. 5, Hamburg (Hoffmann und Campe) 1974, S. 5-33, hier S. 8.

94 Jahnn, »Neuer Lübecker Totentanz«, S. 19 u. 29.

95 Jahnn, »Neuer Lübecker Totentanz«, S. 13.

96 Jahnn, »Neuer Lübecker Totentanz«, S. 18.

und Arbeitslosen. Nicht der bloße Gegensatz von Arbeit und Kapital oder Bourgeoisie und Proletariat wird hier von Jahnn literarisch ausgearbeitet, dieser Antagonismus ist vielmehr auf ein Drittes bezogen: eine durchtechnisierte und durchmaschinisierte Welt, zu der die beiden antagonistischen Positionen von Rechts und Links wiederum ihre Position beziehen müssen. Jahnn unterscheidet sich deutlich vom traditionellen marxistischen Denken, das sich mit einem gewissen Urvertrauen auf die Entwicklung der sogenannten Produktivkräfte, die bei Jahnn Destruktivkräfte sind, durch die Geschichte tragen läßt. Von links läßt er in einer Szene nicht die Figur des Arbeitslosen oder des Proletariers auftreten, sondern die des Knechts, der den Boden bestellt und sich um die Tiere kümmert. Der »Sprecher der Überschriften« kommentiert: »Das bedeutet, die Kräfte der Erneuerung sind nicht mehr einzudämmen.«[97] Mit einem Rekurs auf eine harmonisch idealisierte Natur als Antidot zur technisierten Welt des Kapitalismus hat dies nichts zu tun, zumal Jahnn keine harmonische Natur kennt – vielmehr dürfte man im Auftritt des Knechts und der Bedeutung der Landwirtschaft neben der Technikkritik auch den Ausdruck eines bei Jahnn ausgeprägten ökologischen Bewußtseins sehen.[98] Während Jahnn seinen feisten Tod erklären läßt: »Von der Jahreszeit indessen verstehe ich nichts«,[99] verkörpert der Knecht eine Dimension, die ein Außerhalb von Technik kennt. Jahnns Kritik an der Gegenwart kapitalistischer Gesellschaften zielt auf deren technische Verfaßtheiten und die Mächte und Unterwerfungen, die sie hervorbringen, und dies mit planetarischen Folgen und einer Globalisierung der Machtlosen »in der jeweiligen Gegenwart«.

Eine Jahnn vergleichbare Kritik der Technik und der Maschine ist bei Fichte nicht zu finden, stattdessen das Elend der Armen und ein skandalöser Gegensatz zwischen Armut und Reichtum. Fichte bildet den Unterschied in den Besitzverhältnissen nicht auf dem Gegensatz von ehedem so genannter Erster und Dritter Welt ab – auch wenn seine Reisen in diese beiden Welten führten –, vielmehr lokalisiert er ihn im Inneren des Kapitalismus als ein Phänomen, das sich zugleich global verbreitet. Die Orte, an denen sich die Armen finden, »werden

97 Jahnn, »Neuer Lübecker Totentanz«, S. 29.

98 Wie Jahnn arbeitete auch Fichte in der Landwirtschaft; auch das Thema des Knechts ist bei beiden zu finden.

99 Jahnn, »Neuer Lübecker Totentanz«, S. 29.

nicht in den Fremdenführern erwähnt. Es gibt keine Wegweiser, die sie anzeigen«, aber sie werden in einer anti-touristischen Gegenbewegung von Fichte aufgesucht, wie z.B. die Bidonvilles von Paris.[100] Fichte recherchiert ausführlich, führt Gespräche und Interviews und beschreibt detailgenau Lebensumstände, fehlende Versorgung, Verhaltensweisen, die Hütten und Baracken in den Bidonvilles und die Geschichte ihrer Entstehung. Aus der gesellschaftlichen Wahrnehmung fallen diese Ansiedlungen heraus: »Niemand wendet den Kopf, keiner bleibt stehen. Und es ist doch in Wirklichkeit etwas ganz Unfaßbares. Etwas, was da gar nicht hineinpaßt. Etwas, das mit dem Begriff der Zivilisation nicht zusammenzubringen ist, das auch gar nicht ins Straßenbild gehört.«[101] Auf den »Schock, den der Anblick eines Bidonville auf den Betrachter ausübt«, antwortet Fichte in der Form eines nüchternen Berichts, denn die Anstrengung, diese Lager mit »großer literarischer Kunst« darstellen zu wollen, »bringt man vor dem akuten Elend nur unter Skrupeln auf«.[102] Unterbrochen wird dieser Bericht durch Nachrichten vom Besuch des sowjetischen Ministerpräsidenten Kossygin in Paris, der von General de Gaulle »zum Prachtdiner« gebeten wird und mit ihm Industrieunternehmen zum Zweck künftigen wirtschaftlichen Austauschs besucht.[103]

Im »Weltinnenraum des Kapitals«, als den Peter Sloterdijk das gegenwärtige Weltsystem der Globalisierung beschrieben hat,[104] bilden die Bidonvilles dessen inneres Außen. Aber sie liegen nicht nur in hochindustrialisierten Ländern des westlichen Kapitalismus, sie sind ein mondialisiertes Phänomen; Fichte sucht sie immer wieder auf, etwa

100 Hubert Fichte, »Die Bidonvilles von Paris. Radio-Essay, November/Dezember 1966«, in: ders., *Alte Welt. Glossen* (= *Die Geschichte der Empfindlichkeit*, Bd. 5), Frankfurt a.M. 1992, S. 91-127, hier S. 92. Bidonvilles sind Elendsviertel, Slums, Lager in größeren Städten, in denen vor allem Migranten, die in der Hoffnung auf Arbeit und ein besseres Leben gekommen waren, hausen.

101 Fichte, »Die Bidonvilles von Paris«, S. 96. Fichte hatte selbst in einem solchen Bidonville bei dem Lagerleiter Abbé Pierre gearbeitet; Teile des Tagebuchs aus dieser Zeit sind in den Text eingearbeitet. An anderer Stelle, in »Agadir. 9. Januar bis 1. März 1968«, notiert Fichte: »Ich möchte wieder ganz ohne Besitz leben«, in: ders., *Alte Welt*, S. 287-354, hier S. 302.

102 Fichte, »Die Bidonvilles von Paris«, S. 119.

103 Fichte, »Die Bidonvilles von Paris«, S. 91, 98, 102, 120 u. 123.

104 Peter Sloterdijk, *Im Weltinnenraum des Kapitals. Für eine philosophische Theorie der Globalisierung*, Frankfurt a.M. (Suhrkamp) 2005.

in Agadir oder Rio de Janeiro.[105] Seiner anti-touristischen Spiegelung des Tourismus entspricht genau, daß alle diese Bidonvilles, Slums, Camps oder Lager die Verkehrung des Tourismus und touristischer Siedlungen sind.[106] Gemeinsam ist den Bewohnern der Touristenhochburgen und der Bidonvilles, daß sie von woanders kommen; sie verkörpern zwei Seiten der Globalisierung: den Reichtum und die Armut, das freiwillige Unterwegssein und den Aufbruch aus Not, die Besitzer von Arbeit und Vermögen und diejenigen, die sich auf den Weg machen, um ihre Arbeitskraft in anderen Ländern zu verkaufen. 2016 hat Ivan Krastev, Leiter des Centre for Liberal Studies in Sofia und Fellow des Instituts für die Wissenschaften vom Menschen, die Migration als »die neue Revolution« bezeichnet – »keine Revolution der Massen wie im 20. Jahrhundert, sondern eine vom Exodus getriebene Revolution des 21. Jahrhunderts, getragen von Einzelnen und Familien und nicht inspiriert von Zukunftsbildern, wie Ideologen sie einst malten, sondern von den im Internet verbreiteten Bildern des Lebens jenseits der Grenze.«[107] Von den hier angesprochenen Effekten digitaler Technologien konnte Fichte noch nichts wissen, aber seine Thematisierung eines Kapitalismus, in dessen Innerem eine für den Westen aus einem nur noch vermeintlichen Außen kommende Armut anwesend ist, hat eine bemerkenswerte prognostische Kraft. Für Fichte wie für Jahnn öffnet sich die Kritik des Kapitalismus auf eine planetarische Perspektive, dies aber mit unterschiedlichen Schwerpunkten. Jahnns Kritik ist gelagert um Fragen der Naturbeherrschung, Maschine, Ausbeutung und die Entmächtigung des Menschen durch Technisierung. Fichtes Kritik zentriert sich um Fragen der Besitzverhältnisse, der Armen und auf die konkreten Orte, an denen sie leben und die er aufsucht; diese Lebensräume haben den Charakter eines Archipels der Armut.

Nimmt man die drei thematischen Affinitäten zwischen Jahnn und Fichte: die Problematiken des Religiösen, des Kolonialismus und die Kapitalismuskritik abschließend in den Blick, so stehen diese drei Ge-

105 Hubert Fichte, »Agadir. 9. Januar bis 1. März 1968«, in: ders., *Alte Welt. Glossen* (= *Die Geschichte der Empfindlichkeit*, Bd. 5), Frankfurt a.M. 1992, S. 287-354; ders., *Explosion*, S. 54ff., 235ff., 259ff.

106 S. Fichte, *Alte Welt*, S. 330f.

107 Ivan Krastev, »Die Utopie vom Leben jenseits der Grenze«, in: *Frankfurter Allgemeine Zeitung* vom 22. Februar 2016, S. 6. Auch Krastev kontrastiert Migration und Tourismus als die beiden »Gesichter der Globalisierung«.

biete nicht in einem systematischen Zusammenhang, aber es gibt eine Gemeinsamkeit zwischen ihnen. In ihnen geht es um Phänomene des Niedrigen, des Unterworfenen und Ausgeschlossenen, sie vereint eine Art Leidkategorie, bei Jahnn formuliert in dem Wunsch, die Kreatur Mensch zu beschreiben, bei Fichte als Programm literarischer »Vivisektion« des Menschen.[108] Zu diesen thematischen Erkundungen von Seinsweisen des Leids gehört ein literarischer Stil, der bei beiden von Ironie ebenso weitgehend entfernt ist wie von wohlfeiler Einfühlung; vielmehr nimmt das Niedrige, Unterworfene und Machtlose in all seinen Gestalten vielfach Züge des Grotesken und Entstellten – außerhalb der »Zivilisation« – an. Solche Affinitäten zwischen Fichte und Jahnn gehen weit über die Bedeutung einer biographisch fixierten schriftstellerischen Paarbildung hinaus.

108 Fichte, *Versuch über die Pubertät*, S. 294.

6. Kulturtopographie in der Erfahrung von Massentourismus und Migration

Eine kleine Zusammenstellung von Situationen und Personen, die dem Leser in Fichtes Schriften begegnen, illustriert auf einen ersten Blick, daß literarische Ethnographie von einer Welt als einem Raum der Bewegungen, Wanderungen, des Herumstreifens, des Kommens, Bleibens und Gehens berichtet. »Mãe Doca, die Priesterin aus Maranhão gilt als Gründerin des Kultes der Batuques in Belém. Sie kam in der letzten Phase des Kautschukbooms – vor 60, 70 Jahren.« Vielleicht aber auch erst »zur Zeit der Rezession, als auch die anderen alten Afrikanerinnen an zu wandern fingen«. Es gibt hier eine »Nachhut der französischen und englischen Unternehmen[…], die zur Zeit des Gummibooms gekommen waren und weiter blieben. […] aber richtig begann es erst in den 40er Jahren durch die Arbeiter und Unternehmer, die während des Krieges aus dem Süden kamen.«[1] Auf dem Marktplatz von Marrakesch finden sich: »Deutsche Touristen in Freizeithemden. / Die Frauen pressen die weißen Handtaschen an sich. / Der große Junge schiebt den kleinen Mann auf dem Brett heran. / Die Deutschen wenden sich ab.«[2] In Santa Cruz: »Zu Gisèle Binon-Cossard. / Zum Candombletempel einer französischen Intellektuellen. / Santa Cruz, hoch kühl / Der Tempel sehr ordentlich. / Fast schweizerisch / Gepflegter Garten.«[3] Die Anthropologin Gisèle Binon-Cossard hat an der Sorbonne »eine zweibändige These über den Tempel von Joãozinho da Gomeia geschrieben«, sie wirft die Kauris und ist praktizierende Priesterin des afrobrasilianischen Ritus, die über sich sagt: »Es gibt Tage, an denen bin ich Priesterin, und andre, an denen bin ich noch Professorin.«[4]

Das ethnologische Interesse unter den Voraussetzungen von Mobilität kommt bei Fichte in zwei Hinsichten zum Tragen. Es betrifft Migration und Tourismus, verbunden mit einem topologischen Bewußtsein, das zwischen Vielheit und Ordnung im Raum changiert. Um

1 Hubert Fichte, *Explosion, Roman der Ethnologie* (= *Die Geschichte der Empfindlichkeit*, Bd. 7), Frankfurt a.M. (S. Fischer) 1993, S. 515 f.

2 Hubert Fichte, *Der Platz der Gehenkten* (= *Die Geschichte der Empfindlichkeit*, Bd. 6), Frankfurt a.M. (S. Fischer) 1989, S. 121.

3 Fichte, *Explosion*, S. 441.

4 Fichte, *Explosion*, S. 441 u. 722.

ein Alleinstellungsmerkmal Fichtes handelt es sich bei diesem Interesse nicht, weshalb die Perspektive hier auf außerliterarische, wissenschaftliche Diskurse zu Migration und Tourismus erweitert wird. Die Richtung dieser Kontextualisierung wird danach gleichsam umgekehrt, und der Blick richtet sich auf Auseinandersetzungen Fichtes mit den Traditionsbeständen und aktuelleren Facetten ethnologisch bzw. kulturgeographisch orientierter Wissenschaft. Wie die Fülle des rohen Materials, das der neugierige Sammler in Sachen bewegter Welthaltigkeit zusammengetragen hat und zu ordnen sich bemüht, in eine literarische Form zwischen Poesie und Wissenschaft gebracht werden kann, wird schließlich exemplarisch erläutert.

In Bewegung

Maranhão, Marrakesch, Santa Cruz – diese drei Orte mit ihren Begegnungen bilden beispielhaft den dreifachen Nukleus einer Problemkonfiguration von Fichtes Literatur: sie stehen für die Prozesse wirtschafts- bzw. kriegsbedingter Migration, für touristische Erfahrung und für anthropologische Forschung, die sich im Fall der Binon-Cossard mit einem »going native« verbunden hat. In diesen drei Dimensionen, gelagert um Grenzziehungen und deren Transgression, erweist sich Fichtes Literatur von einer aufgespannten Welthaltigkeit, die den Leser durch ein kaum überschaubares Gewirr von Empirie leitet. Dabei werden weder Migration, noch Tourismus oder Anthropologie als Ordnungsrahmen für systematische Gliederungen des Raumes in Anspruch genommen; Fichtes Literatur macht sich keine der drei Perspektiven zu eigen. Was die drei Dimensionen vereinen könnte, wäre das Thema der Fremdheit. Allerdings verfehlte man Fichtes Literatur, wenn man bei der Interpretation der Werke von Fremdheit als einer die Schreibweise zentrierenden Kategorie ausginge.[5] Die Konstruktion einer Fremde, die als Fremdheit zu verstehen wäre, ist zumindest prekär: »Die Fremde zerrann ihm in Zettel.«[6]

5 So jedoch Torsten Teichert, *Herzschlag außen. Die poetische Konstruktion des Fremden und des Eigenen im Werk von Hubert Fichte*, Frankfurt a.M. (S. Fischer) 1987; sowie *Ethno/Graphie. Reiseformen des Wissens*, hg. v. Peter Braun u. Manfred Weinberg, Tübingen (Narr) 2002.

6 Fichte, *Explosion*, S. 380.

Da Fremdheit weder den Nukleus bereitstellt, mit dem zu starten wäre, noch als sicheres Ergebnis am Ende verzeichnet werden kann, kommen stattdessen die Voraussetzungen in den Blick, unter denen Fremdheit erscheint: Tourismus und Migration. Daß es sich hier um für Fichtes Literatur zentrale topographische Bedingungen der Dezentrierung von Fremdheit handelt, machen zwei Bemerkungen deutlich, die sich jeweils auf Titel seines Werkes beziehen. Fichtes »Großroman« mit dem Titel *Die Geschichte der Empfindlichkeit*[7] sollte zunächst den Titel »Die touristische Entwicklung in der zweiten Hälfte des zwanzigsten Jahrhunderts« tragen.[8] Zum anderen finden sich in *Explosion. Roman der Ethnologie* – es handelt sich bei diesem Roman um den Bericht von den drei Brasilienreisen des Künstlerpaares Irma und Jäcki in den Jahren 1968/69, 1971/72 und 1981/82 – die folgenden Bezüge zum Titel: »Der Verbrennungsmotor des brasilianischen Käfers erzielte Explosionen. / Und ruckartig begriff Jäcki in der aufgerissenen Rua Grande, […] / Daß diese Stadt São Luiz de Maranhão und dieser Staat Maranhão nur durch Explosionen in Gang gehalten wurde. / Explosionen, hungernde Haufen, Überbevölkerung, Familien mit zehn Kindern, die in Straßen zwischen Geschäften und Arbeitsplatz loszischten, die Maschine des Staates zum Rollen brachten und abbrannten. Niedergeknüppelte, Verhungerte, verbrauchte Verbraucher, die nächstens kämen und mehr. / Das Bild dessen was hier geschah / war der Volkswagen / Das Bild was seit Kriegsende geschah. / Seit der Jahrhundertwende. / Seit der Erfindung des Verbrennungsmotors. / Explosion.«[9]

Mit der Metapher der Explosion wird das Zerknallen eines Gemisches – im Fall des Verbrennungsmotors von Treibstoff und Luft – bezeichnet. Stellt man ihr jene vom Zusammenprall gegenüber, wie sie Samuel Huntington im Titel seines Buches *Clash of Civilizations* verwendet hat und die die Konfrontation, in der deutschen Übersetzung den »Kampf« kompakter Entitäten aufruft, so referiert die Rede von Explosion nicht auf eine Mechanik der Kräfte, sondern auf den

7 Zu den Werk- und Editionsplänen der *Geschichte der Empfindlichkeit* s. Hans-Jürgen Heinrichs, *Die Djemma el-Fna geht durch mich hindurch. Oder wie sich Poesie, Ethnologie und Politik durchdringen. Hubert Fichte und sein Werk*, Bielefeld (Pendragon) 1991, S. 28ff. sowie die Beiträge in dem von Jan-Frederik Bandel hgg. Band *Tage des Lesens. Hubert Fichtes »Geschichte der Empfindlichkeit«*, Aachen (Rimbaud) 2006.

8 Fichte, *Explosion*, S. 219.

9 Fichte, *Explosion*, S. 652f.

Chemismus von Mischungsenergien. Im Bild des Volkswagens – »was unterscheidet denn den brasilianischen Volkswagen von einem Pferd« (652) – verdichtet sich schließlich Mobilität als Signum des topologischen Bewußtseins, das Fichte »seit der Jahrhundertwende« datiert und das sich als Migration und Massentourismus darstellt. Beide sind die Voraussetzungen für Fremdheit, wie sie für die Gegenwart typisch sind.

Das mit dem Beginn des 20. Jahrhunderts einsetzende neue topologische Bewußtsein kommuniziert bekanntlich mit diversen Verschiebungen von Denkkonzepten und theoretischen Reflexionen, aber auch Methoden und Praktiken, von denen hier zunächst nur einige kurz zu nennen sind. Die Neukartierung des Raumes verläuft zum einen entlang einer Linie von ethnischen Homogenisierungen, die schließlich Biopolitik zum gewaltsamen Instrument der Herstellung geschlossener kultureller Einheiten machen.[10] Zum anderen ist eine Proliferation der Sensation des Fremden zu verbuchen, die nicht nur mit dem Tourismus verbunden, sondern auch zum prominenten Theoriethema geworden ist.[11] In der Konjunktur des Kulturbegriffs verteilen sich diese beiden topologischen Bewußtseinsweisen auf zwei diskursive Stränge: auf die Pointierung der Differenz von Kulturidentitäten bis hin zu ihrem »clash«, und auf die Pointierung der Interkulturalität und Vermischung, womit der Kulturbegriff sowohl mit Konflikt und Krieg wie mit kosmopolitischer Zivilisation eine Verbindung eingehen und so von jeder Seite politisch aufgeladen werden kann. In philosophisch-theoretischer Hinsicht hat sich insbesondere seit der zweiten Hälfte des 20. Jahrhunderts eine intensivierte Debatte um die Hermeneutik entwickelt, deren implizite Themen eine hohe Resonanz zur Problematik des topologischen Bewußtseins halten. In der Standortgebundenheit

10 S. hierzu Michel Foucault, *Der Wille zum Wissen. Sexualität und Wahrheit*, Bd. 1, Frankfurt a.M. (Suhrkamp) 1977, bes. S. 159ff.; *Biopolitik und Rassismus*, hg. v. Martin Stingelin, Frankfurt a.M. (Suhrkamp) 2003; sowie Giorgio Agamben, *Homo sacer. Die souveräne Macht und das nackte Leben*, Frankfurt a.M. (Suhrkamp) 2002.

11 Hier besonders instruktiv: Bernhard Waldenfels, *Topographie des Fremden. Studien zur Phänomenologie des Fremden I*, Frankfurt a.M. (Suhrkamp) 1997; sowie ders., *Der Stachel des Fremden*, Frankfurt a.M. (Suhrkamp) 1990, bes. S. 28ff.; Jochen K. Schütze, *Vom Fremden*, Wien (Passagen) 2000, mit der Feststellung, daß sich »unter der Bezeichnung Globalismus eine Epoche an(bahnt), in der die Dimension des Fremden endgültig ausstirbt. Die Theorie leistet nicht mehr als ihren Niedergang zu beschreiben.« (S. 93)

des Verstehens, eingerückt in Überlieferungszusammenhänge und immer wieder verwiesen auf die Differenz des Eigenen und des Fremden, äußern sich jene territorialen Abgrenzungsstrategien, denen die Kritik der Hermeneutik eine Deterritorialisierung und Deplazierung des örtlichen Sinns entgegengesetzt hat. Die Ethnologie schließlich reflektiert ihre Methoden und Gegenstände zwischen Kulturanthropologie als Fremdheitsbeschreibung und Diasporaforschung über »natives«, »halfies« und »hybrids« in einer Welt, von der Lévi-Strauss noch behaupten konnte, sie habe »La Fin des Voyages« erreicht.[12]

Vieles vom weiteren Verlauf und den Ausarbeitungen und Polemiken der hier nur kurz umrissenen Diskussionslinien konnte der 1986 gestorbene Fichte nicht mehr zur Kenntnis nehmen. Sie stellen jedoch für uns den Hintergrund für die Erschließung eines literarischen Werkes dar, dessen welthaltige Topographie einen ethnologischen Blick auf die Bedingungen der Diskurse und Erfahrungen von Fremdheit zu werfen erlaubt – im Sinne einer »Ethnologie der Ethnologie«.[13] Denn Fichte beschreibt keinen Fiktionsraum des Fremden, sondern reist Fiktionsräumen nach, um dort ein ungeahntes Fiktionspotential zu entdecken.[14] Fichtes Kulturtopographie interessiert hier in dreifacher Weise: im Hinblick auf die Bedeutung von Migration und Tourismus für kulturelle Konstitutionen und Beziehungen zum Raum; als Frage nach dem Verhältnis von Literatur und kulturgeographischer und ethnographischer Wissenschaft; schließlich in Hinsicht auf Fragen der Auslegung und der literarischen Repräsentation der bereisten und erforschten Räume.

12 Claude Lévi-Strauss, *Traurige Tropen*, Frankfurt a.M. (Suhrkamp) 1981, S. 9. Nach wie vor zentral für die Diskussion der ethnologischen Forschung: Georges Devereux, *Angst und Methode in den Verhaltenswissenschaften*, München (Hanser) 1967. Zur Migrationsforschung: Caroline S. Hornstein, *Grenzgänger. Problematik interkultureller Verständigung*, Frankfurt a.M./Basel (Stroemfeld) 2003. Zur Hermeneutik: Heike Kämpf, *Die Exzentrizität des Verstehens. Zur Debatte um die Verstehbarkeit des Fremden zwischen Hermeneutik und Ethnologie*, Berlin (Parerga-Verlag) 2003.

13 Fichte, *Explosion*, S. 314.

14 S. hierzu David Simo, *Interkulturalität und ästhetische Erfahrung. Untersuchungen zum Werk Hubert Fichtes*, Stuttgart/Weimar (Metzler) 1993.

Vielheit und Ordnung: Topologische Spannungen

Fichtes Kulturtopographie kann nicht nur auf dem Wege immanenter Interpretation des sprachlichen Kunstwerks entdeckt werden. Welthaltigkeit von Literatur erweist sich erst, wo ihre Resonanzen zu und Verschiebungen gegenüber den Feldern nicht-literarischer, wissenschaftlicher und theoretischer Diskurse hörbar werden, in denen es zur Sache geht. Wo es um Topographie geht, haben – so eine verbreitete Auffassung – Ordnungsbegriffe zweifellos Vorrang vor Seinsbegriffen.[15] Während dem Seinsbegriff der Begriff der Einheit korreliert, so dem Raum die Spannung zwischen Vielheit und Ordnung. Der Raum besitzt keine feststehende, gegebene Struktur, sondern muß Dimensionen oder Zuschreibungen eines Sinns allererst gewinnen, etwa als erlebter oder ästhetisierter Raum. Wenn Cassirer deshalb durchaus zu Recht betont: »Die Sinnfunktion ist das primäre und bestimmende, die Raumstruktur das sekundäre und abhängige Moment«,[16] so ist im Hinblick auf Fichtes Literatur jedoch festzustellen, daß diese Dimension des Sinns vor der Vielheit des räumlichen Beisammens von Phänomenen zurückweicht und sich jene Positionen des primären und des sekundären Moments deplazieren, wenn nicht austauschen. Der Raum der Fichteschen Literatur kennt kein Narrativ, von dem aus seine Elemente und Relationen in eine sinnhafte Sukzessions- oder Zusammenhangslogik integriert werden könnten. Umgekehrt formuliert: es gibt für das interpretative Vorgehen keine Möglichkeit, an einer mit guten Gründen auszuzeichnenden Stelle anzusetzen, um die sich wie in konzentrischen Kreisen die weiteren Explikationen lagern könnten. Deshalb gilt für die beiden folgenden illustrierenden Beispiele, daß die Wahl auch auf andere hätte fallen können. Ein Raum ohne sinnstiftendes Narrativ bleibt – nicht nur für den Interpreten – bedrohlich. In *Explosion* findet sich die Szene einer Taxifahrt zu den Favelas. »Der Taxifahrer wußte nicht, wo Vigario Geral liegt. / – Aber es ist ein Stadtteil von Rio de Janeiro und steht auf dem Faltplan eingezeichnet / Der Taxifahrer hielt an einer Eisenbahnbrücke. / – Sind das Aasgeier? / – Ja. Das sind Aasgeier. Dann kann die Favela nicht weit sein. / – Sie

15 Ernst Cassirer: »Mythischer, ästhetischer und theoretischer Raum«, in: *Landschaft und Raum in der Erzählkunst*, hg. v. Alexander Ritter, Darmstadt (Wiss. Buchgesellschaft) 1975, S. 17-35, hier S. 19.

16 Cassirer, »Mythischer, ästhetischer und theoretischer Raum«, S. 26.

fressen allen Schmutz. / – Sie stehen unter Naturschutz. / – Wenn ein Verbrechen geschehen ist, sieht die Polizei nur an den Himmel. / – Wo die Aasgeier kreisen, liegt die Leiche.« (54)

Während der Stadtplan nur für mögliche Orientierung im Raum steht, ohne mit einer weiteren Bedeutungszuweisung verbunden zu sein, wird die Sinnfunktion eines räumlichen Phänomens mit dem polizeilichen Blick verbunden, der eine ganz andere Lesbarkeit des Raumes anvisiert. Im Anschluß an diese Fahrt wird das Ensemble dessen, was sich in der Favela findet, aufgelistet. In *Der Platz der Gehenkten* findet sich die folgende Beschreibung, die, wie andere auch, den Marktplatz in Marrakesch betrifft: »Der Junge trägt fünf Widderköpfe in der rechten Hand an den Hörnern. / Zwei in der linken. / Er befestigt die Widderköpfe an seinem Fahrrad. / Einen bindet er an die Klingel. / Drei an den Gepäckträger, zwei an die Stange. / Den letzten Widderkopf befestigt er an der Fahrradlampe.« (48)

Weder Fahrrad, noch Klingel oder Widderkopf erhalten einen symbolischen Mehrwert, der im Reich der literarischen Fiktion sinnstiftend zu Buche schlagen würde. Stattdessen handelt es sich um die Enumeration und Verteilung des im Raum Beisammenen. Ungefiltert, deutungslos, ohne moralische oder andere Wertsetzungen verzeichnet Fichtes Literatur eine Empirie, die zwar keinen Fiktions-, wohl aber einen Faszinationsraum eröffnet. Auch stilistisch erscheint die Fülle des Empirischen als Reihe kristalliner Unikate. Kristallin ist hier nicht im romantischen Sinne als Eigenschaft eines verborgenen Schatzes oder im Sinne einer kulturdiagnostischen Aussage über die Verfestigung kultureller Formationen gemeint, die auf eine Gesellschaft negativ zurückschlagen,[17] sondern bezeichnet – in Anlehnung an Deleuzes Begriff des Kristallbildes im Film[18] – eine eher fotografisch anmutende Fixierung, in der der Moment wie gefroren oder wie eine mißratene

17 So Georg Simmel, »Der Begriff und die Tragödie der Kultur«, in: ders., *Gesamtausgabe*, Bd. 14: Hauptprobleme der Philosophie. Philosophische Kultur, Frankfurt a.M. (Klostermann) 1996, S. 385-416; sowie Arnold Gehlen, »Über kulturelle Kristallisation«, in: *Wege aus der Moderne. Schlüsseltexte der Postmoderne-Diskussion*, hg. v. Wolfgang Welsch, 2. durchges. Aufl., Berlin (Akademie) 1994, S. 133-143.

18 Gilles Deleuze, *Das Zeit-Bild. Kino 2*, Frankfurt a.M. (Suhrkamp) 1997, S. 96ff. Das Kristallbild »besteht in der unteilbaren Einheit eines aktuellen und ›seines‹ virtuellen Bildes« (108), es verdoppelt das Aktuelle im Virtuellen, weshalb Vergangenheit und Gegenwart »koexistieren«.

Fotografie einer sinnstiftenden Sukzession entrissen und zugleich erhalten wird. Diese Empirie-Reihe findet kein Ende, wodurch die Raumstruktur mit ihrer Korrelation von Vielheit und Ordnung die primäre Position gewinnt.

So kristallin verdichtet die empirischen Elemente der Topographie auch dargestellt werden – zu ihnen gehört Bewegung. Genauer: Bewegung ist bei der Konstitution dieser Elemente beteiligt. Dabei ist Bewegung nicht so zu denken, daß sie eine Verbindung mit einer intentionalen senso-motorischen Aktion einginge, die in ein Narrativ von einer »Bewegung-um-zu« zu überführen wäre; über einen Zweck der Befestigung von Widderköpfen am Fahrrad oder das Ziel der möglicherweise sich anschließenden Fahrt erfährt der Leser in *Der Platz der Gehenkten* nichts. Wenn Handlungen, Subjekte oder Objekte beschrieben werden, dann nicht in ihrer internen Bewegungslogik. Insofern läßt sich Fichtes Topographie auch nicht erschließen über einen handlungstheoretischen Begriff der »Räumlichkeit«, die in Bezug auf oder als Folge von Tätigkeiten oder des Zuhandenseins des Zeugs im Rahmen von Symbolordnungen zu verstehen wäre.[19] Den verzeichneten Subjekten oder Objekten, die an einem Ort anzutreffen sind, geht das Moment der Bewegung im Raum voraus, sie sind nicht seßhaft oder können es nicht bleiben.

Anläßlich der Fischer von Dangriga/Belize notiert der *Forschungsbericht*: »Frank sah hoch hinauf, als wollte er sie an die Wolken malen, die heiligen Inseln, St. Vincent, Afrika, die Götterhummer, die durchlauchten Makrelen. / – Rudern sie ihre ganze Geschichte ab? dachte Jäcki, die nach Dangriga Verschleppten zu den Fischgründen der nach St. Vincent Verschleppten, zu den Afrikanern, die sich mit den störrischen Menschenfressern paarten? Dahomey, Mali, Äthiopien.«[20] Die Studien zum Candomblé Brasiliens veranlassen Fichte zu der Frage:

19 S. *Kulturelle Räume – räumliche Kultur. Zur Neubestimmung des Verhältnisses zweier fundamentaler Kategorien menschlicher Praxis*, hg. v. Brigitta Hauser-Schäublin u. Michael Dickhardt, Münster/Hamburg/London (LIT) 2003; dort programmatisch instruktiv: Benno Werlen, »Kulturelle Räumlichkeit: Bedingung, Element und Medium der Praxis«, S. 1-11. Zu technischen und ästhetischen Raumstrukturierungen s. *Ordnungen der Landschaft. Natur und Raum technisch und symbolisch entwerfen*, hg. v. Stefan Kaufmann, Würzburg (Ergon-Verl.) 2002.

20 Hubert Fichte, *Forschungsbericht* (= *Die Geschichte der Empfindlichkeit*, Bd. 15), Frankfurt a.M. (S. Fischer) 1989, S. 49.

»Waren die Wäscherinnen in Brasilien wirklich alle Königstöchter, so wie die Flüchtlinge aus Ostpreußen in der schlechten Zeit alle ein Rittergut besessen hatten?«[21] Es gibt Obdachlose und Homosexuelle, die vertrieben werden, oder den jungen Araber Gaouty, einen »Gigolo«, der »Ingenieur werden« will und seinen Herkunftsraum über eine Konsumwahl verläßt: »Er trinkt Cognac wie Cocacola. [...] Der Cognac spült den Koran weg.«[22] Während hier erzwungene oder erhoffte Migration für Bewegungen im Raum stehen, betrifft die andere Linie den Tourismus. »Eine Idee. Ethnologie des Tourismus. Jedes Jahr sind mehr Krankenkassenpatienten auf Afrikaeroberung, als es die Wandalen waren.«[23] Auf dem »Platz der Gehenkten« finden sich Hippies, reisende Lehrer, Homosexuelle, in Brasilien immigrierte Maler, Forschungsreisende, Botschaftsangehörige, Fotografen und überall immer wieder Touristen.

Die empirischen Bestandteile eines Raumes erweisen sich als immer schon durchmischt, wobei diese Mischung nicht der Intentionalität Handelnder entspringt, sondern Bewegungsströmen, die sich einer vorgängigen Deplazierung verdanken. Von diesen Strömen werden auch Dinge erfaßt, die für Verwurzelung schlechthin stehen, die Pflanzen. »Die Bäume dieses Urwaldes waren sorgfältig gepflanzt worden, nach einem göttlichen Plan. / Die Samen waren im Darm herübergeschmuggelt über ein Meer von Blut 1915, 1830, 1496 / Jetzt standen sie hoch und klapperten«.[24] Über den Plan, »ein Herbarium anzulegen« (321), heißt es später: »Es sollte die Geschichte der Kräuter werden. / Die Bewegungen der Kräuter. / Und es wurden doch wieder nur die Bewegungen von Menschen den Amazonas hinunter. / Endlich die Bewegungen von Fingern auf Papier. / Die Spuren der Tinte. / Lettern.« (527)

Das topologische Bewußtsein, das sich in Fichtes Literatur manifestiert, hat in der Migrations- und Tourismusforschung einen disziplinären Widerpart. Seit 1991 erscheint die interdisziplinäre Zeitschrift *Diaspora*, die sich mit transnationaler Migration und globaler Zerstreuung auseinandersetzt; im Jahr 1997 starten die tourismuswissenschaftliche Zeitschrift *Tourismus Journal* sowie *Voyage*, das Jahrbuch für Touris-

21 Fichte, *Explosion*, S. 152.
22 Fichte, *Der Platz der Gehenkten*, S. 66.
23 Fichte, *Forschungsbericht*, S. 47.
24 Fichte, *Explosion*, S. 348.

musforschung. So beträchtlich die Unterschiede zwischen Touristen und Migranten auch sind – die Diskurse der beiden wissenschaftlichen Arbeitsfelder weisen auf gemeinsame Schnittmengen von Problemen, die die Konstitution bzw. Deessentialisierung von Fremdheitskonzepten durch Mobilität betreffen.

Gegenüber einem »Anti-Tourismus als Denkblockade«[25] und dem »Elend der Tourismuskritik«[26] betont die neuere Tourismusforschung die Verschränkung von Reise, Traum und Fiktion, die Verbindung zu Formen menschlicher Symbolproduktion wie Ritual und Spiel, die mit der Erfahrung des Nicht-Gewöhnlichen und dem Aufbrechen starrer Ordnungen einhergehen.[27] Tourismus wird als moderne Version von kulturellen Praktiken verstanden, die in traditionellen Gesellschaften z.B. von Festen geleistet wurden. Seine Funktion wird nicht mehr wie in der älteren Tourismuskritik mit dem Terminus der Flucht belegt,[28] sondern in der »sinnlichen Erfahrung imaginärer Welten« gesehen, zu der das »Spannungsfeld von kulturell vermittelten Phantasien und realer Ortsveränderung« gehört.[29] Der touristische Raum ist durchdrungen von einer Bewegung, die sich – dem Film vergleichbar – »Images« verdankt. So vielfältig die Tourismuspsychologie die Motive des Reisens aufgliedert,[30] sie verbinden sich mit einer »imaginären Geographie«,[31] die Landkarten nach dem Anderen, dem Fremden, dem Authentischen absucht.

Dabei erscheinen Authentizität und Fremdheit in einer eigenwilligen Dynamik. Wenn in Indonesien der traditionelle Affentanz (*Ketjak*), die Schnitzkunst oder die traditionelle Musik in Schulen gelehrt werden, so handelt es sich um die Restitution von Kultur aus dem Geist des Tourismus, die Traditionen nicht mehr fraglos, sondern mit Bewußtsein erhält

25 Christoph Hennig, *Reiselust. Touristen, Tourismus und Urlaubskultur*, Frankfurt a.M./Leipzig (Insel) 1997, S. 23.

26 Horst W. Opaschowski, *Tourismus. Eine systematische Einführung*, 3. Aufl., Opladen (Leske und Budrich) 2002, S. 124.

27 Hennig, *Reiselust*, S. 89ff. S. auch Axel T. Paul, »La deutsche Vita unter karibischer Sonne. Eine kleine Soziologie des Tourismus«, in: *Sociologia internationalis* 41(2)/2003, S. 217-240.

28 S. Hans Magnus Enzensberger, »Eine Theorie des Tourismus«, in: ders., *Einzelheiten I. Bewußtseins-Industrie*, Frankfurt a.M. (Suhrkamp) 1962, S. 179-205, hier S. 196.

29 Hennig, *Reiselust*, S. 96.

30 Opaschowski, *Tourismus*, S. 57ff.

31 Hennig, *Reiselust*, S. 94.

und damit für die weitere Kartographierbarkeit jener fremden Welten und anderen Kulturen sorgt, die der touristische Traum erträumt, um sie in der Realität zu finden.[32] Die Tourismusforschung entdeckt, daß der Tourismus nicht nur das Fremde sucht, sondern generiert, im Sinne eines lokalen *back to the roots*, das sich für den touristischen Blick sogar als Image des Vormodernen einfrieren läßt. Touristische Folklore und ethnische Authentizitätszuschreibungen gehen eine Verbindung ein. Was sich als lokal gebundene Praktik neu konstituiert, überschreitet aber zugleich diese lokalen Grenzen durch ein sich globalisierendes Streuungspotential der tourismusorientierten Massenkulturprodukte.[33] So läßt sich – ganz entgegen einer Erwartung, die Modernität, hohe Kultur und Globalisierung verschwistert sehen könnte – feststellen, »daß die elitäre Kunstwelt, im Gegensatz zu der Volks- und Touristenversion, noch nicht sehr globalisiert ist, auch wenn Kuratoren und Kritiker es gern so hätten.«[34] Die tourismuswissenschaftliche Topologie umfaßt also nicht allein das Verzeichnis abgrenzbarer exotischer oder fremder Orte, sondern zugleich die weltweite Streuung von Imaginationswelten, die wiederum Bewegung in Gang setzen.[35] Ein auf diese Weise verstandener Tourismus gehört dann in die Reihe der »elementare[n] Grundzüge des menschlichen Wesens überhaupt«.[36]

32 Die Beispiele bei Hennig, *Reiselust*, S. 140ff.

33 Ein markantes Beispiel bei Heike Behrend, »Mediale Reisen im Zeitalter der Globalisierung. Konstruktionen von Lokalität und Globalität in Bildern populärer kenianischer und ugandischer Fotografen«, in: *Reisen über Grenzen. Kontakt und Konfrontation, Maskerade und Mimikry*, hg. v. Renate Schlesier u. Ulrike Zellmann, Münster/New York (Waxmann) 2003, S. 9-30: Arbeitsmigranten lassen sich in Mombasa von Fotografen, die dorthin selbst als Arbeitsmigranten gekommen waren, vor gemalten Kulissen touristischer Attraktionen mit touristischen Souvenirs und Fotoapparat als Touristen fotografieren.

34 Sidney Littlefield Kasfir, »Jenseits von Schattenwürfen und Spiegelungen. Das Verständnis von Lokalität in einem globalisierten Kunstdiskurs«, in: *Ethnologie der Globalisierung. Perspektiven kultureller Verflechtungen*, hg. v. Brigitta Hauser-Schäublin u. Ulrich Braukämper, Berlin (Reimer) 2002, S. 47-62, hier S. 60.

35 James Clifford, *Routes. Travel and Translation in the Late Twentieth Century*, Cambridge/London (Harvard UP) 1997 beschreibt eine Fülle von »Reisen« als »spatial practices« von »crossing and interaction«; hier treffen sich Ethnographie und Tourismusforschung.

36 Opaschowski, *Tourismus*, S. 117. Umfangreiche Daten bei ders., *Umwelt, Mobilität und Tourismus im Zeitvergleich der 80er und 90er Jahre*, Hamburg (BAT-Freizeit-Forschungsinst.) 1998.

Touristen kommen und gehen, von Migranten ist ungewiß, ob sie bleiben werden, können, wollen oder überhaupt dürfen. Migrationsprozesse dynamisieren und diversifizieren Grenzbildungen und deren Übertretungen, wobei »vor allem aus der Sicht des Migranten von einer Multiplizierung externer und interner Grenzen zu sprechen« ist, mit der auch eine »reflexive Ethnisierung« einhergehen kann.[37] In »the age of migration«, so die Diagnose, findet sich »the formation of ethnic minorities«, und zugleich ist es »part of the migrant condition to develop multiple identities«.[38] Bewegung als »Grundzug des menschlichen Wesens« ist in der Migrationsforschung zur drängenden Frage nach Klassifikationen und Ordnungen angesichts kultureller Vermischung geworden. Dabei ist – unterhalb der Ebene der zahlreichen empirischen Untersuchungen – nicht nur strittig, ob im Hinblick auf die Struktur der europäischen Industriestaaten eine Veränderung »von einer monokulturellen Struktur zu einer multikulturellen« festzustellen ist,[39] sondern strittig ist zudem, ob global eher von Vereinheitlichungs- oder Synkretisierungsprozessen zu sprechen ist.[40]

Im Blick auf die Migrationsforschung lassen sich zwei für ihre Fragestellungen zentrale Gesichtspunkte herausfiltern. Der erste betrifft Neufassungen des Raumkonzepts. Dabei wird unterschieden zwischen einem Flächenraum mit seiner »physikalisch-geometrischen Extension und Lagerelation von Elementen« und einem Sozialraum, der »sich auf in und durch menschliche Aktivitäten strukturierte Lagerelationen von

37 Mathias Bös, *Migration als Problem offener Gesellschaften. Globalisierung und sozialer Wandel in Westeuropa und in Nordamerika*, Opladen (Leske und Budrich) 1997, S. 189 u. 196.

38 Stephen Castles u. Mark J. Miller, *The Age of Migration. International Population Movements in the Modern World*, Basingstoke (Macmillan) 1993, S. 18 u. 274.

39 Wolfgang Seifert, *Geschlossene Grenzen – offene Gesellschaften? Migrations- und Integrationsprozesse in westlichen Industrienationen*, Frankfurt a.M. (Campus) 2000, S. 55.

40 Andreas Wimmer, »Gleichschaltung ohne Grenzen? Isomorphisierung und Heteromorphisierung in einer verflochtenen Welt«, in: *Ethnologie der Globalisierung*, hg. v. Brigitta Hauser-Schäublin u. Ulrich Braukämper, S. 77-94, hier S. 77f. Zur Forschungsdebatte s. auch die entsprechenden Sektionsbeiträge in: Akten des Freiburger Kongresses für Soziologie 1998 *Grenzenlose Gesellschaft?*, Teil 1 u. 2, hg. v. Claudia Honegger u.a., Opladen (Leske und Budrich) 1999; *Migrationsreport 2004*, hg. v. Klaus J. Bade u. Michael Bommes, Frankfurt a.M. (Campus) 2004.

Elementen« bezieht.[41] Migration ist zu verstehen als die Entkoppelung von Flächen- und Sozialraum und als »Verdichtung neuer plurilokaler und transnationaler sozialer Verflechtungsbeziehungen, die quer zu traditionellen mono-lokalen Sozialräumen verlaufen«.[42] Der Raum der Migration wird gerade nicht mit einer Vorstellung verbunden, wonach es sich um eine gleichsam konzentrische Erweiterung oder Ausdehnung von Sozialräumen auf einer Fläche handeln würde. Die Differenz zwischen Herkunftsort und Lebensort[43] wird konstituierend – als neuer Sozialraum – in das topologische Konzept aufgenommen. Zum zweiten handelt es sich um das Problem der Konturierung des Bereichs des Fremden. Die Ethnologie hat diesen Bereich traditionellerweise in der Außenperspektive von Fremdheitserfahrungen in Langzeitfeldaufenthalten an einem anderen Ort gesehen. Im Raum der Migration wird dies jedoch zu einer Innenperspektive, wenn die Situation, »zu Hause« in zwei oder mehr Welten zu sein – »sozusagen in stationärem Feldaufenthalt auf Lebenszeit« –, zur gelebten Erfahrung wird.[44] Spätestens mit den *postcolonial* und *cultural studies* steht das »Fremde« – anders auch als beim Tourismus – im Zeichen des dauerhaft Anwesenden. In der Migrationsforschung, die sich auch gern *Diaspora-Forschung* nennt, kommt es unter den Bedingungen kulturell pluraler Gesellschaften zu einer Konjunktur von Identitätsentwürfen von *insidern*, die ihre eigene Fremdheit beobachten. Hier konturieren sich *natives, halfies* und *hybrids* mit ihrem besonderen »Selbstdesign der diasporics« gegeneinander.[45] Gegenüber der älteren Kulturanthropologie erwächst daraus eine beachtliche Verschiebung der diskursiven Orientierung: während deren Anliegen »die Übersetzung des Fremden (war), so überschneidet dieses Interesse sich nun mit der Übersetzung

41 Ludger Pries, »Die Neuschneidung des Verhältnisses von Sozialraum und Flächenraum: Das Beispiel transnationaler Migrationsräume«, in: *Grenzenlose Gesellschaft? Teil 2*, hg. v. Claudia Honegger u.a., Opladen (Leske und Budrich) 1999, S. 437-452, hier S. 441 u. 443.

42 Pries, »Die Neuschneidung des Verhältnisses von Sozialraum und Flächenraum«, S. 448f.

43 Bernhard Waldenfels, *In den Netzen der Lebenswelt*, Frankfurt a.M. (Suhrkamp) 1985.

44 Sibylle Niekisch, *Kolonisation und Konsum. Kulturkonzepte in Ethnologie und Cultural Studies*, Bielefeld (transcript) 2002, S. 89.

45 Hornstein, *Grenzgänger*, S. 247.

des Eigenen und trifft darin im Kern die Problematik des modernen Subjekts«.[46]

Die beiden Elemente des Forschungsfeldes Migration – das neue Raumkonzept und die Frage nach Konturierungen von Fremdheitsbereichen – zusammengenommen verweisen auf eine Deessentialisierung von Kulturen im Hinblick auf ihre räumliche Bindung und eine Reessentialisierung im Hinblick auf die Subjekte. Für den Tourismus scheint die umgekehrte Konstellation zuzutreffen: ein Bestreben der räumlichen Verortung anderer Kulturen und eine Deessentialisierung identitärer Subjekte über die Außenperspektive imaginärer Geographien, die nicht spezifisch sind, sondern einer allgemeinen Anthropologie angehören.

Zwischen scientia und ars scientiae: Das ethnologische Problem

Es ist diese neue transnationale Mobilität des 20. Jahrhunderts, von der Fichtes Literatur handelt und die von ihm auch immer wieder im Dialog mit der Wissenschaft reflektiert wird. Aber es sind charakteristischerweise nicht die neuesten Forschungen und die gerade aktuellen Diskussionen seiner Gegenwart, die unbedingt im Zentrum seiner Auseinandersetzung stehen. Fichtes Dialogpartner kommen aus älteren Traditionsbeständen der Wissenschaft, deren Vertreter sich als Forschungsreisende verstanden und denen Fichte sich verbunden sieht.

Es liegt nahe, mit Fichtes Studie »Mein Freund Herodot« zu beginnen. Herodot ist für Fichte »nicht der Verfasser von Geschichtskompilationen am Schreibtisch«, der dem historischen Prozeß eine Verlaufsrichtung unterlegt, denn »das Problem der Abbildung zeitlich parallellaufender Ereignisse in einem diachron gerichteten Medium hat Herodot bereits beschäftigt, wie nach ihm Heißenbüttel und, in gewissem Sinn, Döblin und Marinetti«.[47] Herodots Forschungen betreffen ein Problem der Literatur. Wenn Herodot die »Verwörterung der Welt« betreibt (413, 415), so nicht als Überführung des »Materialismus« (390) seiner Empirie in ein historisches System. Der zeitlichen Logik der Sukzession stellt Fichte mit Herodot die Flächigkeit eines

46 Hornstein, *Grenzgänger*, S. 287.

47 Fichte, »Mein Freund Herodot«, in: *Homosexualität und Literatur 1. Polemiken* (= *Die Geschichte der Empfindlichkeit. Paralipomena 1*), Frankfurt a.M. (S. Fischer) 1987, S. 381-423, hier S. 391 u. 389.

»schriftliche(n) Abbild(s) der Welt« gegenüber, das die Gleichzeitigkeit des Disparaten im Raum präsent hält. Eine solche Weltverwörterung bedarf aber nicht unbedingt der Literatur, sondern findet sich auch in den nachrichtlichen Informationen z.B. der *New York Times*.[48] Herodots Forschungen, die ein literarisches Problem lösen, weisen gleichzeitig auf ein Gebiet, das außerhalb der Literatur im Sinne eines Genres der Fiktionalität liegt. Aber anders als das Zeitungs-Medium der Verwörterung, das am situativen Neuigkeitswert eines exzeptionellen oder spektakulären Ereignisses orientiert ist, findet sich bei Herodot ein ausgreifendes Interesse an Kleinigkeiten, ein digressives Schweifen. Fichte übersetzt Herodot: »Ich staune aber, meine Rede, meine Wörter untersuchten von Anfang an Nebensachen, Abschweifungen, Anhängsel, Details ...«[49] Indem die Elemente der Empirie dehierarchisiert und desensationalisiert werden, werden sie einer wissenschaftlichen Deskription zugänglich, die Fichte als »Avantgarde, Aufklärung« qualifiziert: »Jeder Empiriker ist es, der präzise von einem neuen Gebiet berichtet.« (401) Mit Herodot definiert Fichte das Wissen selbst um: »Nicht: Wissen ist Macht! – sondern: Reisen ist Wissen.« (383), so daß Mobilität nicht mehr nur ein Gegenstand des Wissens ist, sondern zu seinem Medium wird und Herodot vom ersten Historiker zum »ersten Ethnologen«. (409)

Fichtes Aktualisierung Herodots versteht sich als Kritik an kolonialistischer Ethnographie. »Es bleibt unfaßlich, daß nach einem so neugierigen Beginn ein so unneugieriges Europa entstand, für das Wissen selten etwas anderes war als Macht, die Kolonialgeschichte Europas bleibt die Geschichte der Unempfindlichkeit, die Philosophie Europas unneugieriger Idealismus, Scholastik, Scheuklappen und Gebetsmühlen.«[50] Herodot, nicht aber Franz Fanon oder die den Revolutionen der Dritten Welt Nachreisenden wie »Hans Werner Henze und Françoise Sagan, (die sich) trotz der Zwangslager für Homosexuelle (in Kuba, CKE) so wohl fühlten« (401), wird als Kolonialismuskritiker aufgerufen. Gegen die blinden Gewißheiten eines antikolonialistischen Seitenwechsels fasziniert Fichte, daß Herodot »die Schwierigkeiten beim Schreiben der Wahrheit (kannte): Ich weiß es nicht genau, um entscheiden zu

48 S. Fichte, »Mein Freund Herodot«, S. 382.
49 Fichte, »Mein Freund Herodot«, S. 383.
50 Fichte, »Mein Freund Herodot«, S. 396.

können ... (VII, 54)« (393). Herodots Forschung versteht Fichte als »Säkularisation«, deren Antikolonialismus darin besteht, »auf Gewalt zu verzichten und auf Identifikation«. (387) Da Herodot »einander ergänzende oder widersprechende Versionen schroff in seinem Text bestehen« läßt, kommt es zu keiner »unitarischen Schunkelei«, die Fichte als »anbiedernd und ausbeuterisch« abweist (408f.). Angesichts der Heterogenität des Erhobenen und Erforschten ist davon auszugehen, daß »die Summe falsch ist«.[51] Die Kritik trifft deshalb auch euro- oder afrozentrische Konzepte gleichermaßen.[52]

Wenn Wissen Reisen ist, d.h. nicht statisch verortbar, sondern allein in Bewegung zu er-fahren ist, dann wird der Freund Herodot für Fichte zu einem Ethnologen, der nicht ethnozentrisch sein kann. Darin liegt eine Antwort auf das Problem von »La Double Méprise« (so der Titel des zweiten Kapitels von *Explosion*), die in zwei ethnozentrischen Facetten auftritt: als Verachtung der eigenen oder als Verachtung der fremden Kultur mit den damit jeweils verbundenen, strukturell gleichen Essentialisierungen. Dem Reisenden und damit Wissenden erschließt sich ein anderes Wissen. Es weiß um die Ähnlichkeit von kulturell weit auseinanderliegenden Riten und Verhaltensweisen. »Was wir in der Casa das Minas hingerissen als Essenstabu monatelang studieren, kriegen wir von Dora Mascha (i.e. Fichtes Mutter, CKE) ohne Gastroenteritis zur Erdbeertorte«, und vice versa fände man »statt Migräne [...] Xango«.[53]

Angesichts von Fichtes wiederkehrendem Abweis kolonialistisch geprägter Weltbeschreibung erstaunt, daß der Missionar der Norddeutschen Missionsgesellschaft Jakob Spieth mit seinen 1906 erschienenen Forschungen über die Ewe-Stämme in Deutsch-Togo sein Interesse findet. Trotz der »Perversion, die es darstellt, wenn ein Missionar die Religion so liebevoll beschreibt, die er vernichten will«, sieht Fichte im Fall von Spieth im »Missionsberuf [...] vielmehr die Bedingung für die Einfühlung in das Glaubenssystem eines fremden Stammes« geschaffen.[54] Fichte zitiert ausführlich aus Spieths Werk, um dessen

51 Fichte, *Forschungsbericht*, S. 24.

52 Fichte, »Mein Freund Herodot«, S. 408f.

53 Hubert Fichte, *Die Geschichte der Nanã* (= *Die Geschichte der Empfindlichkeit*, o.Z.), Frankfurt a.M. (S. Fischer) 1990, S. 140f.

54 Hubert Fichte, »Über die Ewe-Stämme von Jakob Spieth«, in: ders., *Homosexualität und Literatur 1. Polemiken* (= *Die Geschichte der Empfindlichkeit. Paralipomena 1*), Frankfurt a.M. (S. Fischer) 1987, S. 287-317, hier S. 317.

Forschungskompetenz zu belegen. Sie ist, wie bei Herodot auch, eine Frage der Exaktheit, der breiten Kenntnis in verschiedenen Gebieten des Wissens, der Dauer der Feldforschung, der Sprachbeherrschung – aber hier vor allem auch der sprachlichen Darstellungsweise und Sensibilität. »Auch die meisten Verallgemeinerungen formuliert der Missionar in einer vertrauenerweckenden Zurückhaltung.« »Man kann in dem Text beobachten, wie eine differenzierte Auseinandersetzung mit der Welt sich in differenzierte Formen der Sprache verwandelt.« (312f.) »Bei Spieth berichtet Sprache nicht nur von Verhalten – es wird deutlich, daß Sprache Verhalten ist.« (316) Fichte findet im Werk des Missionars einen nichtkolonialistischen Stil, den er dem von Arthur Rimbaud entgegensetzt, über den es heißt: »Für die europäische Literatur findet die Dritte Welt nicht statt. Müßte ein Avantgardist nicht danach beurteilt werden, wie er sich mit den Grundbedingungen seiner Gesellschaft sprachlich neu auseinandersetzt?« Beim Afrikareisenden Rimbaud kritisiert Fichte ein »sprachliches Versagen vor Afrika« und »vor der eigenen Sprache«.[55] Der Wissenschaftler Spieth kommt seinem Forschungsgegenstand hingegen nahe, weil er auf die Wahrnehmungs- und Klassifikationsmuster seines Herkunftslandes verzichtet: »Er geht zuerst von der Welt aus, die er beschreiben will. Er teilt nicht in Länder, Regierungsbezirke, Rassen wie ein Kolonialist, sondern in Stämme, wie die Afrikaner selbst es tun würden.« Es geht um sich wissenschaftlich niederschlagenden Respekt, nicht um kulturalistische Toleranz. Für jeden Respektverlust ist Fichte empfindlich, wenn er bei Spieth im Blick auf dessen Inhaltsverzeichnis moniert: »Schroff daneben, der Einbruch des europäischen Weltbildes: XV. Nachtrag: Barometer- und Temperaturmessungen.«[56] Gleichwohl findet Fichte bei diesem Forscher eine ihrem Gegenstand angemessene Form der Wissenschaft.

Wie schon in der Auseinandersetzung mit Herodot, bei dem die bereiste Welt nicht allein Gegenstand, sondern das Reisen Medium des Wissens ist, geht es auch hier um eine doppelt angelegte Perspektive auf Wissenschaft, die sich auf scientia wie auf eine ars scientiae gleicherma-

55 Hubert Fichte, »Revolution als Restauration. Jean-Nicolas-Arthur Rimbaud als Ethnologe«, in: ders., *Homosexualität und Literatur 1. Polemiken* (= *Die Geschichte der Empfindlichkeit. Paralipomena 1*), Frankfurt a.M. (S. Fischer) 1987, S. 247-286, hier S. 284.

56 Fichte, »Über die Ewe-Stämme von Jakob Spieth«, S. 290.

ßen richtet. Wissenschaft wird sowohl »als Material«, d.h. als Korpus von Gegenständen verstanden, wie »als Disziplin«, d.h. als Referenzmodus auf Gegenstände. Wissen besteht in der Kenntnis von Gegenständen im Sinne des Informiertseins und in der Art einer Nachstellung des Materials in der Darstellung.[57] Die Technik der Nachstellung ist für Fichte aber eine poetische Frage, so daß sich in der Verbindung von szientifischer Orientierung (scientia) und poetischer Formatierung des Wissens (ars scientiae) das Wahrheitspotential der Literatur erweist. In diesem Zusammenhang stellt sich für Fichte dann die Frage, ob nicht »Anthropologie, Ethologie, Soziologie, Ethnologie, Psychologie [...] die Poetik erweitern oder erneuern (könnten)«; die Antwort findet sich in der Figur eines Wissenschaftlers, nicht aber eines Poeten: »Rimbaud ließ sich, bewußt, auf ethnographische Aussagen ein, Spieth, ohne es zu wissen, auf poetische.«[58]

Fichte verfolgt die Wissenschaft, die sich als Ethnologie auch mehr und mehr selbst zu reflektieren beginnt, über die zweite Hälfte des 20. Jahrhunderts hinaus. Das Problem des Kolonialismus und die Beziehungen zwischen Wissenschaft und Poesie bleiben dabei von zentralem Interesse. Für Fichte fallen die wissenschaftlichen Antworten im fortgeschrittenen Jahrhundert des Tourismus enttäuschend, wenn nicht katastrophal aus. Die Kritik trifft kein Werk am Rande, sondern eines, das hoch gelobt wird und »als Fanal einer vom Naturwissenschaftlichen abgekehrten Wissenschaft vom Menschen« gilt: Claude Lévi-Strauss' *Tristes Tropiques*.[59] Aber gerade das Ziel, eine »quasi-poetische Freizügigkeit zu erreichen«, »lyrische, ja, expressionistische Airs«, ein Stil,

57 Fichte über sich: »Ich habe wie wenige Schriftsteller vorgefundenes, provoziertes Material, Lebensläufe zu erstellen, nachzustellen versucht«, in: Rüdiger Wischenbart, »›Ich schreibe, was mir die Wahrheit zu sein scheint.‹ Ein Gespräch mit Hubert Fichte«, in: *Text und Kritik* 72/1981, S. 67-85, hier S. 68. »Nachstellung« ist durchaus auch im Sinne von »Jagd auf etwas machen« zu verstehen: »weil Jäcki die Möglichkeit fasziniert, daß in den synkretistischen Religionen Brasiliens ein Ritual existiert, bei dem das Bewußtsein des Initianten ausgelöscht wird, sucht er verzweifelt nach Beweisen für diese These.« Ulrich Carp, *Rio Bahia Amazonas. Untersuchungen zu Hubert Fichtes Roman der Ethnologie*, Würzburg (Königshausen und Neumann) 2002, S. 19.

58 Fichte, »Über die Ewe-Stämme von Jakob Spieth«, S. 289f.

59 Hubert Fichte, »Das Land des Lächelns. Polemische Anmerkungen zu Tristes Tropiques von Claude Lévi-Strauss«, in: ders., *Homosexualität und Literatur 1. Polemiken (= Die Geschichte der Empfindlichkeit. Paralipomena 1)*, Frankfurt a.M. (S. Fischer) 1987, S. 319-351, hier S. 323.

mit dem »ethnographische Dürre hier in den Schatten junger Mädchenblüte hochgerilkt werden sollte«, stößt auf Fichtes heftige Ablehnung, die bis zu dem Vorwurf reicht, Lévi-Strauss betreibe eine »Rechtfertigung des französischen Kolonialismus«, verbunden mit einem »unruhigen und zerstörerischen Appetit«, der dazu führt, daß »Strauss, zehn Jahre nach dem Ende des Zweiten Weltkriegs, von Völkern, von Menschen aussagt, sie garantierten praktisch unerschöpfliches Material, das geliefert würde ...«.[60] Für den falschen poetischen Charakter von *Tristes Tropiques* sind schmückende Adjektive, schiefe Bezeichnungen ohne Verständnis für Symbolik und nicht zuletzt die Verschiebung von Weltbeschreibung zur Selbstexplikation des Ethnologen, der sich als Ich »wirklich betroffen« (323) darstellt, verantwortlich.

Die Poetisierung der Wissenschaft und die Subjektivierung der Beschreibung fremder Kulturen vereinen in sich eine grundlegende Problematik der Ethnographie in methodischer Hinsicht. Fichte zitiert einen in der deutschen Übersetzung von 1960 (seit 1978 liegt eine Neuübersetzung von Eva Moldenhauer vor) fehlenden Satz der französischen Ausgabe: »Seite 62: Comprendre consiste à réduire un type de réalité à un autre.«[61] Das methodische und letztlich erkenntnistheoretische Problem solchen Zurückführens liegt in einer hermeneutischen Reduktion des Fremden, die es ermöglicht, »die Tortur auch noch als Bemühung um Verständnis auszugeben«. (331) Das Bestreben, den alten Aporien der Ethnographie des 19. Jahrhunderts und dem Gewaltkomplex der verstehenden Aneignung zu entkommen,[62] ist für Fichte gerade in der zweiten Hälfte des 20. Jahrhunderts mißlungen. *Tristes tropiques* wurde »zum Ausgangspunkt für eine neue Geschwollenheit, Wehleidigkeit, Brutalität, die beide kennzeichnen, Dichtung und Wissenschaft der siebziger Jahre«. (351) Der Schriftsteller Fichte findet in seiner Gegenwart kein Modell für die Verbindung von Poesie und Wissenschaft, um Welt unter den Bedingungen neuer Mobilität zu beschreiben.

60 Fichte, »Das Land des Lächelns«, S. 322f., 326 u. 330f.

61 Fichte, »Das Land des Lächelns«, S. 330.

62 Die Debatte ist älter als die gegenwärtige um Ethnologie im Zeichen des *cultural turn*, vgl. Gérard Leclerc, *Anthropologie und Kolonialismus*, München (Hanser) 1973; sowie Fritz Kramer, *Verkehrte Welten. Zur imaginären Ethnographie des 19. Jahrhunderts*, Frankfurt a.M. (Syndikat) 1977.

Dies gilt auch für mögliche Dialogpartner im Bereich der Literatur. Hier wird der Barockdichter Daniel Casper von Lohenstein zu Rate gezogen. Wo Lévi-Strauss oder Spieth aus der Perspektive der Literatur gelesen werden, wird es der Dichter aus der der Wissenschaft, so daß man in beiden Fällen von einer gezielten Fehllektüre Fichtes sprechen kann, die die prekären Beziehungen zwischen Literatur und Wissenschaft offenbart. Fichtes Lohensteinlektüre ist von dem Bestreben geleitet, von einander entfernte Phänomene in eine Nähe zu rücken – in diesem Fall Barockliteratur und Vodoo, haitianische Volksreligion, afrikanische Riten und Katholizismus, Artauds Theater der Grausamkeit und Aristoteles' Katharsis, den Vodoo mit den Zeiten der Sklaverei, Neokolonialismus und Tourismus zu konstellieren, Kurt Schwitters mit den von Roman Jakobson beschriebenen ersten Phonemen bei Neugeborenen[63] oder Lohensteins Türkisches Trauerspiel *Ibrahim Bassa* mit der *Geschichte des Osmanischen Reiches* von Joseph von Hammer-Purgstall.[64] Dieses Verfahren ist wiederum jenem ähnlich, das Fichte bei Lévi-Strauss diagnostiziert hatte: »daß er zur strukturalistischen Darstellung der Vorgänge in Brasilien die Lebensumstände der Asiaten heranzieht, daß er zum Verstehen der Strukturen der Bororo Südamerikas asiatische Geschichte einsichtig machen muß.«[65] Dennoch ist der Unterschied zwischen der strukturalistischen Analyse basaler Strukturen auf der Basis von Differenz bzw. Vergleich und Fichtes kulturtopographischer Nachstellungstechnik im Umgang mit heterogenen Phänomenen beträchtlich.

Fichte stellt dem Begriff der Struktur das Verfahren der »Ars Combinatoria« entgegen, das er in Lohensteins literarischem Werk realisiert sieht. »Er setzt Gleichungen für menschliche Verhaltensweisen, die an immer neuen Orten, in immer neuen Kombinationen durch den rhetorischen Kodex schimmern.«[66] Diese Art der Zusammenstellung

63 Hubert Fichte: »Vaudoueske Blutbaeder. Mischreligioese Helden. Anmerkungen zu Daniel Casper von Lohensteins Agrippina«, in: ders., *Homosexualität und Literatur 1. Polemiken* (= *Die Geschichte der Empfindlichkeit. Paralipomena 1*), Frankfurt a.M. (S. Fischer) 1987, S. 141-192, hier S. 142, 187 u. 192.

64 Hubert Fichte, »Ach des Achs! Anmerkungen zu Daniel Casper von Lohensteins Türkischem Trauerspiel Ibrahim Bassa«, in: ders., *Homosexualität und Literatur 1. Polemiken* (= *Die Geschichte der Empfindlichkeit. Paralipomena 1*), Frankfurt a.M. (S. Fischer) 1987, S. 193-246, hier S. 214ff.

65 Fichte, »Das Land des Lächelns«, S. 334.

66 Fichte, »Vaudoueske Blutbaeder. Mischreligioese Helden«, S. 159.

heterogener Elemente respektiert die Ordnung der Herkünfte nicht: »Lohenstein beruft sich auf die asiatischen Sagen von Candaules, von Medea und auf die attizistischen von Oedipus, von Orest. Die Beispiele holt er sich aus der Tuerkei, aus Rom, aus Afrika. Er schafft sich seine eigene synkretistische Mythologie.« Seine »Ästhetik der Konzepte« (186f.) wird mit transindividuellen Riten der Annäherung von logisch oder genealogisch nicht sinnhaft zu verbindenden Elementen (wie im Vodoo) parallelisiert. »Die Ars Combinatoria des Barock tut nichts andres – auch sie stellt – um die Unio Mystica, die Concordia Discors zu erreichen – eine Haeufung von Bildungselementen und Emotionszitaten her.« (188) Das Verfahren wird auch als »Sprachlegierung« (187) bezeichnet, die einer »Flickenmythologie« (143) entspricht.

Lohensteins Literatur ist für Fichte kaum um ihres fiktionalen Potentials willen von Interesse, sondern wegen der in ihr liegenden Möglichkeiten der wissenschaftlichen Beschreibung verschiedener kultureller Phänomene, zu denen freilich auch die Bereiche der Fiktion und Imagination hinzugehören. Als Regulativ der Beschreibung gilt nicht der Vergleich, sondern die Annäherung, die am besten mit dem Begriff der Assoziation zu bezeichnen sein dürfte. Im Vergleich müssen kompakte Entitäten, Elemente und ihre Relationen vorausgesetzt werden, Modellgruppen gewisser Kohärenz und Kontinuität, die tragfähige »essentialistische« Aussagen über sie ermöglichen, wie dies im ethnologischen Kulturvergleich auch praktiziert wird.[67] Annäherung, Verknüpfung oder Assoziation hingegen sind mit Beweglichkeit verbunden, stiften unvorhergesehene Verbindungen, die wechseln können.[68] Nicht ganze Einheiten stehen sich gegenüber, sondern »Flikken«, Teile bilden Kombinationen. Mit dem Terminus der Assoziation, der eine hohe Resonanz zu Politik wie Psychoanalyse aufweist, ist eine sprachliche Bewegung bezeichnet, in der Entferntliegendes zueinander kommen kann. Ein an Assoziation orientiertes Verfahren der Beschreibung kultureller Phänomene korrespondiert dem modernen Komplex

67 Vgl. dazu: Klaus E. Müller, »Ethnicity, Ethnozentrismus und Essentialismus«, in: *wir/ihr/sie. Identität und Alterität in Theorie und Methode*, hg. v. Wolfgang Eßbach, Würzburg (Ergon) 2000, S. 317-343, bes. S. 328ff.

68 Sabine Röhr, *Hubert Fichte. Poetische Erkenntnis. Montage – Synkretismus – Mimesis*, Göttingen (Herodot) 1985 wählt zur Bezeichnung der Annäherung den Terminus »Mimesis«; zentral auch hier das Moment der Bewegung (S. 82). Zum Synkretismus bei Fichte im Gegensatz zu Lévi-Strauss instruktiv ebd., S. 41ff. u. 90ff.

der Mobilität in den Formen von Migration und Tourismus, es macht die Phänomene der Welt auch auf sprachlicher Ebene mobil und entbindet von stabilen Verortungen.

Fichtes Lektüre entdeckt bei Lohenstein den Abweis gerade der rhetorischen Figuren, die in literaturwissenschaftlicher Sicht – für Fichte allerdings fälschlicherweise – als poetisch gelten: Allegorie, Vergleich, Metapher. »Die Allegorie ist – wie der Vergleich – eine ganz unpoetische Ausdrucksform; sie greift auf etwas hinter der Sprache Liegendes zurück, sie erklärt, sie staffiert aus, sie ist synthetisch, ideenhaft.«[69] Lohenstein aber »zerbricht die Transportmittel seiner Metaphern«.[70] Damit steht der barocke Dichter mit seiner poetischen Praxis dem wissenschaftlichen Verfahren und dem Erkenntnispotential der Literatur im Sinne der nachstellenden Kulturtopographie näher als der Wissenschaftler Lévi-Strauss, der nicht nur eine unpoetische Sprache spricht, sondern zudem das wissenschaftlich für Fichte nicht akzeptable Verfahren der Synthetisierung verwendet.

Rohes Material, literarische Form

Welthaltigkeit lautet Fichtes Forderung an eine Literatur, die zugleich Weltliteratur sein soll: »Deutsche Literatur als Weltliteratur aus der Welt« – ein von Fichte allerdings mit einem Fragezeichen versehener Satz, da die »deutsche Sprache [...] dunkle Sprache – deutsche Dichtung dunkel« ist und sich im Selbstbezug auf »die Analyse des eigenen Ich« beschränkt.[71] Literatur »in der Welt und aus der Welt« (10) ersetzt den vertikalen Tiefenzug durch horizontale Flächigkeit und den Ichbezug durch den Bezug auf den Anderen, wodurch die hermeneutische Fokussierung um Tiefenschichten des Sinns oder um die Deutungskompetenz des auslegenden Autors weitgehend verhindert wird. Standortgebundenheit und Horizontverschmelzung – die Bedingungen hermeneutischer Sinnkonstitution – schwinden, wenn der Autor selbst

69 Fichte, »Ach des Achs!«, S. 195.

70 Fichte, »Ach des Achs!«, S. 198; vgl. auch ebd., S. 196 zum Zerbrechen der Allegorie.

71 Hubert Fichte, »Elf Übertreibungen. Einführung in ein Lesebuch. Dakar, Juni 1976«, in: ders., *Homosexualität und Literatur 1. Polemiken* (= *Die Geschichte der Empfindlichkeit. Paralipomena 1*), Frankfurt a. M. (S. Fischer) 1987, S. 9-21, hier S. 11, 16 u. 19.

seine Verortung verweigert, um sich auf der imaginären Linie des Äquators anzusiedeln,[72] und sich in der Kunstfigur Jäcki verdoppelt, um seine Einheit in ein »bi« aufzulösen, das sich fragt: »Wo bin ich? Doppelt oder zweimal halb? Kann ich nur in der Spaltung existieren?«[73] Die Autorfunktion ist hier vergleichbar unwesentlich wie bei wissenschaftlichen Texten. Es gibt weder für den Leser noch in Fichtes Literatur selbst eine sich dem Beschriebenen anverwandelnde Interpretation durch ein Subjekt, das sich seinen Gegenständen gegenüber situiert.[74] In *Der Platz der Gehenkten*, dem vielleicht schönsten Roman der *Geschichte der Empfindlichkeit*, der den Marktplatz in Marrakesch beschreibt, heißt es: »Die Djemma el Fna geht durch mich hindurch.«[75] Das literarische Werk Fichtes stellt es dem Leser nicht frei, auf die Methoden der hermeneutischen Auslegung zu verzichten, sondern zwingt ihn dazu. Sein sich doppelnder Autor ist allein als Medium der »Verwörterung der Welt«[76] zu verstehen, nicht als ein sinnstiftendes Zentrum, nicht einmal, wie der Serbienreisende Handke, als engagierter Literat.

Die Auslegung bzw. der Modus der literarischen Repräsentation der bereisten und erforschten Räume ist eine Antwort auf die prekären Beziehungen zwischen Poesie und kulturgeographischer bzw. ethnographischer Wissenschaft – eine Antwort, die zwar möglicherweise nur in der Literatur zu geben ist, die aber über einen allgemeinen Erkenntnisanspruch der Literatur hinaus auf Wissen bezogen ist und sich als Modus des Wissens versteht.[77] »Poesie ist analytisch.«[78] Oder:

72 Fichte, *Hotel Garni*, S. 10.

73 Fichte, *Der Platz der Gehenkten*, S. 107.

74 Hartmut Böhme, *Hubert Fichte. Riten des Autors und Leben der Literatur*, Stuttgart (Metzler) 1992 untersucht die Poetik Fichtes mit ihren biographischen, literaturgeschichtlichen, ethnologischen und werkbiographischen Resonanzen, die sich auch schon vor der *Geschichte der Empfindlichkeit* finden. In ihnen zeigt sich der Zusammenbruch von autobiographischen und Identitätskonzepten, wobei Fichte zugleich darauf ziele, »das Subjektive dennoch zu retten« (S. 28).

75 Fichte, *Der Platz der Gehenkten*, S. 85.

76 Fisch behauptet, »daß Flucht Hubert Fichte zur Reise zwingt und seine Reisebewegungen deshalb Fluchtbewegungen sind« (Fisch, *Verwörterung der Welt*, S. 9) – eine These, die eher als zu Fichtes Literatur zu den Überzeugungen älterer Tourismusforschung paßt.

77 Bei Carp findet sich eine luzide Untersuchung der Beziehungen zwischen Wissenschaft und Literatur in *Explosion*, die entsprechend auch die »Grenzen der Literaturwissenschaft (überschreitet)« (Carp, *Rio Bahia Amazonas*, S. 133).

78 Fichte, »Ach des Achs!«, S. 196.

»Die Anordnungen des Dichterischen und die Anordnungen des Wissenschaftlichen sind verwandt.«[79] Solche programmatischen Aussagen sind leicht zu finden. Schwieriger wird es beim Auffinden von Beispielen zur Erläuterung des literarischen Verfahrens selbst. Der in seiner Anlage der ars combinatoria verpflichtete Großroman *Die Geschichte der Empfindlichkeit* entfaltet auch im Kleinen eine Kombinatorik und Reihung von Elementen, die in einer tableauartigen Flächigkeit verräumlicht werden und in ihrer ganzen empirischen Vielfalt erhalten bleiben. Im Roman *Forschungsbericht* findet sich beispielsweise die folgende Passage über einen Abend in Dangriga/Belize: »Die Holzhäuser standen auf mannshohen Stelzen. Familien saßen am Feuer darunter und aßen. / Die Bemalung der Häuser glomm im Feuerschein auf. Es waren milchige Farben. Braun. / In der Stadt ein Polizeiposten, eine Christusfigur, eine Bank, ein Tempel der Adventisten, eine zweite Bank, Bars und das chinesische Restaurant. Es gab Hühnersuppe und gebratenes Huhn.« (10)

Die einzelnen Phänomene werden hier in der Reihe genannt, in der sie für die durch Dangriga Gehenden gerade auftauchen – den Stationen touristischer Rundgänge vergleichbar, aber hier ein Stück weit kontingenter. In *Der Platz der Gehenkten* stehen die folgenden Beobachtungen von Menschen und ihrem Verhalten auf jeweils eigenen Seiten hintereinander: »Zwischen den Krinken der Gaffer sitzt eine Negerin. / Sie hält ein zweijähriges Kind am Band. / Sie singt eine hohe kurze Phrase. / Stundenlang. / Das Kind grabscht vor sich hin.« (41) Auf der nächsten Seite ist zu lesen: »Der Wassermann hat seinen Krug in einen Kornsack eingebunden. / Die vergessenen Körner keimen und wachsen durch die Jute. / Die Ägypter füllten durchlöcherte Tonfiguren des Osiris mit Korn an. / Das Korn sproß. / Ein grüner Osiris aus Keimen.« (42)

Es dürfte aussichtslos sein, hier einen über die gleichzeitige Anwesenheit im Raum hinausweisenden sinnhaften Zusammenhang zwischen diesen beiden Personen und Tätigkeiten zu suchen, der sich auf ein gemeinsames Drittes zurückführen ließe. Es gibt kein Zentrum oder eine Deutungsinstanz, von denen die Fülle der Empirizitäten zusammengehalten würde, und dafür, daß es sich auf diesem Platz bei diesen Phänomenen so verhält, keinen weiteren Grund. Die dezentrierende literarische Darstellungsweise entspricht darin dem Programm

79 Fichte, »Über die Ewe-Stämme von Jakob Spieth«, S. 287.

der Deessentialisierung von Kulturen, wie sie Fichte bei Lévi-Strauss vergeblich gesucht hatte. In der dokumentationsartigen Darstellung des roh bleibenden Materials ist das Bemühen um eine poetische Objektivität zu sehen. In dieser Zielrichtung gilt alles gleichermaßen als bedeutungsvoll, während zugleich die Bedeutung des einzelnen Details und die Bestimmbarkeit seines Wertes im Zusammenhang fraglich ist. Daraus entsteht aber keine Bedeutungsparanoia, sondern die Öffnung für Erfahrungen in einem experimentellen Feld genauer Beobachtungen. In *Forschungsbericht* wird dem reisenden Künstlerpaar Irma und Jäcki unter den vielen platzsparend angeordneten Eßtischen im Hotel ein Servierzeit sparender Platz neben der Küchentür angewiesen. »– Das ist ein freundlicher Anfang, sagte Irma. / – Laß! Die Forschung hat begonnen. Ich habe dir gesagt, wenn ich frühstücke, arbeite ich. Von diesem Augenblick an ist alles gleich bedeutungsvoll. Die Versuchsanordnung ist festgelegt. Wir befinden uns neben einem abgeschlossenen System, auf das wir so oder so reagieren können. Je mehr Fehler wir begehen, desto aufschlußreicher wird die Situation. Je heftiger wir uns anbiedern, desto gründlicher verkleistern wir sie.« (23)

Der Touristen-Ethnologe in der Diaspora ist, gerade angesichts der Ungewißheiten bei ihm fremden Phänomenen, genötigt, alles aufzuzeichnen. Sein Experiment müßte scheitern, würde er die Proliferation der Empirie und der Aussagen anderer durch den Eintritt des regulierenden Ich begrenzen. Er folgt dem Prinzip teilnehmender Beobachtung, aber seine Ergebnisse fallen anders aus. Während von der Ethnologie als Erfahrung des europäischen Menschen im Ergebnis zu erwarten ist, daß sie eine gewisse Kohärenz von Riten einer Kultur so bedeutungsverdichtend herausarbeitet, daß diese in jenen wie in einem Nukleus zu Tage tritt, wie dies z.B. Clifford Geertz in seiner Studie über den balinesischen Hahnenkampf getan hat,[80] führt Fichtes literarische Repräsentationsweise zu deren Auflösung bzw. zu einer kulturellen Neutralisierung. Fichte kennt keine Kulturen. Wir finden weder eine der Hahnenkampf-Studie vergleichbare Beschreibung des Dugu-Ritus noch eine des brasilianischen Candomblé. Über den Dugu-Ritus wird folgendermaßen berichtet: » – Der Kulthelfer deckt die Körbe, Baljen,

80 Clifford Geertz, »›Deep play‹. Bemerkungen zum balinesischen Hahnenkampf«, in: ders., *Dichte Beschreibung. Beiträge zum Verstehen kultureller Systeme*, Frankfurt a.M. (Suhrkamp) 1987, S. 202-260.

Kartons in der Mitte des Tempels auf. / – Ein Happening. / – Nach der Altarassemblage – ein Happening. / – Aus den verschiedenartigen Behältern, vor den bunten Tüchern, stechen, zacken sich bleich, eckig, schalig hundert Blätter, Laiber Cassavabrot hervor. / – Dicke Hostien. / – Die kleine greise Schwarze Karibin tritt in ihren Tennisschuhen an die Behälter heran, zieht an einer dreieckigen Zigarre, krümmt sich über den Broten zusammen und pafft den Rauch über die bleichen Laiber, krebst zum nächsten Behälter, krümmt sich, pafft, pafft, krebst, krümmt sich im Kreise herum. / – Da soll man ruhig mal in die vollen gehen. / – Perioden. / – Heftige Verben. / – Heftig. / – Der Kulthelfer deckt die Brote wieder zu und verstaut sie oben in dem Zwischenstock unter dem Wellblech. / – Die Greisinnen tanzen wie vorher.«[81]

Nicht einmal im abgegrenzten Bezirk des Heiligen wird ein kohärenter Sinnzusammenhang seiner Elemente hergestellt. Um den Candomblé zu erforschen, hält es Jäcki, wie seine Ethnologen-Vorgänger auch, für nötig, ein Herbarium mit den heiligen Kräutern anzulegen. »Jäcki konstatierte, daß es nicht ein Einweihungsgetränk Abó gab mit 17, 21 oder 41 verschiedenen Kräutern, sondern zig. / Welches war das wichtige? / Das für Xango? / Es gab einen Abó für die Waffen, einen für den Himmel, für das Wasser, einen für die Erde. / Für Oxala, Logum Edé, Nanã, Omolu, für Lazarus, den Heiligen Georg, für Santa Barbara. / Es war kein Ende abzusehen. / Und dann sagten die heiligen Mütter und die heiligen Väter – die kessen Väter und Schwestern frech: / Wir wissen gar nicht, von was Sie reden.«[82] All die gesammelten Blätter – die zweifach, als Pflanzen- und Papierblatt, zu verstehen sind – erweisen sich als ein »Irrgarten aus Märkten, Dialekten, Stämmen, Zeit«, für deren Aufzeichnung der Schriftsteller Jäcki von Irma »einen Packen von 50 Karteikarten« als Geschenk erhält.[83] Weil es nicht gelingen kann, »eine ganze Zeremonie zu beschreiben«,[84] werden Sammlungen und Listen angelegt, und die Details stehen so schroff nebeneinander wie die Aussagen der Personen. Diese Darstellungsweise zerbricht jedes Verständnis von kulturellen Praktiken im Sinne kompakter Entitäten und ermöglicht stattdessen einen Modus des Wissens, das allein in der Literatur gegeben werden kann.

81 Fichte, *Forschungsbericht*, S. 76.
82 Fichte, *Explosion*, S. 320.
83 Fichte, *Explosion*, S. 322, 328.
84 Fichte, *Forschungsbericht*, S. 58.

Im Hinblick auf die Literatur aber stellt sich das Problem, wie angesichts des radikalen Empirismus eine Begrenzung der Fülle des Materials in einer kompositorischen Ordnung möglich sein kann, denn diese Kulturtopographie mit ihrer flächigen Anordnung ist aus sich heraus nicht beendbar. Drei Lösungen sind schließlich beispielhaft zu skizzieren; sie liegen auf der Ebene der Beherrschung der Materialfülle durch Form. Der Roman *Forschungsbericht* erinnert an die Form des Tagebuchs, wenn in elf Kapiteln über jeweils einen Tag der Forschungsreise vom 4. bis 14. Februar 1980 berichtet wird. Eine (fiktive) Zeitspanne wird zur Materialgrenze. Der lineare Zeitverlauf wird jedoch zirkulär gebogen, wenn am Ende: »– Ich freue mich auf das Essen, sagte ich. / – Sagte ich? / – Das würde ich nie sagen« auf den Anfang rekurriert wird, wo es hieß: »– Ich freue mich auf das Essen, sagte Jäcki.« (151 u. 7) Der Text schließt sich über sich, nicht aber über seinen Gegenständen. In *Explosion*, dem *Roman der Ethnologie*, findet sich die Figur der Wiederholung: die drei Teile berichten von den drei Brasilienreisen des Paares Irma und Jäcki, wobei Themen, Personen und Forschungsobjekte aus neuen Perspektiven wieder aufgenommen, erinnert und modifiziert werden. Dabei wird auch das eigene ethnographische Verhalten zum Gegenstand des ethnologischen Blicks, und diese Brechung der primären Datenerhebung gewinnt die Funktion der Steuerung gegenüber den Datenmengen. In *Der Platz der Gehenkten* fungiert die Textlänge selbst als Mittel kompositorischer Ordnung, wenn sie nach rein mathematischen Gesichtspunkten bestimmt wird: hier finden sich, jeweils mit einer neuen Seite beginnend, siebzehn mal eine Zeile, zwei mal zwei Zeilen, drei mal drei Zeilen usw. bis hin zu siebzehn mal siebzehn Zeilen.[85]

Alle diese Verfahrensweisen sind insofern willkürlich, als sie sich nicht einer vermeintlichen Logik des Materials selbst verdanken. Sie verdanken sich allerdings einer Logik des Denkens, das die Kulturtopographie den Ordnungen des Sinns und die Elemente des Raumes ihrer Synthetisierung entzieht. Wenn vom Karteikartenformat zum DIN-A4-Format gewechselt wird, so handelt es sich auf diesen Blättern um literarische Formatierungen, die als solche nicht zwingend, aber

85 Das Verfahren bezieht sich auf den Koran: während dessen heilige Suren nach dem Prinzip der absteigenden Länge geordnet sind, gibt der literarische Text der profanen Empirie zunehmenden Raum.

möglich sind. Genau darin unterscheiden sie sich von den Riten, die der Ethnologe erforschen will. Während die am Ritus Teilnehmenden vom zwingenden Charakter seiner Formen überzeugt sein müssen, kann der Schriftsteller einen solchen fundamentalen Status kultureller Praktiken distanzieren – oder eben: deessentialisieren –, um sich nicht »dem Ritus um die Riten zu unterwerfen«, um »Riten aufzulösen«.[86] Wenn die Entdeckung gilt: »Das Allerheiligste ist leer«,[87] dann kann die Aufgabe des Ethno-Literaten nicht sein, Riten schreibend zu konstituieren.[88] Daß eine solche »Literatur« in Fichtes Augen scheitern muß, weil sie den »Fiktionen« eines kohärenten Sinns von Riten aufsitzt, statt Welt zu lesen zu geben, ist nur konsequent. Bei aller »Empfindlichkeit« hat diese Weise der Ritenauflösung auch eine gewaltsame und unerbittliche Seite.

Fichtes Werk läßt sich – weniger von seinen Themen, wohl aber von seiner literarischen Gestaltungsweise her – in die Nähe neuer ästhetischer Praxen rücken, die seit der zweiten Hälfte des 20. Jahrhunderts im Film zu finden sind. Die Entfesselung von Details und Redeweisen ohne Synthetisierungen oder Vereindeutigungen, die topographische Anordnung des Nebeneinanders von Elementen im Raum, das Aufsprengen von auf ein Ziel zulaufenden narrativen Sequenzen durch Vielheiten und Mischungen – alle diese Momente von Fichtes Literatur werden von Gilles Deleuze als Charakteristika eines »neue(n) Bildtypus […] außerhalb Hollywoods«[89] untersucht. Anders als das »Bewegungs-Bild« des Kinos der Aktion, das von einer senso-motorischen Verkettung von Handlungen zu einem Ganzen lebt, verweist das neue »Zeit-Bild«, das als eine Art von »kristallinen Zuständen« in rein optischen und akustischen Situationen zu verstehen ist,[90] »nicht mehr auf eine umgreifende oder synthetische, sondern auf eine partikularisie-

86 Fichte, *Explosion*, S. 557 u. 426.

87 Fichte, *Explosion*, S. 709 u. 711.

88 Dies allerdings gilt für die *Mythologica* von Lévi-Strauss, der schriftlose Völker als Wiedergutmachung literarisiert; »er ist der Schüler und Zeuge der Wilden, der zu sein er sich wünscht. Daß sie sterben, erlaubt ihm, für sie zu sprechen.« Axel T. Paul, *FremdWorte. Etappen der strukturalen Anthropologie*, Frankfurt a.M./New York (Campus) 1996, S. 218.

89 Gilles Deleuze, *Das Bewegungs-Bild. Kino 1*, Frankfurt a.M. (Suhrkamp) 1997, S. 277. Während die Affinitäten von Fichtes Literatur zu diesem von Deleuze analysierten neuen Bildtypus des Films bemerkenswert sind, verhält es sich hinsichtlich der Fotografie deutlich anders (s. hierzu das siebte Kapitel).

90 Gilles Deleuze, *Das Zeit-Bild. Kino 2*, Frankfurt a.M. (Suhrkamp) 1997, S. 112f.

rende Situation«; in diesem neuen Kino »ist die Weltenlinie oder Fiber des Universums, die für die Kontinuität der Ereignisse sorgte beziehungsweise die Übergänge zwischen den Raumabschnitten garantierte, gerissen. [...] Verkettungen, Übergänge oder Verbindungen werden absichtlich schwach gehalten.« (1, 277) Im Gegenzug werden »die Gegenstände und Milieus [...] zu einer autonomen materiellen Realität, die ihnen einen eigenständigen Wert verleiht.« (2, 15) Vergleichbar mit Fichtes Literatur des Profanen, die sich dem Ritus um den Ritus entzieht, kennt dieses Kino »nichtige Erlebnisse«, und der ars combinatoria analog gibt es in ihm »auch kein magisches Zentrum mehr«. (1, 278ff.) Mit diesem Bildtypus tritt eine neue Form von Mobilität zutage, die sich vom Bewegungs-Bild der zielgerichteten senso-motorischen Aktion unterscheidet: »die Fahrt, das Herumstreifen (*balade*) und das ständige Hin und Her [...] Das ist tatsächlich das Eindeutigste an der modernen Wanderung: sie findet im beliebigen Raum statt.« (1, 278) Was sich hier im Kino manifestiert, ist ein neues topologisches Bewußtsein in der zweiten Hälfte des 20. Jahrhunderts, das sich nicht mehr auf konsistente raumzeitliche Zusammenhänge stützen kann, weil die sie synthetisierenden Kräfte abhanden gekommen sind. Deleuze sieht diesen Bildtypus vor allem im Kino der Dritten Welt gegeben, da hier »das Volk fehlt«, in dem eine Pluralität »zu einer Einheit verschmilzt«. (2, 278f.) In Fichtes Literatur ist es die Kultur, die fehlt, um solche Einheiten als Ganzheiten bilden zu können. Die Abwesenheit des Volkes à la française bei Deleuze und die Abwesenheit der Kultur in der deutschen Literatur eines Fichte, sie verweisen auf die neue Mobilität zwischen Tourismus und Migration. Sie stellt sich in formaler Hinsicht als Auflösung räumlicher Sinnordnungen dar. Es handelt sich um das Paradox dystopischer Kulturtopographie.

7. Fotografie und Schriftstellerei

»Irma trug schwer an den beiden Leicaflex. / Dazu zwei Weitwinkel, drei Teleobjektive und das Normale und zusätzlich Pinselchen und Filter, Filme, Blenden, Siliconpapier. / Jäcki hätte gern alles getragen und ihr die jeweils nötigen Geräte herausgesucht. / Aber er empfand das als aufdringlich. / Sie wollte in ihrer Arbeit nicht gestört werden. / Jäcki ließ sich leichter aus dem Schreiben herausreißen.«[1] Unterwegs sind ein Schriftsteller und eine Fotografin – erfundene literarische Figuren namens Irma und Jäcki, in denen der Leser die Personen Leonore Mau und Hubert Fichte wiedererkennen mag – aber auch nicht muß, weil die Lektüre des Textes auch ohne solche Rückschlüsse möglich und verständlich ist. Der Schriftsteller, der einen Roman schreiben will, welchen der Leser gerade in Händen hält, fragt die Fotografin: »Stört es dich, daß du darin vorkommen wirst?«[2] Wo gibt es das, daß ein Erzähler seinen literarischen Protagonisten fragen läßt, ob er damit einverstanden ist, daß er im Text auftreten darf?[3] Nicht zuletzt angesichts solcher ein Stück weit durchaus hinterhältigen »Erzählfallen« wollen wir uns an jene Lektion halten, die jeder jugendliche Karl-May-Leser zu absolvieren hat, wenn er begreifen muß, daß Karl May eben nicht Old Shatterhand ist. Die Fiktionalisierungen des Schriftstellers und der Fotografin in den Figuren Jäcki und Irma sind ernstzunehmen, während wir zugleich wissen, daß beide – semifiktional – auf Fichte und Mau verweisen. Die Frage, ob es denn störe, im Roman vorzukommen, signalisiert ihrerseits schon einen Bruch, einen Riß in der Fiktion, weil sie der erfundenen Gestalt eine zweite beigesellt, die zur ersteren etwas sagen soll. Wie die Fotografin, die als Leonore Mau Lebensgefährtin von Fichte war, in Fichtes Literatur als Irma Gestalt gewinnt, interessiert zunächst. Danach wird es um die literarische Thematisierung der Differenz und Konkurrenz, einen Paragone zwischen Fotografie

1 Hubert Fichte, *Forschungsbericht* (= *Die Geschichte der Empfindlichkeit, Bd. 15*), Frankfurt a.M. (S. Fischer) 1989, S. 39.

2 Fichte, *Forschungsbericht*, S. 141.

3 Von Jean Paul kennen wir das Verfahren, daß der Erzähler den Autor – also Jean Paul – auftreten läßt. Daß literarische Figuren Rede- und Einspruchsrecht gegenüber demjenigen haben, der von ihnen erzählt, begegnet in Paul Wührs Roman *Das falsche Buch*. Das 9. Kapitel vergleicht Fichte und Wühr unter der Frage nach den möglichen Konturen eines postmodernen Romans.

und Schriftstellerei gehen. Am Beispiel von drei literarischen Szenen aus Fichtes Werk werden die paragonalen Zonen weiterhin aufgefaltet. Das sind zunächst die Modalitäten der fotografischen und schriftstellerischen Produktion, die Unterschiede zwischen ihren »Gesten« des Herstellens; dann die Beziehungen zur Zeit, die Fragen der Augenblicklichkeit, Dauer und Erinnerung betreffen; und schließlich gehen mit der Wortkunst und der Bildkunst verschiedene Weisen der Rezeption und der Erreichbarkeit eines Publikums einher.

Irma und Jäcki

Die 1916 in Leipzig geborene und nach dem Zweiten Weltkrieg in Hamburg wohnende Leonore Mau verläßt 1961 ihren Mann, einen Architekten, und ihre beiden inzwischen erwachsenen Kinder, um mit Hubert Fichte bis zu dessen Tod zusammenzuleben, wohl wissend, daß dieser nicht allein sie, sondern auch Männer, und insbesondere die Schwarzen, liebt. Von Fichte als Alleinerbin des Nachlasses eingesetzt, ist sie an der Edition der »Geschichte der Empfindlichkeit« beteiligt. 2013 wird sie in Fichtes Grab auf dem Friedhof in Hamburg-Nienstedten, dem Friedhof mit den meisten Gräbern Hamburger Persönlichkeiten, darunter auch Hans Henny Jahnn, beigesetzt. Nach dem Studium der Bühnenbildnerei und einer Fotografenausbildung hatte Mau 1953 mit der professionellen Fotografie begonnen, zunächst vornehmlich für Architekturzeitschriften. Auf den zahlreichen Reisen, die Mau mit Fichte seit den 1960er Jahren unternimmt, rücken die Lebensweisen, alltäglichen Gewohnheiten und rituellen Praktiken anderer Kulturen und Gesellschaften in das Zentrum ihres fotografischen Interesses, woraus zahlreiche Ausstellungen sowie Fotobände, darunter auch in Kooperation mit Fichte, hervorgehen. Dies sind relativ dürftige Daten. Eine Biographie über Leonore Mau gibt es nicht. Das hat dazu geführt, daß Passagen aus der *Geschichte der Empfindlichkeit* zu Quellen einer Biographie von Mau und der Beziehung zwischen Mau und Fichte transformiert wurden.[4] In einem Interview wird Mau zu dieser Überblendung gefragt: »It isn't difficult to see the two of you as Jäcki and Irma. Is it not uncomfortable for you to be revealed in such a way?«

4 So bei Wilfried F. Schoeller, *Hubert Fichte und Leonore Mau: der Schriftsteller und die Fotografin*, Frankfurt a.M. (S. Fischer) 2005.

Die Antwort Maus: »No, not at all. I've been asked that many times. In interviews – one Spiegel editor began just that way – conversations between the sheets. I said, ›I'll not say another word.‹ But literature is literature. There, I'm fully on the side of the word. When someone writes well, they can write anything and everything.«[5] Die Eigenheit von Literatur ist auch in diesem Fall kaum auszusetzen.

Die Figur Irma gewinnt zunächst in *Hotel Garni* Gestalt. Das Gerüst des Romans ist streng gebaut: Irma und Jäcki befinden sich offenbar auf einer Reise, haben – was an Reisegewohnheiten von Berufskollegen erinnert – zwei Einzelzimmer in einem Hotel gebucht, befinden sich aber zusammen in Irmas Zimmer, wo Jäcki, von Irma aufgefordert, beginnt, von seinem Leben zu erzählen, bis er den Zeitpunkt erreicht hat, von dem ab sie wegen ihrer schon länger währenden Bekanntschaft das Weitere schon weiß, worauf eine offenbar beglückende erste Liebesvereinigung mit anschließendem Gespräch über die erotischen Empfindungen folgt und Irma dann ihrerseits von ihrem Leben berichtet. Von der Gesamtkonzeption her gesehen, handelt es sich um ein Reziprozitätsverhältnis der Frage- und Erzählpraxen, in die sich beide Protagonisten teilen. Bei einem genaueren Blick auf den Text stellt sich jedoch auch heraus, daß den durchaus Monologcharakter aufweisenden Erzählungen Jäckis mehr Raum als denen von Irma eingeräumt und Jäcki im Vergleich zu Irma der weitaus häufiger Fragende ist. Nach dem Start mit Irmas Frage an Jäcki: »Wie ging es weiter«,[6] sind Irmas Unterbrechungen und Nachfragen vergleichsweise kurz und weit verstreut zwischen Jäckis ausführlichen Erzählungen. Sie fragt: »Was heißt das?« (9), antwortet auf die Frage, ob sie wisse, was ein »Melkbüttel« sei, mit »Nein« (12), mit einem einfachen »Ja« auf die Frage, ob sie »solche Details« interessieren (15), stellt fest, daß sie einen Namen zum ersten Mal höre (18), kontert auf die Feststellung, daß Einbeinige auf Frauen »besonders sexy zu wirken« scheinen, mit der Bemerkung »Auf mich nicht« (24), fragt nach: »Was sind die wunderbaren Stunden?« (28), verneint die Frage nach einer bestimmten Lektüre (30), will

5 Interview von Ingo Niermann mit Leonore Mau: Ingo Niermann, »Capturing Psyche: Leonore Mau«, in: *032c Magazine* vom 1. Juli 2005, online: https://032c.com/capturing-psyche-leonore-mau/ (letzter Zugriff: 14.5.2020).

6 Fichte, *Hotel Garni*, S. 8. Die folgenden Seitenangaben hieraus im Text. Es handelt sich um alle Irma-Textstellen auf diesen fünfzig Seiten, auf den folgenden mit Jäckis Erzählungen werden sie nicht häufiger.

wissen, wie ein von Jäcki auf Plattdeutsch gesprochener Satz zu übersetzen ist (52). Irma bleibt, zumindest während Jäckis Erzählperiode, die zurückhaltendere Figur.

Die auch ansonsten bei Fichte anzutreffende Praxis des (literarisierten) Interviews wird von Jäcki explizit angesprochen: »Frau Irma. / Was war Ihr frühestes Erlebnis. / So würde ich, glaube ich, immer ein Interview beginnen.«[7] Wichtiger als das gewisse Ungleichgewicht in der Reziprozitätsverteilung aber ist etwas anderes: Jäcki, der ansonsten immer der Interviewende ist, wird in der Begegnung mit Irma auch zum Interviewten und gibt das sonstige Alleinstellungsmerkmal des Fragestellers ein Stück weit auf. Auf seine die Eindringlichkeit des Fragens reflektierende Frage: »Findest du meine Fragerei respektlos?«, erhält er die Antwort: »Was ist denn das, respektlos?«[8] Irma ist eine Figur, die mit hochgradiger Affinität zu Fichtes literarischer Schreibweise ausgestattet wird, indem sie sich in die Praxis teilt, die auch Jäcki verkörpert, nämlich die Fragerei. Dies läuft im Ergebnis darauf hinaus, daß über Irma und Jäcki im gleichen ästhetischen Modus geschrieben wird wie über die Schwarzen Kariben oder die Hamburger Szene – vielleicht sogar ein Stück weit radikaler, weil das »Interview« die Erzählform fast durchgängig dominiert, ein Kunstgriff, durch den individuelle Privatheit, um die es sich hier handelt, anderen Phänomenen der Welt darstellungstechnisch gleichgeordnet wird. Einen Stilbruch beim Schreiben über Irma und Jäcki gibt es bei Fichte nicht.

Es soll hier nicht darum gehen, aus einem literarischen Werk die Biographie von Mau oder Fichte zu extrapolieren.[9] Bemerkenswert an den semifiktionalen Erzählungen in *Hotel Garni* ist eine weitgehende Gemeinsamkeit ihrer Themen: es geht um die Familien- und Lebensgeschichte, insbesondere von der Kindheit zur Pubertät, um einige intellektuelle Vorlieben, immer wieder um Sexualität, erotische Begegnungen, Empfindungen und Verliebtheiten, schließlich darum, wie die eine zur Fotografie, der andere zum Schreiben gekommen ist. Wir konzentrieren uns im Folgenden auf Liebe und Arbeit.

7 Fichte, *Hotel Garni*, S. 129.
8 Fichte, *Hotel Garni*, S. 129.
9 Schoeller (*Hubert Fichte und Leonore Mau*) hat eine sorgfältige Parallelisierung von Werkschau und Leben vorgelegt, ein Buch, das anläßlich der gleichnamigen Ausstellung in den Hamburger Deichtorhallen 2005 erschienen ist.

In den Erzählungen Jäckis und Irmas nehmen die Spielarten erotischer Begegnungen einen beachtlichen Raum ein – sie scheinen eine elementare Grundierung ihrer beider Personalität zu sein. Auf Jäckis Bemerkung, man halte ihn für einen »Obsédé Sexuel« antwortet Irma: »Das sind wir doch alle.«[10] Ob es sich um den ersten erinnerten Blick auf das nackte Geschlechtsteil eines anderen handelt, um die Lüste der Hetero- oder Homosexualität, um sexuelle Übergriffigkeiten oder gewollte Vereinigungen, um analen, oralen oder vaginalen Geschlechtsverkehr, um die Lust an oder den Ekel vor den Körperflüssigkeiten des anderen, um Orgasmusfähigkeit oder -unfähigkeit, um die sexuelle Anziehungskraft im Blick auf welche Körperteile auch immer, um die Größe des Penis oder die Beschaffenheit der Vagina, das Streicheln oder Formen sexueller Gewalt – hier bleibt nichts von der Rede ausgenommen. Traditionellerweise sind solche Intimitäten dem Tagebuch, einem Refugium des Intimen, das zwischen gehüteter Innerlichkeit und verschriftlichter Äußerung schwankt und das Labile und Ambivalente einer Grenze zwischen ihnen verkörpert, anvertraut worden. Irma und Jäcki hingegen erzählen sich selbst voreinander, ohne dabei eine Grenze zu kennen, die ein Refugium des Intimen markieren würde. Vielmehr findet sich das Bemühen um eine Genauigkeit gerade auch in Sachen Sexualität und Erotik, die zuweilen heiteren, fast witzigen Charakter hat, wenn Jäcki fragt: »Was findest du denn schön an einem Männerarsch?« und Irma zurückfragt: »Beim nackten oder in der Hose? / Das ist nämlich ein großer Unterschied. / Wenn man ihn in der Hose sieht, dann ist es einfach eine voluptuöse Form. / Wenn er nackt ist, dann sieht man noch viel mehr.«[11] Natürlich hört man hier auch die Fotografin mit ihrem geschulten Blick sprechen. Wenn das Intime, insbesondere in Gestalt sexueller Praktiken und Vorlieben, die Kernzone des Privaten sein sollte, so darf man sich hier getäuscht sehen. Irma und Jäcki transformieren Intimität in Extimität.[12] Hier wird alles Aus-druck vor dem anderen, Verkehrung nach außen, bis hin zur

10 Fichte, *Hotel Garni*, S. 16.

11 Fichte, *Hotel Garni*, S. 128.

12 Zu Intimität und Extimität s.: Marianne Streisand, *Intimität. Begriffsgeschichte und Entdeckung der Intimität auf dem Theater um 1900*, München (Fink) 2001; Michel Tournier, *Journal extime*, Paris (Gallimard) 2004. Wir übernehmen den Begriff der Extimität, obwohl er bei Tournier anders, nämlich stark exhibitionistisch, konnotiert ist.

rückhaltlosen Selbstoffenbarung und der gegenseitigen Versicherung: »Du willst alles von mir wissen. / Ich will alles von dir wissen.«[13] Von erregungspraktischen, orgiastischen Anmutungen an den Leser, wie sie für pornographische Literatur charakteristisch sind, findet sich in dieser Extimität aber keine Spur, sie ist stattdessen überaus asketisch.

Die Sachlichkeit in Sachen Sexualität, die den Stil von Jäckis und Irmas Erzählungen prägt, unterscheidet sich nicht von der Sachlichkeit des Stils, in dem sich der Weltbezug von Fichtes Literatur überhaupt äußert. So wenig, wie es hier in stilistischer Hinsicht ein Reibungspotential gibt, so wenig gibt es auch ein Konfliktpotential in der Beziehung zwischen Irma und Jäcki, weder in *Hotel Garni* noch in anderen Büchern Fichtes, in denen Irma dem Leser immer wieder begegnet. Angesichts eines über ein Vierteljahrhundert geteilten Lebens liegt eine gewisse Verwunderung ob dieser durchgängigen Harmonie und der Gedanke nahe, daß Irma und Jäcki die Gestalten einer literarisch idealisierten Beziehung sind.[14] Aber auch in den Briefen von Hubert Fichte an Leonore Mau lassen sich keine Anspielungen auf Konflikte finden.[15] Freilich sind Briefe, geschrieben unter der Voraussetzung von Abwesenheit, auch nicht unbedingt das Medium zur Artikulation aktueller Konflikte. Peter Braun, der die Briefe herausgegeben hat, bemerkt hinsichtlich von Korrespondenzen zwischen diesen brieflichen Zeugnissen und den fiktionalen Texten, daß das »Zusammenspiel« beider, »indem es die Aufmerksamkeit auf die Weise lenkt, wie Hubert Fichte diese Figur (d.i. Irma, CKE) beschrieben hat, die literarischen Texte in den Vordergrund (rückt)«.[16]

Das zweite durchgängig wesentliche Thema in der Beziehung von Irma und Jäcki ist neben der Liebe die Arbeit. Obwohl es auch in den

13 Fichte, *Hotel Garni*, S. 148.

14 Zwar nicht auf Fichte/Mau und auch nicht auf die Literarisierung des Partners bezogen, aber aufschlußreich im Hinblick auf (De-)Idealisierungsstrategien, für die die Lektüre von Literatur als Vorschule der Paarbeziehungen fungieren kann, ist: Hannelore Schlaffer, *Die intellektuelle Ehe. Der Plan vom Leben als Paar*, München (Hanser) 2011.

15 Hubert Fichte, *Ich beiße Dich zum Abschied ganz zart. Briefe an Leonore Mau*, Frankfurt a.M. (S. Fischer) 2016.

16 Peter Braun, »Nachwort«, in: Hubert Fichte, *Ich beiße Dich zum Abschied ganz zart. Briefe an Leonore Mau*, Frankfurt a.M. (S. Fischer) 2016, S. 227-252, hier S. 252. Fichtes Verfügung, alle privaten Unterlagen, Tagebücher und Briefe zu vernichten, woran Mau sich bis auf diese Briefe gehalten hat, gibt diesem Argument besonderes Gewicht.

Briefen von Fichte an Mau darum geht, tritt das Thema Arbeit in den literarisierten Figuren von Irma und Jäcki besonders markant zutage. Jäcki formuliert den gemeinsamen Zukunftsplan: »Du fotografierst. / Ich schreibe. / Wir besuchen uns. / Du machst aus mir einen großen Dichter. / Und ich mache aus dir eine große Fotografin.«[17] Dessen Stationen rekapituliert Jäcki für sich in den Gesprächen mit Irma: von seinen frühen provenzalischen Erzählungen und den Versuchen mit Theaterstücken, über den »Entwicklungsroman«, der verworfen wird, hin zum Ideal vom »Schreiben wie man spricht«,[18] mit dem die eigene Schriftstellerei eben jenem Prinzip der Anwesenheit angeglichen werden soll, wie sie mündlicher Kommunikation, gewissermaßen dem Modell Jäcki-Irma zukommt. Dieses Schreiben-wie-man-spricht soll sich unterscheiden von den falschen Tönen »der entnazifizierten Knattermimen Draußen vor der Tür«; mit und vor Irma erprobt Jäcki, der »nicht mehr Theater spielen« wollte, einen neuen literarischen Ton.[19] Ein »Ich wollte in die Welt«,[20] die hoffende Frage: »Kann ich die Welt noch einmal buchstabieren?«[21] gehören zum literarischen Aufbruch Jäckis und seiner Emanzipation vom westdeutschen Nachkriegsdeutschland von Anfang an hinzu.

Irmas Weg zur Fotografie vermittelt den Eindruck einer Parallelaktion in Sachen Emanzipation. Nachdem Irma die Fotos eines »Flugkapitäns in Südafrika« und die eines Südamerika bereisenden Fotografen gesehen hat, kommt der ausgebildeten Bühnenbildnerin »die Idee, man könnte mit einer Kamera um die Welt fahren« und daß »man in ein fremdes Land geht und bildlich etwas darstellt«.[22] Auch für Irma verliert das Theater als Ort einer auf der Bühne dargestellten Fiktion an Faszinationskraft, sie kauft eine Leica, fotografiert den Hamburger Hafen, macht Porträt- und Architekturfotos, um nicht mehr die Hausfrau der 1950er Jahre zu sein; stattdessen, so Jäckis Feststellung: »Jetzt warst du mondän.«[23] Die Wege zur Fotografie und zur Schriftstellerei

17 Hubert Fichte, *Der kleine Hauptbahnhof oder Lob des Strichs* (= *Die Geschichte der Empfindlichkeit, Bd. 2*), Frankfurt a.M. (S. Fischer) 1988, S. 68.
18 Fichte, *Hotel Garni*, S. 93.
19 Fichte, *Der kleine Hauptbahnhof*, S. 77f.
20 Fichte, *Hotel Garni*, S. 10.
21 Hubert Fichte, *Eine glückliche Liebe* (= *Die Geschichte der Empfindlichkeit*, Bd. 4), Frankfurt a.M. (S. Fischer) 1988, S. 21.
22 Fichte, *Hotel Garni*, S. 144.
23 Fichte, *Hotel Garni*, S. 193.

werden erzählt als Konvergenz in Gestalt ihres gemeinsamen Bezuges auf Welt, der zunächst weitergeführt wird in dem Roman *Eine glückliche Liebe* über eine gemeinsame Reise nach Portugal bis hin zu den vier Bänden über die afroamerikanischen Religionen unter den Titeln *Xango* und *Petersilie*, die jeweils zum einen Fotografien, zum anderen Texte enthalten.

Ein Paragone

Um das in Irma und Jäcki verkörperte Verhältnis von Schriftstellerei und Fotografie zu illustrieren, wird häufig – so auch hier – die Eingangspassage von *Hotel Garni* herangezogen. Dort heißt es: »Er zerschnitt ihre Fotos. / Irma ließ ihn. / Er zerschnitt Nonnen aus Venedig, Häuser von Le Corbusier, Korkeichen, ein Kinderheim und klebte sie zu neuen Bildern ineinander.«[24] Hartmut Böhme hat diese Szene als Ausdruck von zwei Aspekten oder Haltungen interpretiert, die in der Beziehung zwischen Worten und Bildern zum Tragen kommen. Zum einen handele es sich um einen Akt der »Zerstörung«, um eine »Preisgabe an das *Mörderische*, das seinen Kern in der Zerstückelung hat«, also um einen destruktiven Akt, der sich gegen die Kunst Irmas richte. Aber so theatralisch dieser literarische Einstieg des Romans auch anmuten mag, verliert er doch schnell seine Dramatik, weil dieses Zerschneiden einer Kunst, die von vornherein auf Reproduktion angelegt ist, nichts anhaben kann und die Fotografin weiß: »Die Abzüge kann ich so oft machen, wie ich will.« Wenn es denn eine Zerstörung gewesen wäre, so läuft sie ins Leere. Zum anderen stehe, so Böhme, diese Eingangsszene des Zerschneidens und Zusammenklebens von Stücken für das literarische Verfahren Fichtes überhaupt, »der Collage nämlich« als der »Grundoperation« seiner Ästhetik und der *Geschichte der Empfindlichkeit* als »fragmentarische(r) Großcollage«.[25] Jäckis Fotoaktion in dieser Szene hat allerdings ein präzises Ziel, das gar nicht auf eine textuelle Verfahrensweise bezogen ist, denn »Jäcki hatte ein Thea-

24 Fichte, *Hotel Garni*, S. 7.

25 Hartmut Böhme, *Hubert Fichte. Riten des Autors und Leben der Literatur*, Stuttgart (Metzler) 1992, S. 48 u. 42. S. auch: Miriam Seifert-Waibel, »›*Ein Bild aus tausend widersprüchlichen Fitzeln*‹. *Die Rolle der Collage in Hubert Fichtes ›Explosion‹ und ›Das Haus der Mina in São Luiz de Maranhão‹*, Bielefeld (transkript) 2005.

terstück verfaßt und wollte es illustrieren«. »Vielleicht glaubte er, daß sein Theaterstück nicht gedruckt würde ohne das Gekröse aus Irmas Fotografien«[26] – eine Hoffnung, die sich enttäuscht sehen wird, denn: »Die vielen zerschnittenen Fotos von Irma, die er zu avantgardistischen Illustrationen zusammenklebte, halfen nichts.«[27] Die umstandslose Applikation des Collagebegriffs auf Literatur hat ihre Grenze nicht allein am Unterschied von Bild und Literatur, wie er mit dem Gebrauch von Irmas Fotografien zu allein *illustrativen* Zwecken angesprochen wird, sondern auch darin, daß sich eine Collage durch die verklebende Benutzung vorgefundenen Materials und die Konfrontation heterogener, dekontextualisierter Elemente auszeichnet, während die *Geschichte der Empfindlichkeit* gerade durch komplexe Verweisungszusammenhänge von besonderer Dichte charakterisiert ist.[28] Bemerkenswert an den interpretativen Vermutungen, die diese Eingangspassage von *Hotel Garni* freigesetzt hat, ist die Gleichzeitigkeit zweier widersprüchlicher Haltungen: auf der einen Seite liegt Destruktion im Akt des Zerschneidens, auf der anderen eine Anverwandlung oder Assimilation, in der schrift- und fotobasierte Kunstpraxen einander begegnen. Wie sich Fotografie und Dichtkunst zueinander verhalten, dürfte sich aber nicht umstandslos mit den beiden Polen von hier Konflikt, dort Konvergenz beschreiben lassen.

Wie Jäcki an Irmas Fotos Interesse zeigt bzw. sich ihrer zu literarischen Zwecken zu bedienen sucht, antwortet Irma auf den Schriftsteller im Rekurs auf Fotografie. Der Schriftsteller macht ihr einen Vorschlag in Sachen Fotografie: »Ich würde überhaupt nur weiße Eier fotografieren, sagte Jäcki: – Vor einer Kalkwand.« Was Irma kommentiert: »Oder Neger mit Säcken voller Eierbriketts nachts in einem Tunnel«,[29] womit sie das absurde Ansinnen, auf jeglichen Kontrast oder Licht- und Farbabstufungen in der Fotografie zu verzichten, noch einmal steigert, indem sie den beiden Elementen der imaginierten Kontrastlosigkeit (Eier, weiße Wand) noch zwei weitere (Neger, Briketts, Nacht, Tunnel) hinzufügt und so alle Konturen der Welt auf

26 Fichte, *Hotel Garni*, S. 7.

27 Fichte, *Der Kleine Hauptbahnhof*, S. 41.

28 Zum Vorbehalt gegenüber der Übertragung des Collagebegriffs s. Stephan Kammer u. Karin Krauthausen, »Hubert Fichtes Medien«, in: dies. (Hg), *Hubert Fichtes Medien*, Zürich (diaphanes) 2014, S. 7-19, bes. S. 8f.

29 Fichte, *Eine glückliche Liebe*, S. 25.

dem vorgestellten Bild zum Verschwinden bringt. Dieser literarischen Szene korrespondiert ein fotografisches Selbstporträt Leonore Maus.[30] Zu sehen ist dort die Fotografin, wie sie, vor einem Spiegel stehend, mit einer auf einem Stativ befindlichen Kamera ihr Spiegelbild aus einer frontalen Perspektive fotografiert. Das Foto hat eine dreistufige Raumstruktur: es gibt den Raum, in dem sich die Fotografin befindet; dann eine Wand mit einem Spiegel; schließlich das Spiegelbild, in dem, natürlich seitenverkehrt, ein Ausschnitt des vor dem Spiegel Befindlichen zu sehen ist; nimmt man das Foto selbst in seiner eigenständigen Flächigkeit hinzu, könnte man auch von einer Vierstufigkeit sprechen. Die Lichtverhältnisse zwischen dem Außerhalb und dem Innerhalb des Spiegels sind nicht kongruent, denn das fotografierte Spiegelbild, aus dem heraus die Fotografin blickt, die sich fotografiert, weist ein deutlich konturierteres Spektrum von Abstufungen zwischen schwarz und weiß auf. Im Vordergrund des Fotos sieht man, verschwommen und groß, eine linke Hand, die zwischen Daumen und Mittelfinger etwas hält. Im Mittelgrund dahinter befindet sich eine weiße Wand mit dem Ausschnitt eines schwarz gerahmten Spiegels, dessen Spiegelfläche ebenfalls schwarz ist. Vor dem Hintergrund der schwarzen Spiegelfläche ist in der unteren rechten Hälfte Leonore Mau in halbnaher Einstellung frontal in den Spiegel (oder aus ihm heraus) blickend hinter der feststehenden Kamera zu sehen; in der Hand hält sie das Ei, das im Vordergrund außerhalb des Spiegels wegen seiner Verschwommenheit nicht als solches erkennbar ist, aber als fotografiertes ebenso konturiert ausgeleuchtet ist wie die Fotografin selbst. Auf der schwarzen Spiegelfläche heben sich drei »Weißheiten« ab: das in der Hand gehaltene Ei, eine kugelförmige Lampionlampe und darüber der weiße Schatten des vor den Spiegel gehaltenen Eies, der bis an den oberen Rand des Spiegelbildes reicht. In diesen Aufbau des Spiegelbildes ragt, es überschneidend, die das Ei haltende Hand im Vordergrund des Spiegels hinein. Im Vergleich zu einem Bild von weißen Eiern vor eine Kalkwand ist für die Beschreibung dieses Bildes zweifellos ein größerer Aufwand an Worten nötig, aber wenn wir das Foto ansehen, sind uns, anders als im

30 Leonore Mau, *Selbstporträt mit Ei um ein Uhr nachts am 3. 10. 1967*. Das Foto findet sich auf dem Cover von: *Diese Fotografin heißt Leonore Mau*. Ein Film von Nathalie David, Pitchoun Production im Auftrag der S. Fischer Stiftung 2005-2016.

Fall der Sprache, alle seine Momente in augenblicklicher Gleichzeitigkeit und Evidenz gegeben.

Um die Beziehungen, Affinitäten und Kontraste zwischen Literatur und Fotografie zu entfalten, hilft es weiter, die Alternative von Konvergenz oder Konflikt zu distanzieren und sie als einen Paragone aufzufassen, in dem es um die spezifische Leistungskraft und die Eigenheiten der verschiedenen Künste geht. Der Paragone hat eine beachtliche Tradition. Während die Vergleichbarkeit der Künste – sei sie nun wie bei Aristoteles in ihrem gemeinsamen mimetischen Charakter oder wie bei Platon in ihrer Teilhabe an einem gemeinsamen Dritten in Gestalt ihrer Bindung an eine »göttliche Idee« begründet – ehemals im Vordergrund stand, beginnt mit dem Paragone in der zweiten Hälfte des 15. Jahrhunderts in Italien eine lange Debatte, die deren Differenzen hervorhebt und den Streit um ihre Rangfolge eröffnet. Über diese historische Geburtsstunde hinaus bleibt diese Diskussion bis in das 20. Jahrhundert und wohl auch bis in unsere Gegenwart relevant.[31] Ursprünglich entzündet hatte sich der Streit an der Konkurrenz zwischen Malerei und Skulptur und dem, was die eine gegenüber der anderen auszeichnet. Solche Profilierungen der besonderen Leistungskraft verschiedener Künste – wozu auch die Frage gehört, ob es sich denn dann, wenn Technik oder handwerkliches Geschick eine wichtige Rolle spielen, überhaupt um eine anspruchsvolle künstlerische Tätigkeit handelt[32] – verschieben sich immer wieder, sind umkämpfte Gebiete, aber gemeinsam ist ihnen, daß die »Methode der Eigendefinition durch den Vergleich mit anderen Gattungen [...] für einen Paragone symptomatisch (ist)«.[33] Es sind eine ganze Reihe von Gesichtspunkten, die unter einem solchen paragonalen Druck der Selbstprofilierung in den Blick geraten: das Verhältnis von Schein, Realität und mögliche Wirklichkeitseffekte, die Modalitäten von Zeitlichkeit zwischen Sukzession und Augenblicklichkeit, die Dominanz von Raum oder Zeit, Stillstand oder Bewegung, Handwerklichkeit oder Intellektualität, Modalitäten der Wahrnehmung und Rezeption, Elitarismus oder Zugänglichkeit, die Bedeutung sinnlicher Vermögen oder ästhetischer Kriterien u.a.m. Sie kommen

31 Instruktiv ist: Andreas Schnitzler, *Der Wettstreit der Künste. Die Relevanz der Paragone-Frage im 20. Jahrhundert*, Berlin (Reimer) 2007.

32 Beispielhaft für die Fotografie: Pierre Bourdieu, *Eine illegitime Kunst. Die sozialen Gebrauchsweisen der Photographie*, Frankfurt a.M. (Suhrkamp) 1983.

33 Schnitzler, *Der Wettstreit der Künste*, S. 109.

schließlich auch in der Ausarbeitung von ästhetischen Theorien einzelner Künste zum Tragen, die ihrerseits von neuen paragonalen Konstellationen tangiert und modifiziert werden. Der Paragone zwischen der Wortkunst der Literatur und der Bildkunst der Fotografie soll hier nun nicht ausgehend von einer Theorie der einen oder der anderen entfaltet werden, sondern im Rückgriff auf einzelne literarische Szenen aus Fichtes Werk, in denen diese Künste von Jäcki oder Irma thematisiert oder reflektiert werden. Es sind drei Aspekte, die hier interessieren: die Modalitäten der Produktion in Bild bzw. Schrift, Beziehungen zur Zeit, schließlich Fragen unterschiedlicher Rezeption.

Produktion und Zeitlichkeit

Um die Apparatgebundenheit der Fotografie und ihre Produktionsweise geht es in einer ersten Szene, die sich unmittelbar an den Vorschlag anschließt, doch weiße Eier vor weißer Wand, also fotografisch gesehen eben gar nichts, zu fotografieren. Die Fotografin läßt sich nicht auf die Seite dieses Nichts drängen, immerhin schreibe der Schriftsteller »auch nicht nur über das Nichts«.[34] Auch wenn beides, Bild und Schrift nicht nichts sind, unterstehen sie gänzlich verschiedenen Produktionsbedingungen. Der Schriftsteller kann sich etwas ausdenken, hat eine »Idee«, kann seinen Text »umarbeiten« und »korrigieren«, bevor er »in die Rotationsmaschinen geschmissen wird«. Das Foto hingegen wird »jetzt, hier« gemacht, ist eine augenblickliche Fixierung eines Tatbestandes, die auf die Anwesenheit des Objekts im Moment angewiesen ist. Daß das Foto in der Dunkelkammer bearbeitet werden kann, wie der Schriftsteller einwendet, ändert an der Vorgängigkeit dieses Momentanismus nichts.[35] Nicht ohne Neid auf die Leistungskraft der Fotografie stellt der Schriftsteller fest: »Ganz. Klick. Fertig. Die ganze Geschichte in einer tausendstel Sekunde. Die Welt als reines Bild. Das ist die wahre Kunst. Nichts weiter mehr als ein Apparat.«

Allerdings ist diese Augenblicklichkeit als Bedingung der Möglichkeit von Fotografie ausgesprochen voraussetzungsreich. Vilém Flusser hat hinsichtlich der Geste des Fotografierens drei Aspekte unterschieden,

34 Fichte, *Eine glückliche Liebe*, S. 25. Die folgenden Zitate finden sich auf den Seiten 25 bis 29.

35 Es ist hier nur von analoger Fotografie die Rede, nicht von digitaler, mit der der ontologische Zweifel am fotografischen Bild entsteht.

die auch im Disput zwischen Fotografin und Schriftsteller wiederzufinden sind. »Ein erster Aspekt ist die Suche nach einem Standort, nach einer Position, von der aus die Situation zu betrachten ist. Einen zweiten Aspekt bildet die Manipulation der Situation, um sie dem gewählten Standort anzupassen. Der dritte Aspekt betrifft die kritische Distanz, die den Erfolg oder das Scheitern dieser Anpassung zu sehen gestattet.«[36] Schon ungeduldig ob Irmas Suche nach dem »richtigen Standpunkt« – »dann draufgedrückt und fertig!« – kommt nun auch noch die nach passender Blende und Objektiv hinzu, und Jäcki kommentiert: »Eine Fotografin ist jemand, der das Foto nicht macht, weil er immer das falsche Objektiv drinhat.« Zum Standort gehört eine technisch-apparativ verfaßte Gestaltung dessen, was von ihm aus zu sehen ist, eine Instrumentierung des Blicks, die ihrerseits reflektiert wird, wenn es, wie in dieser Szene, des weiteren um die Alternative zwischen Teleobjektiv und Weitwinkel geht. Irma weist darauf hin, daß beim vom Schriftsteller bevorzugten Weitwinkel die dann zu sehenden Phänomene »wie Brösel in einem großen beliebigen Salat« erscheinen würden, es mit dem Tele aber ein Foto werde: »Ich löse mir das Foto raus.«

Von der Geste des Fotografierens her gesehen erweist sich die reine Augenblicklichkeit des bloßen Klicks als Phasenhaftigkeit einzelner Aspekte und das schließliche Foto als reflektierte Darstellung der Darstellung, als Bild des Bildes einer Wirklichkeit, das weder reiner Naturalismus, noch reiner Konstruktivismus ist. In den Augen des Schriftstellers hingegen zählt in erster Linie diese Augenblicklichkeit, die Koinzidenz von anwesendem Objekt und seiner Aufzeichnung durch eine »Maschine«. Er werde »nie Fotograf« und insistiert noch einmal, es stimme »doch wohl: In einer tausendstel Sekunde ist die ganze Geschichte fertig.« Als Jäcki den von ihm bevorzugten Weitwinkelsucher ans Auge setzt, sieht er eine beeindruckende Fülle von Phänomenen – »Lavahügel, die Spitzel, das Hotel, die Fische in Mustern, mit allen ihren Namen, die Flotte« und anderes mehr – und bezeichnet dies als »ein Bild von der Ausdehnung einer Erinnerungsbriefmarke«, in die »jetzt alles herein(kippte)«. Dieses Bild, das kein Foto ist, wird durch den Briefmarkenvergleich mit der Schriftlichkeit von Kommunikation im Zeichen der Abwesenheit konnotiert; dem »Ausschnitt« und dem

36 Vilém Flusser, *Gesten. Versuch einer Phänomenologie*, 2. durchges. u.m. Anh. vers. Aufl., Bensheim (Bollmann), 1993, S. 107.

»Ranholen« qua Tele in Irmas Fotografie steht eine Fülle des Alles und die Ferne gegenüber.

Zur Debatte um die Konkurrenz von Schrift und Foto gehört nicht nur die Frage nach der Bedeutung der produktionslogisch grundierten Augenblicklichkeit des Fotografierens, sondern auch die nach möglichen Beziehungen beider Künste zur Zeit überhaupt, wie eine andere Situation deutlich macht. In dieser Szene wird Irma von Jäcki gebeten, »die Laubenkolonien in Lokstedt aufzunehmen«.[37] Jäcki hatte dort viel Zeit als Jugendlicher verbracht, befürchtete jetzt den baldigen Abriß und »hoffte, Irmas Fotos könnten etwas von der Stimmung bewahren, von der Schlechten Zeit und von der Währungsreform«. Es geht einmal mehr um Erinnerung, wie im Fall der Briefmarke, nun aber nicht in dem Sinne, daß sich eine Person angesichts eines Bildes an etwas erinnert fühlt, sondern daß das Bild selbst Erinnerung dokumentiert oder irgendwie ansichtig macht und etwas, was schon lange her ist, zum Ausdruck bringt. Jäcki begibt sich mit Irma ganz im Sinne des von ihm geschätzten Marcel Proust auf die Suche nach der verlorenen Zeit. Allerdings findet er sie nicht, denn die Fotos »sahen ganz anders aus als in Jäckis Erinnerung«, und wenn er sie »unvorbereitet abgedruckt gesehen hätte, würde er sie nicht wiedererkannt haben«. Woran liegt es, daß das Foto keine Kraft zur Evokation der Erinnerung hat, obwohl ihm doch gerade zugeschrieben wird, dies zu leisten oder, mit Roland Barthes gesagt, eben »keine Gegenwart« zu sein, sondern eine »Verbindung des *Hier und Jetzt* mit dem *Da und Damals*«?[38] Die Fotografin erfüllt Jäckis Wünsche, fotografiert noch ein »Laubenfenster, das im Unkraut lag«, das »das ganze Negativ aus(füllte)«, und vergrößert es auf »sechzig mal achtzig«, so daß der Abzug »fast von der Größe des Fensters« ist. Dennoch fehlt dem Schriftsteller etwas, das die Verbindung zwischen dem Hier und Jetzt und dem Da und Damals herstellen könnte. Über dieses Laubenfenster heißt es weiter: »Jäckis Mutter hatte es aus den mürben Fenstern gedrückt, um der Großmutter zu beweisen, wie abbruchreif das alles sei.« Damit wird dem Foto etwas hinzugefügt, was es nicht zeigen kann, ein »Sinn« über die fotografisch verbürgte indexikalische »Existenz« hinaus, oder, fotografietheoretisch

37 Fichte, *Der Kleine Hauptbahnhof*, S. 195. Die folgenden Zitate S. 195f.
38 Roland Barthes, »Rhetorik des Bildes«, in: *Texte zur Theorie der Fotografie*, hg. v. Bernd Stiegler, Stuttgart (Reclam) 2018, S. 78-94, hier S. 87.

gesagt: »Das Index-Foto bestätigt in unseren Augen die Existenz dessen, was es repräsentiert (das *So-ist-es-gewesen* von Barthes), aber es sagt uns nichts über den *Sinn* dieser Repräsentation; es sagt uns nicht *das bedeutet dies*. Der Referent wird im Foto als eine empirische oder, wenn man es so sagen kann, *unbeschriebene* Realität gesetzt. Seine Bedeutung bleibt rätselhaft für uns, es sei denn, wir sind integrierender Bestandteil der Äußerungssituation, der das Bild entspringt.«[39] Jäcki wird die »empirische«, die »unbeschriebene Realität« des vergrößerten Fotos »gegen die Wand« drehen; dazu folgt der erklärende Satz: »Es war unerträglicher geworden als die Erinnerung an die Zerstörung der Laube, wo die Schlesier gesessen hatten, auf Opas Kuhkoppel, und selbstgepreßten Apfelmost tranken.«

Bilder sprechen nicht nur nicht, sie können auch jene Zeitsprünge oder -schichten nicht darstellen, die Jäcki auf den Fotos der Laubenkolonie als erinnerungsbezogene »Stimmung« zu sehen hofft. Auf den Vorteil, den das Foto hat, weil es eben ohne Sprache funktioniert, kommen wir weiter unten zurück. Hier interessiert vor allem die Beziehung zur Zeit, wie sie im Fall der Schrift und des Schreibens im Unterschied zur Fotografie ausfällt. Schon von der bloßen Geste her gesehen ist das Schreiben diskontinuierlich, wird unterbrochen, setzt neu ein, führt einen Gedanken weiter oder wird mit einem Absatz unterbrochen. Zu ihm gehört »die Struktur eines Denkens (und Handelns), das sich entlang der Zeit abrollt, welche aus der Vergangenheit kommend der Zukunft entgegeneilt, dabei die Gegenwart durchläuft, ohne sich dort aufzuhalten.« Es ist »eine Geste des historischen Bewußtseins«.[40] Aber über die reine Phänomenalität der Schreibgeste hinaus gehört zur Schrift, daß sie es ermöglicht, Erzählpläne kompliziert zu machen, einen Faden hier fallen zu lassen, um ihn an anderer Stelle wiederaufzunehmen, so daß es sich um ein »wirkliches schriftliches Komponieren« handelt.[41] Der Schriftsteller kann in seiner Erzählung aus dem Kontinuum der Zeit herausspringen und »die Zeit nicht nur als einen Rah-

39 Philippe Dubois, »Die Fotografie als Spur eines Wirklichen«, in: *Texte zur Theorie der Fotografie*, hg. v. Bernd Stiegler, Stuttgart (Reclam) 2018, S. 102-114, hier S. 114.

40 Vilém Flusser, *Die Schrift. Hat Schreiben Zukunft?*, Göttingen (Immatrix Publications) 1987, S. 23 u. 63.

41 Walter Ong, *Oralität und Literalität. Die Technologisierung des Wortes*, Opladen (Leske) 1987, S. 97.

men, sondern als einen Konstituenten menschlicher Aktion (begreifen)«, und er kann sogar eine »dekomponierte Geschichte« schreiben,[42] in der sich Zeitschichten überlagern und ein Einst ins Jetzt einzieht. Im Schreiben manifestiert sich »eine dem Bewußtsein entsteigende Aktivität«, die »unsere Aufmerksamkeit auf die Internalisation des Bewußtseins und die introspektiven Techniken (lenkt)«; dazu gehört auch, daß der Erzählplan »sich selbst mittels Erinnerungen und Wiederholungen gliedert«.[43]

Auf die Fotoszene in der Laubenkolonie, die hier hinsichtlich von Verhältnissen zur Zeit interessiert, folgt zwei Seiten später eine Reflexion Jäckis auf die »Einheit von Zeit, Raum, Handlung«. Es geht um »[d]ie einste Einheit, schon fast das Nichts, nur noch der einzige Augenblick selbst.«[44] Nebenbei: die Rede von einster Einheit ist doppelsinnig, bezeichnet sie doch zum einen eine, wenn auch ungewöhnliche, Steigerung gegenüber einer Einheit, die noch einster im Sinne von einiger, eins sein soll, zum anderen die Vergangenheit eines Einst. Jäcki plant hier seinen Roman über »Die drei Sekunden, die ich im Waisenhaus von Schrobenhausen auf meine Mutter warte«, doch zugleich über »Das ganze Jahr Waisenhaus. Alle Zeit, das ganze Leben bis hin zu diesem Augenblick hin [...] Alle möglichen Handlungen, alle möglichen Orte, alle Zeit: der Augenblick selbst, die drei Sekunden, die Dauer des Schreibens, die Dauer des Lesens, meine acht Jahre bis hin zum Abschied aus dem Waisenhaus und alle diese Jahre noch dazu bis jetzt hin.« Ein solches Vorhaben läuft auf komplexe zeitliche Verschränkungen hinaus, eine besondere Art »einster Einheit«: Gegenwart heute und damals, Erinnerung an Vergangenheit, Erinnerung in der Vergangenheit, Vergangenheit als Vergegenwärtigung, vergangene Erwartungen, zukünftige Gegenwart, Wiederholung des Vergangenen als vergangene Zukunft, Dehnung des Augenblicks auf Dauer und Verdichtung von Dauer im Augenblick – eine Komposition von Zeitlichkeiten, die wohl nur schriftlich zu bewerkstelligen und auszuhalten ist. Mit einem an Mündlichkeit orientierten Erzählen, das sich an »mnemonischen Mustern«, »standardisierte(n) thematische(n) Anordnungen« und memorierbarer Erzählführung orientiert,[45] hat dieser Umgang mit Zeit nichts

42 Ong, *Oralität und Literalität*, S. 151.
43 Ong, *Oralität und Literalität*, S. 149ff.
44 Fichte, *Der Kleine Hauptbahnhof*, S. 198.
45 Ong, *Oralität und Literalität*, S. 40.

zu tun. Jedem Leser von Fichtes Schriften dürfte es deshalb auch so gut wie unmöglich erscheinen, seine Romane mündlich nachzuerzählen.

Dirck Linck hat am Beispiel der »Lokstedter Tetralogie«, zu der auch *Das Waisenhaus* gehört, gezeigt, wie sich dieser der Schrift eignende Umgang mit der Zeit auch im Gebrauch der Tempora, in diesem Fall des Präsens, niederschlägt. Das erzählerische »Ereignis des Einbruchs einer unabgegoltenen Vergangenheit in die Gegenwart«, das mit dem Präsens statthat, steht »nicht für Vergegenwärtigung, sondern für die Darstellung einer Verflechtung synchroner Gegenwarten«, so daß es von Seiten des Lesers durchaus zum »Misslingen einer Bestimmung von Zeitverhältnissen« kommen könne.[46] Dieses Spiel mit den verschiedenen Zeitschichten ist fotografisch kaum möglich, hat jedoch bemerkenswerte Ähnlichkeiten mit den filmischen Gestaltungsweisen, wie sie Gilles Deleuze als ein Kino des Zeit-Bildes beschrieben hat. Dieses zeichnet sich dadurch aus, daß es die lineare Zeitlichkeit, wie sie zur Gerichtetheit sensomotorischer Aktion gehört, unterbricht, die einfach gebauten, erzählerisch kontinuierlich verlaufenden Zeitflüsse dekomponiert und Zeit für den Zuschauer gleichsam aufspaltet zwischen der Aktualität eines Jetzt und Bildern der Erinnerung, so daß die gewohnte Sicherheit der zeitlichen Orientierung destabilisiert wird.[47] Ein solcher »Einbruch« von Zeitlichkeiten ist bei Fichte über das *Waisenhaus* und die »Lokstedter Tetralogie« hinaus ein schriftstellerisches Kennzeichen, so auch, wenn Jäcki angesichts von Irmas Laubenkolonie-Fotos jene Gegenwärtigkeit von Erinnerung formuliert, die dem Foto fehlt. Schrift und Zeitlichkeit, wenn man so will, das »historische Bewußtsein« gehören geradezu zum Programm der *Geschichte der Empfindlichkeit*. Der neue Roman, erklärt Jäcki seinem Verleger, handele von »drei Sekunden«, und dieses Damals »ist zwanzig Jahre her«, doch, so Jäcki: »solange brauche ich für drei Sekunden.«[48] Diese Sätze finden sich in einem Roman, dessen Handlungszeit die Jahre 1961 bis 1962 sind und der zwanzig Jahre später geschrieben wurde – wie denn

46 Dirck Linck, »Das Tempus Präsens als Medium der Redegewissheit und der Fiktionalität. Zum Tempusgebrauch in Hubert Fichtes Lokstedter Tetralogie«, in: *Hubert Fichtes Medien*, hg. v. Stephan Kammer u. Karin Krauthausen, Zürich (diaphanes) 2014, S. 43-57, hier S. 47f.

47 Vgl. hierzu auch den Schluß des Kapitels »Kulturtopographie in der Erfahrung von Massentourismus und Migration«.

48 Fichte, *Der Kleine Hauptbahnhof*, S. 221. Die drei Sekunden liegen im Jahr 1942, der Roman über sie (*Das Waisenhaus*) erscheint 1964.

auch eben dieser zeitliche Abstand zwischen Geschehen und Schreiben einem bei Fichte immer wieder begegnet. »Was für ein Wille zur Überbietung der *Gegenwart* der Fotografie!«, stellt Hartmut Böhme fest.[49] Daß eine solche Überbietung überhaupt möglich ist, verdankt sich den mit der Schrift und dem Schreiben gegebenen Eigentümlichkeiten und deren besonderer Leistungskraft, die gerade in Hinsicht auf die Arbeit mit und an Zeitlichkeiten völlig anders ausfällt als im Fall der Fotografie.

Jede paragonale Konstellation ist vielfältig, und je nach dem Gesichtspunkt des Vergleichs zweier Künste verlagern sich die Verteilungen ihrer Stärken und Schwächen. Unter dem Aspekt der Zeit verfügt die Wortkunst über reichere Möglichkeiten des Ausdrucks, wie denn die Sprache überhaupt z. B. mit der Verneinung, den Modalverben des Könnens, Vermutens, Wünschens oder Befehlens und mit den Konjunktionen disjunktiver, temporaler oder kausaler Art ein Repertoire besitzt, das es im Falle von Bildern nicht gibt. Es dürfte schwer sein, einen Satz wie »Das Mondlicht lag auf den Steinen wie Zahnpasta«[50] in einer Fotografie darzustellen – und trüge man zuvor Zahnpasta auf Steine auf, so wären es mit Zahnpasta überzogene Steine, nicht aber solche, auf denen etwas »wie etwas« zu sehen wäre. Unter einem anderen paragonalen Blickwinkel trägt die Bildkunst der Fotografie den Sieg über die Wortkunst des Schriftstellers davon: dann, wenn es um die Frage nach den Chancen der Rezeption geht. Dafür soll eine dritte und letzte Szene aus *Forschungsbericht* herangezogen werden.

Wer ist mein Publikum?

Jäcki und Irma wollen das rituelle »Blutbad« der Schwarzen Kariben erkunden und gehen zur Verabredung mit den Priesterinnen des Tempels. Mit dabei haben sie Irmas Fotobuch mit den schon früher fotografierten Riten, um es den Priesterinnen zu zeigen und sie auf diese Weise vielleicht zum Sprechen zu bringen. Jäcki kommentiert die Szene, an Irma gewandt: »Du solltest sehen, wie dein Buch bei den Schwarzen Karibinnen ankommt. Sie stehen in einem dicken Krinken darum herum und lassen es sich von der alten Hexe vorblättern. Einen

49 Böhme, *Hubert Fichte. Riten des Autors und Leben der Literatur*, S. 52.
50 Fichte, *Eine glückliche Liebe*, S. 69.

solchen Erfolg hat ein Schriftsteller nie. Ich hatte immer gehofft, daß mich die Afrikaner einmal mit solcher Begeisterung lesen würden.«[51] Irmas Fotos sind spontan zugänglich, das neugierige Interesse stößt auf keinen Widerstand, der den Betrachter zurückhält. Demgegenüber hat der Schriftsteller ein Sprachproblem, und während ihm alles zu einer »Angelegenheit des Satzbaus« wird, »hatte es Irma leichter, wenn ihr Foto entzifferbar war, dann würde es zwar nicht unbedingt als Kunst gelten, aber in den Möglichkeiten ihres Metiers war sie dann genau und vollständig.« Zum einen ist das Foto so »genau und vollständig« wie sich der Schriftsteller in seiner Kunst »eine genaue und vollständige Darstellung der afro-amerikanischen Welt nicht vorstellen« kann.[52] Zum anderen aber gibt es für ein Foto, weil es sprachlos ist, keine Rezeptionsschranken. Das Schweigen der Bilder ist nicht nur nicht übersetzbar, sondern braucht auch keine Übersetzung, denn die Sprache, die dem Bild von Seiten des Betrachters hinzugefügt werden mag, ist seine eigene Sprache. Sie hat allenfalls sekundären Status gegenüber der Universalität des Bildes.

Unter diesem paragonalen Blick ist Literatur deshalb immer »Nationalliteratur«, so sehr sie auch auf Welthaltigkeit hin orientiert sein mag – eine Grenze, deren Unübersteigbarkeit Jäcki formuliert. Bei den Schwarzen buchstäblich anzukommen, dieses Schwarz-Sein des Schriftstellers, sein Grenzüberstieg ist im Reich der Vorstellungen angesiedelt, wenn es heißt: »Aber ich bin ganz schwarz – das sieht man nur nicht«,[53] und daß es die schwarzen Buchstaben auf der Weiße des Papiers gibt und Jäcki sich »in Lettern verwandelt«,[54] hilft hier auch nur metaphorisch weiter. Der Fotografin hingegen gelingt es als weißer Künstlerin, bei den Schwarzen anzukommen. Sich auf eine Ausstellung von Leonore Maus Fotos im New Yorker Stadtteil Harlem beziehend, sagt Fichte in einem Interview über Jäcki und Irma: »Jäcki scheitert, Irma wird schwarz. Und Irma wird tatsächlich schwarz, als sie, die Fotografin in New York, in Harlem in einer Bücherhalle ausstellt […], ihre Arbeit jetzt den Leuten vorführen kann, von denen sie sie bezogen

51 Fichte, *Forschungsbericht*, S. 129. »Krinken« = nhd. »Kreis«.
52 Hubert Fichte, *Explosion. Roman der Ethnologie* (= *Die Geschichte der Empfindlichkeit, Bd. 7*), Frankfurt a.M. (S. Fischer) 1993, S. 191.
53 Fichte, *Der Kleine Hauptbahnhof*, S. 69.
54 Hubert Fichte, *Der Platz der Gehenkten* (= *Die Geschichte der Empfindlichkeit, Bd. 6*), Frankfurt a.M. (S. Fischer) 1989, S. 85.

hat.«[55] Für einen Schriftsteller, dem die Liebe zu den Schwarzen eine ebenso existentielle wie erotische Angelegenheit ist, ist diese Erfahrung der Grenze seiner Kunst besonders schmerzlich.

Daß es gerade der Fotografie gegeben ist, »The Family of Man« zu erreichen, hat Siegfried Kracauer in seiner *Theorie des Films* gezeigt.[56] Sie für den Paragone zwischen Fotografie und Literatur heranzuziehen, ist insofern legitim, als Kracauer den Film ganz und gar von der Fotografie her versteht und beide von ihm unter »fotografische Medien« gefaßt werden.[57] Was für den Film gilt, gilt auch für die Fotografie. »Sie machen aus der Welt virtuell unser Zuhause«, geben ganz »unterhalb des Überbaus der spezifischen Story-Inhalte« den »kleinen Zufalls-Momenten, die dir und mir gemeinsame Dinge betreffen«, ihren Raum und ihr Gewicht. Es sind diese qua Bild herausgelösten Szenen oder Gesten, von denen Irma sprach, die »die Dimension des Alltagslebens«, die »Matrize aller anderen Formen der Realität« konstituieren.[58] Dieser Unterbau erscheint für Kracauer in seiner rein bildlichen Anschaulichkeit, eben jenseits von »Stories«, die auf Erzählung und das heißt: Sprache angewiesen sind. Es ist, als kehrte diese Bildlichkeit vor den Sündenfall der Sprache und die babylonische Sprachverwirrung zurück, indem sie »das Elementare und Gemeinsame der Menschen überhaupt« ansichtig macht.[59] Folgen wir Kracauer, so geht mit den fotografischen Medien die »Errettung der äußeren Wirklichkeit« einher: »Film ist, zusammen mit der Fotografie, tatsächlich die einzige Kunstart, die ihr Rohmaterial zur Schau stellt« und »sich immer tiefer in den Dschungel der materiellen Phänomene hineinwagt«.[60] Demgegenüber hat Walter Ong die Schrift mit Internalisation und Introspektion verbunden, wo-

55 Gisela Lindemann u. Hubert Fichte, »In Grazie das Mörderische verwandeln«, in: *Sprache im technischen Zeitalter* 25(104)/1987, S. 308-317, hier S. 317.

56 Siegfried Kracauer, *Theorie des Films. Die Errettung der äußeren Wirklichkeit*, Frankfurt a.M. (Suhrkamp) 1973. »The Family of Man« ist eine Kapitelüberschrift des Buches und zugleich der Titel einer Ausstellung gewesen, deren Idee »von einem geborenen Fotografen stammt«. S. 401.

57 Kracauer, *Theorie des Films*, S. 401. Daß der Film auf der Fotografie basiere, ist freilich aus guten Gründen kritisch zu sehen. S. hierzu Gilles Deleuze, *Das Bewegungs-Bild. Kino 1* sowie *Das Zeit-Bild. Kino 2*, Frankfurt a.M. (Suhrkamp) 1997.

58 Kracauer, *Theorie des Films*, S. 393f.

59 Kracauer, *Theorie des Films*, S. 394. Kracauer bezieht sich hier auf eine Formulierung von Erich Auerbach in seinem *Mimesis*-Buch.

60 Kracauer, *Theorie des Films*, S. 392.

mit nicht gemeint ist, daß eine Erzählung unbedingt psychologisierend ausfallen muß, sondern daß es zur Eigenart von Schriftlichkeit generell gehört, mit der Innerlichkeit von Bewußtseinsprozessen als je individuellen Akten verknüpft zu sein. Die äußere Wirklichkeit der Fotografie eröffnet Anschlußmöglichkeiten allgemeinerer Art, so daß sich ein Eindruck von »Ähnlichkeit« herstellt zwischen dem, was wir auf einem Bild sehen, und dem, was so alles überhaupt zum Leben gehört, und die individuellen Unterschiede zugunsten eines gemeinsamen Anklangs zurücktreten.[61] Im Nachwort zu dem Band *Die Kinder Herodots* mit Fotos von Leonore Mau schreibt Wim Wenders, es scheine ihm, als wäre die Fotografin »an all diesen so unterschiedlichen Orten in der Welt nie in der Fremde, und das, was sie uns zeigt, ist deswegen auch nie exotisch. Da schwingt eine Vertrautheit mit«[62] – ein Effekt veräußerlichender, sprachloser Fotografie, die etwas »Elementares und Gemeinsames« von Menschen in jedem konkreten Bild sichtbar werden läßt.

Wenn die *Geschichte der Empfindlichkeit*, anders als die Fotografien Leonore Maus, »einen wesentlichen Teil ihres Publikums nie erreicht (hat)«, so sucht die vom Haus der Kulturen der Welt in Berlin kuratierte Ausstellung »Liebe und Ethnologie. Die koloniale Dialektik der Empfindlichkeit (nach Hubert Fichte)« in einer internationalen Kooperation mit Künstlern in Portugal, Brasilien, Chile, dem Senegal sowie den Vereinigten Staaten dem ein Stück weit abzuhelfen. Dazu wurden die in den jeweiligen Ländern angesiedelten Romane Fichtes: *Eine glückliche Liebe, Explosion, Psyche* und *Die schwarze Stadt* in die entsprechenden Landessprachen übersetzt und dort allererst lesbar gemacht. Das Projekt zielte darauf, »die Position des Autors an die Orte zurückzubringen, an denen sie entwickelt wurde, und die Akteur*innen dieser Orte einzuladen, sich aus ihrer Perspektive mit Fichtes Werk auseinanderzusetzen«.[63] Auffällig an den Antworten auf Fichtes *Geschichte der Empfindlichkeit* ist, daß sie, sofern sie nicht

61 Kracauer, *Theorie des Films*, S. 402.

62 Wim Wenders, »Zu den Kindern Herodots«, in: Ronald Kay, *Leonore Mau, Hubert Fichte. Die Kinder Herodots*, Frankfurt a.M. (S. Fischer) 2006, o.S.

63 Diedrich Diederichsen u. Anselm Franke, »Extrahierte Empfindungen: Restitution, Scheitern, Weiterschreiben«, in: dies. (Hg), *Liebe und Ethnologie. Die koloniale Dialektik der Empfindlichkeit (nach Hubert Fichte). Ausstellungskatalog*, Berlin (Sternberg Press) 2019, S. 7-11, hier S. 7.

textuell verfaßt sind, von Bildenden Künstlern der Malerei oder von Video- bzw. Installations- und Performance-Künstlern kommen. Offensichtlich hat sich die Fotografie, die »aus der Welt virtuell unser Zuhause« macht und der »Menschheit gemeinsame Dinge« betrifft, als Mittel, die Texte Fichtes zu erreichen, weniger geeignet. Dazu bedarf es einer Kunstform mit inhärenter Kommentarfunktion. Der Paragone, den Jäcki angesichts des Erfolgs von Irmas Fotos bei den Schwarzen Karibinnen vermerkt hat, bleibt auch in dieser Ausstellung bestehen.

8. Marrakesch als Identitätsform, nicht nur bei Fichte

Mit diesem Kapitel, wie auch dem folgenden, verschiebt sich die Perspektive auf Fichtes Literatur noch einmal, indem wir sie mit Werken anderer Schriftsteller in Beziehung setzen. Anders als im Fall von Fichte und Jahnn, deren Paarbildung sowohl biographisch wie durch explizite literarische Bezüge Fichtes verbürgt ist, handelt es sich hier nicht um solche biographischen Kreuzungen, sondern um Relationen, die sich einer systematischen Sicht auf vergleichbare thematische Konstellationen und literarische Problemzonen verdanken. Was Fichte betrifft, so geht es in beiden Kapiteln um *Der Platz der Gehenkten.* Dieser Roman über Marrakesch wird zunächst mit den literarischen Ortsbesichtigungen anderer Schriftsteller, die auch über Marrakesch geschrieben haben, relationiert. Das darauffolgende Kapitel behandelt ihn in romantheoretischer Hinsicht und im Vergleich mit einem Werk Paul Wührs als eine Spielart des postmodernen Romans.

Wer heute eine »Verwörterung der Welt« betreibt, weiß darum, daß es die berühmten weißen Flecken auf der Landkarte nicht mehr gibt, die Blätter zur Verzeichnung der Welt schon von Vorgängern beschrieben sind und von künftigen Schreibern wiederum beschrieben werden können. Offensichtlich gibt es auch Orte mit einer eigenen Attraktionskraft, die wiederholt bereist werden, die die schriftstellerische Imagination auf besondere Weise herausfordern oder beflügeln und die einen Raum für Spiele der Fremdheiten und Identitäten eröffnen. Zu diesen Orten gehört Marrakesch. Aufgesucht nicht nur von Fichte, sondern vielen anderen Literaten und Intellektuellen, hat diese Stadt einen eigenen Traditionsraum schriftstellerischer Neugier höchst unterschiedlicher Art eröffnet, wo ein erzähltes Ich in den Ansichten einer Stadt erfahrbar wird und sich Vorstellungen von Identität entfalten, die besondere Affinitäten zu den Dimensionen von Räumlichkeit unterhalten. Neben Fichtes *Der Platz der Gehenkten* interessieren im Folgenden *Die Stimmen von Marrakesch* (1967) von Elias Canetti und *Marrakesch, Djemma el Fna* (2005) von Christoph Leisten – eine Auswahl, die sich nicht zuletzt dem Umstand verdankt, daß sich Fichte und Leisten auf die ihnen vorangegangenen beziehen, sich somit eine Literarisierung von Marrakesch über einer anderen mit Verschiebungen oder Korrekturen weiterschreibt. Für die Analyse folgen wir nicht einer Sequenz der Werke, sondern orientieren uns an einem Strukturprinzip, das um drei Fragen zentriert ist: nach der Konturierung des Ortes selbst; nach der Selbstrelationierung des Ich im Horizont von Fremdheitserfahrungen; nach der Leistungskraft der literarischen Form für ein topologisch motiviertes Erzählen und Schreiben.

Ort

Marrakesch als Identitätsform zu behandeln, nötigt zu Unterscheidungen vorab. Zunächst meint Identität, in der philosophischen Logik, ›Diesselbigkeit‹, wonach eben ein Begriff mit einer Sache übereinstimmt. Also nicht: Analogie oder Ähnlichkeit. Mathematisch gedacht, ist Identität eine Formel der Gleichheit: 1=1, 3=3, aber auch: 1=3-2 oder 3=100-97. Identität läuft hier sofort aus dem Ruder, weil sie sich relational vervielfältigt und das Ergebnis einer Operation ist. Metaphorisch gesprochen meint Identität so etwas wie ›Wesensgleichheit‹, also eine Mischung zwischen Übereinstimmung in einer Diesselbigkeit und den unendlich variierbaren Gleichheitsformeln der Mathematik. Anthropologisch gedacht, sind alle drei Konzepte mehr oder minder unmöglich: die Diesselbigkeit, die Formeln der Gleichheit und die Vorstellung der Wesensgleichheit; und dies deshalb, weil es unter den unterschiedlichen Fähigkeiten des Menschen eine gibt, die ihm die Distanz zu den Prinzipien von Selbigkeit, Gleichheit und Wesen ermöglicht; mit den Worten der Philosophischen Anthropologie Helmuth Plessners gesagt: seine exzentrische Positionalität, bei Plessner verstanden als das Vermögen, einen u-topischen Standort einzunehmen. Der Mensch kann sich neben sich stellen, aus seiner Haut fahren, sich perspektivieren. Dieses menschliche Vermögen läßt sich in Hinsicht auf Literatur verstehen als die Eröffnung eines Imaginationsraumes, in dem sich ein Ich relational zu einem Ort in einer bestimmten Form reflektiert. Was Identität genannt wird, hat eine Affinität zu Begriffen von Räumlichkeiten, doch dies nicht allein im Bezug auf das Ich, sondern ebenso auf den anderen. Die Spiele der und um Identitäten sind immer relational. Unter den Bedingungen von Ortswechseln, seien sie freiwillig oder erzwungen, treten sie besonders zutage.

Marrakesch ist ein Ort, der von vielen Literaten aufgesucht und dann auch mehr oder minder literarisiert wurde. Zu den Besuchern gehören, um nur einige zu nennen: André Gide, Hugo von Hofmannsthal, George Orwell, Colette, Simone de Beauvoir und Jean-Paul Sartre, William S. Burroughs, Roland Barthes, Arthur Koestler und Ernst Jünger. Die Faszinationskraft dieser Stadt mit ihrer für den Nordeuropäer eigentümlichen Andersartigkeit hat sich seit Orwells frühem Essay über Marrakesch aus dem Jahre 1939 bis heute als ausgeprägter Bedarf an Fremdem gehalten. Daß auch diese Stadt sich zunehmend für den Tourismus hergerichtet und damit auch ihre Fremdheit zum Ausstellungsobjekt gemacht haben mag, ändert daran nichts.[1]

In Canettis Reisebericht *Die Stimmen von Marrakesch*, geschrieben 1954, erschienen erstmals 1967, führt der erste Weg zu einem Markt, und zwar für die Transportmittel der Wüste: die Kamele. Canettis »Erwartung, Hunderte von diesen sanften, kurvenreichen Tieren zu sehen«,[2] wird enttäuscht, denn diese die Imagination beflügelnden Schiffe der Wüste werden gebracht, um sie ins Schlachthaus zu schaffen, während die tatsächlichen Lastträger die Esel sind. Ihnen gilt Canettis Zuneigung und Mitleid: »Längst hatte ich die Esel dieser Stadt ins Herz geschlossen. Auf Schritt und Tritt hatte ich Gelegenheit, über ihre Behandlung Empörung zu empfinden, und war doch ganz hilflos.«[3] Aber noch am elendesten Esel entdeckt Canetti das unübersehbare Zeichen seiner Lust. Hubert Fichte wird später auf diesen Abschnitt über »Die Lust des Esels« referieren. Für Canetti verkörpert sich in den Eseln als den Trägern von Lasten, Lüsten und Gefühlen das, was alle Orte dieser Stadt miteinander verbindet.

Die konkreten Orte, die Canetti aufsucht, lassen sich zwischen den beiden Polen von Unterschied, Distanz, Fremdheit auf der einen und Ähnlichkeit, Nähe, Teilnahme auf der anderen Seite skalieren. Die Suks, d.h. die Marktplätze mit ihren Händlern und Handwerkern, bilden den Unterschied »zur Verödung unseres modernen Lebens« und zu den »Ländern der Preismoral«, in denen »es überhaupt keine Kunst (ist), etwas einzukaufen«.[4] Für den »häufigsten und eindringlichsten, [...] nachhaltigsten Teil« der Marrakesch-Erfahrung stehen die »fremd-

1 S. Ingrid Thurner, »Die Ruinen von Marrakesch«, in: *Wiener Zeitung* vom 30.1.2009.

2 Elias Canetti, *Die Stimmen von Marrakesch. Aufzeichnungen nach einer Reise*, München/Wien (Hanser) 1988, S. 8.

3 Canetti, *Die Stimmen von Marrakesch*, S. 100.

4 Canetti, *Die Stimmen von Marrakesch*, S. 18 u. 20.

artigen Rufe« der blinden Bettler, von deren »Kraft« nichts verloren gehen soll.[5] Die Erfahrung dessen, was hier »so fremd« ist, ist keine optische oder hermeneutische Angelegenheit, sondern eine semantikfreie, rein akustische Situation, was in der Passage »Die Frau am Gitter« über den endlosen Monolog einer wahnsinnigen Frau am Fenster ihres Hauses thematisch variiert wird.

Ähnlichkeiten, Nähe und Teilnahme hingegen finden sich an anderen Orten, die der Hermeneutik eine Chance geben: auf einem Platz im jüdischen Viertel, in einer dort gelegenen Schule, auf dem Friedhof, wo Canetti bemerkt, daß ihm »noch nie [...] Menschen leiblich so nahe gekommen«[6] waren, und schließlich mit dem Eintritt in das Haus einer jüdischen Familie. Die Begegnungen und Gespräche mit dieser Familie bilden das umfangreichste Kapitel der *Stimmen von Marrakesch*, gefolgt von einem weiteren, einer zwischen Ehe und Prostitution angesiedelten Familiengeschichte, von der Canetti in einer von ihm häufig besuchten französischen Bar erfährt. Canettis Aufzeichnungen thematisieren Räume des Innen und Außen gleichermaßen, dies aber versehen mit unterschiedlich intensivierten Fremdheitsgraden. Dabei liegt am äußersten Pol des hermeneutisch nicht mehr Einholbaren das Moment der Unsichtbarkeit, weshalb der Bereich des Akustischen ein prominenter Erfahrungsmodus von Fremdheit wird. Canetti berichtet, daß der Blick von der Höhe der Dächer auf die Stadt und andere Dächer dem Tabu unterliegt, weil damit die Grenzen erlaubter Sichtbarkeit überschritten werden. Das Unsichtbare hat seinen Ort auch am Boden des größten Platzes von Marrakesch, der Djemma el Fna, in Gestalt eines unter schmutzigem Stoff verborgenen Geschöpfes, das Canetti immer wieder, ohne es zu entbergen, aufsucht, um »seinen einzigen Laut«, den »Laut, der alle anderen Laute überlebte«, zu hören.[7] Canetti verknüpft die Orte ausgeprägter und belassener Fremdheit denn auch mit rein akustischen Situationen, während andere einer hermeneutischen Nähe Raum geben.

5 Canetti, *Die Stimmen von Marrakesch*, S. 23.

6 Canetti, *Die Stimmen von Marrakesch*, S. 56. S. auch: Fawzi Bouiba, »Elias Canetti in Marrakesch. Ein Spaniole auf der Suche nach der verlorenen Heimat«, in: *Kulturelle Grenzziehungen im Spiegel der Literaturen: Nationalismus, Regionalismus, Fundamentalismus*, hg. v. Horst Turk, Brigitte Schulze, Roberto Simanowski, Göttingen (Wallstein) 1998, S. 284-298.

7 Canetti, *Die Stimmen von Marrakesch*, S. 118.

Während Canettis Bericht sogleich in die volle Gegenwärtigkeit von Marrakesch führt, beginnt Fichtes Roman *Der Platz der Gehenkten* aus einer doppelten Distanz heraus. Sie liegt einmal im deutlich gemachten zeitlichen Abstand zwischen dem Reisejahr 1970 und der Schreibzeit, die 1985 beendet ist, und zum anderen darin, daß ein damaliger Angsttraum vom Flugzeugabsturz von Fichtes Lebensgefährtin von neuem geträumt wird – also die Thematisierung des Unterschieds zwischen Traum und Realität aller Hinwendung zum konkreten Ort vorausgeht. Von Anfang an wird deutlich, daß es sich hier um eine erinnerte Beschreibung handelt oder, wie es später heißt, um eine »doppelte Verdopplung«.[8] Nach dem traumhaften Entrée des Romans wird der Ort benannt: »Djemma el Fna«,[9] doch sein Name wird mit dem Versuch der Übersetzung problematisch und dementiert geradezu den Titel des Romans. »Djemma el Fna heißt gar nicht Der Platz der Gehenkten. / Djemma heißt Die Moschee, Die Versammlung. / Also vielleicht Der Platz. / Fna heißt Das Fenster / Das Beendete. / Der Tod. / Der Platz der Toten. / Nicht Der Platz der Gehenkten. / Oder:/ Djemma el Fitnah. / Die Versammlung des Volkes, das Angst hat. / Das einen schrecklichen Augenblick erlebt.«[10] Mit der Übersetzung aus der fremden Sprache wird die Vorstellung der philosophischen Logik von Identität, wonach ein Begriff mit einer Sache übereinstimmt, mindestens distanziert, weshalb der Platz, wie es heißt, auch »kein Platz« ist, sondern als »offene Geometrien« bezeichnet wird.[11]

Beschrieben werden keine konkreten Orte im Sinne ihrer architektonischen Beschaffenheit oder funktionalen Bestimmung, sondern über den gesamten Roman hinweg Verhaltensweisen und Begegnungen der Menschen auf der Djemma el Fna. In einzelnen szenischen Einheiten

8 Hubert Fichte, *Der Platz der Gehenkten. Roman* (= *Die Geschichte der Empfindlichkeit*, Bd. 6), Frankfurt a.M. (S. Fischer) 1989, S. 109.

9 Fichte, *Der Platz der Gehenkten*, S. 17.

10 Fichte, *Der Platz der Gehenkten*, S. 108. Fichtes Roman ist nicht als Fließtext geschrieben, sondern, der Lyrik angelehnt, in gegliederten Zeilen.

11 Fichte, *Der Platz der Gehenkten*, S. 197. Zur literarischen Topographie insbesondere der Dreiecksstrukturen von »Der Platz der Gehenkten« s.: Mario Fuhse, »Memory Mapping. Hubert Fichtes ›Der Platz der Gehenkten‹«, in: *Hubert Fichte. Texte und Kontexte*, hg. v. Jan-Frederik Bandel u. Robert Gillett, Hamburg (Männerschwarm-Verlag) 2007, S. 213-224 sowie Mario Fuhse, *Der Platz des Platzes. Gestalt- und raumtheoretische Kontextualisierungen zu Hubert Fichtes Roman »Der Platz der Gehenkten«*, Hamburg (Männerschwarm-Verlag) 2014.

wird aneinandergefügt, was zu sehen, zu riechen, zu hören oder zu schmecken ist. Z.B.: »Mittags am großen Stand – Fleischbällchen in roter Soße. / Abends Lungenwürste. / Gehirn, kalt, mit scharfer Soße. / Gebratene Auberginen sind zu empfehlen!«[12] Oder: »Zur Wahrsagerin mit dem Ei kommt eine junge Frau. / Mit weißem frühzerknitterten Gesicht. / Kohlgrau rahmt die funkelnden Augen ein.«[13] Notiert wird auch, mit Spiegelstrichen versehen, was auf dem Platz zu hören ist, wobei, wie so oft, die Zuordnung der Aussagen zu ihren Sprechern nicht immer eindeutig möglich ist. Es gibt Personen, die dem Leser wiederkehrend begegnen, so der Bratspießchenverkäufer, ein Negerjunge, eine Wahrsagerin, die Gnaua,[14] touristische Hippies und Homosexuelle oder die Erzähler und Schreiber. Der Platz erscheint als Ort des Zusammentreffens von kulturellen Praxen und Riten, die alle mit gleichbleibender Aufmerksamkeit in einer Art flächiger Koexistenz dargestellt werden und keine Abstufungen zwischen Nähe und Fremdheit kennen. Dies gilt auch für die Passagen des Romans, in denen Fichte von seinen homosexuellen Begegnungen schreibt. Es gibt hier keine ausgezeichneten Zonen der Erfahrung, sondern ein Tableau menschlicher Verhaltensweisen und Lebenspraxen mit all ihren Genüssen, Gewaltförmigkeiten, Selbstdarstellungen, Elend, Glück, Gewohnheiten und Riten, die in ihrer sinnlichen Materialität anschaulich gemacht werden.

Christoph Leistens Prosatext *Marrakesch, Djemma el Fna* von 2005 nähert sich über Flugzeug und Taxi allmählich dem Platz, auf dem er als erstes »eine Coca-Cola-Reklame in arabischer Schrift« wahrnimmt, die ihm »als einzig Altvertrautes inmitten der Fremdheit dieser Menschenwoge« erscheint.[15] Was hier zu sehen ist, »schien zu viel zu sein. So war ich gebunden an das, was mir vertraut erschien, auch wenn es mir noch nie begegnet war.«[16] Die Annäherungen an den Platz sind geprägt von Langsamkeit und dem Bestreben, sich »Gewissheit (zu) verschaffen, dass es diese Stadt noch gibt«.[17]

12 Fichte, *Der Platz der Gehenkten*, S. 37.
13 Fichte, *Der Platz der Gehenkten*, S. 131.
14 Eine ethnische Minderheit in Marokko, Nachfahren von Sklaven aus dem westlichen Afrika südlich der Sahara. Ihre rhythmusbetonte Musik hat z.B. Jimmy Hendrix und die Weltmusik der Band *Gnawa Diffusion* aus Grenoble beeinflußt.
15 Christoph Leisten, *Marrakesch, Djemma el Fna*, Aachen (Rimbaud) 2005, S. 9.
16 Leisten, *Marrakesch*, S. 9.
17 Leisten, *Marrakesch*, S. 12.

Ihr Raum erschließt sich immer wieder über Geräusche verschiedenster Quellen, über Namen auf Schildern und Markennamen, die Aufzählung einzelner Gebäude, die bei Rundgängen gesehenen Waren. Menschen erscheinen als »humane Chiffren in einer Landschaft«, die nichts mit den Stadtplänen der Reiseführer gemein hat, denn: »Nie wirst du den Grundriss auch nur annährend ähnlich eingezeichnet finden [...] und immer wieder wirst du einen anderen Platz vorfinden.«[18] In ihrer Unfixierbarkeit wird die Djemma el Fna zum Objekt eines »neuerliche(n) Versuch(s), den Platz nunmehr wahrzunehmen«,[19] mal als »Schauspiel« ohne ein »Zentrum des Bühnengeschehens«,[20] mal mit dem Gehörsinn oder dem Geruchssinn, vermittelt über die Spiele des Lichts und der Farben[21] oder über die Ordnungen bzw. das Nebeneinander von Dingen.[22] Anders als bei Canetti und Fichte werden hier kaum einzelne Menschen oder ihre Tätigkeiten beschrieben. Das topologische Faszinosum bleibt »jene Woge unüberschaubarer Vielfalt«, ein »Gewoge« in einem »Miteinander, das nicht photographierbar ist«, sondern als »ein Gedicht« bezeichnet wird.[23] Indem der reale Platz mit Begriffen für literarische Artefakte belegt wird, wird seine ›natürliche‹ Realität distanziert. Zwar sorgt die Synästhesie der Ortswahrnehmung dafür, die »Dinge nehmen (zu können), wie sie sind«, die Stadt »zugänglich, erlebbar« zu machen.[24] Doch zielt dieser Modus des Erlebens darauf, sich »das Erstaunen (zu) bewahren über das Befremdliche, das Befremden über das Erstaunliche«.[25] Man darf in diesen Beschreibungen des Platzes das Bemühen um den Erhalt der Fremdheit sehen. Gegen Ende seines Textes zitiert Leisten den Schlußsatz von Canettis Reisebericht: »Der Laut, der alle anderen Laute überlebte.«[26] Die Referenz auf die Flüchtigkeit und gleichzeitige Ewigkeit des Lautes weist die Fixierbarkeit des Platzes in seiner sichtbaren Materialität und lokalisierbaren Zugänglichkeit zurück.

18 Leisten, *Marrakesch*, S. 34 u. 30.
19 Leisten, *Marrakesch*, S. 55.
20 Leisten, *Marrakesch*, S. 53; s. auch S. 14.
21 S. Leisten, *Marrakesch*, S. 41.
22 S. Leisten, *Marrakesch*, S. 26 u. 38.
23 Leisten, *Marrakesch*, S. 23 u. 34f.
24 Leisten, *Marrakesch*, S. 72.
25 Leisten, *Marrakesch*, S. 25f.
26 Leisten, *Marrakesch*, S. 71.

Zusammengefaßt: Marrakesch ist der Ort für drei Fremdheitsbegegnungen von unterschiedlicher Qualität: im Falle von Canetti sind sie erfahrbar; für Fichte sind sie erforschbar; für Leisten sollen sie befremdlich sein.

Ich

Dem korrespondieren verschiedene Positionierungen des Ich. An einer Stelle heißt es in Canettis Reisebericht: »Ich *war* dieser Platz [...]. Ich glaube, ich bin immer dieser Platz.« An einer anderen wird er als »›das Herz‹« bezeichnet.[27] Bei Fichte ist zu lesen: »Die Djemma el Fna geht durch mich hindurch.«[28] Christoph Leisten notiert, sich an sich selbst wendend: »*Es ist*, als müsstest du dir Gewissheit verschaffen, dass es diese Stadt noch gibt.«[29] Unterschiedliche Beziehungen auf den Ort konturieren ein jeweils anderes Ich und damit auch verschiedene Modalitäten der Erfahrung des Anderen oder Fremden.

Canettis überaus starke Identifikation mit seinem Platz erlaubt es ihm, all die dort gegenwärtige Vielfalt des Lebens und der Phänomene in sich aufzunehmen und als Bestandteile einer erfüllten Subjektivität, die dieses Außen in sich zentriert, zu empfinden. Man könnte diesen Modus der Verbindung zwischen Ort und Subjekt als Heimatgefühl bezeichnen. Es handelt sich hier jedoch um eine Heimat des Migranten, denn dieser kleine Platz des Herzens liegt im jüdischen Viertel von Marrakesch. Für den Emigranten Canetti, Sohn einer aus Spanien vertriebenen jüdischen Familie, bedeutet dieser Platz nicht Heimat im Sinne einer dauerhaften Ansässigkeit, sondern stellt den Ort einer Heimkehr dar, an dem sich die Gemeinschaft mit denjenigen einstellt, deren Ansässigkeit seit Jahrhunderten fragil, instabil und bedroht ist. Auf diesem Platz gelingt geradezu paradigmatisch die Aufhebung der Fremdheit unter den Bedingungen von Fremdheit. Canettis Bericht ist aus der Perspektive eines qua Identifikation teilnehmenden Ich geschrieben, das sich das Fremde als Eigenes zu assimilieren vermag, seine Subjektivität über Nähe und Empathie entfaltet und Vertrautheit erzeugt.

27 Canetti, *Die Stimmen von Marrakesch*, S. 49 u. 59.
28 Fichte, *Der Platz der Gehenkten*, S. 85.
29 Leisten, *Marrakesch*, S. 12.

In Fichtes Text findet sich weder eine solche Kohärenz des Ich noch eine von ihm ausgehende Aktion des Zugangs zum Fremden. Wenn der Platz, wie es heißt, durch das Ich hindurchgeht, liegt alle Aktivität auf Seiten des Außen, nicht in der Innerlichkeit des Subjekts. Fremdes bahnt sich »von selbst in der Immanenz des ego an [...], ohne dass ego etwas dazu tut«.[30] Fichte fragt: »Wo bin ich?«, »Wo befinde ich mich, wenn ich schreibe?«[31] – er fragt nicht: Wer bin ich? und notiert an anderer Stelle: »Der Autor und seine Doubles«.[32] Phänomenologisch formuliert, werden ego und alter eingeklammert, wobei sich diese Einklammerung dem dezidierten ethnologischen Interesse Fichtes verdankt. Fichtes Literatur ist die eines Reisenden.

Empfindlichkeit als Mittel gesteigerter Wahrnehmung setzt sich von der Ich-Zentriertheit der Empfindsamkeit als Selbstgefühl ab. Es gibt im Marrakesch-Roman Fichtes keine Passagen, die, psychologisch grundiert, das innere Erleben, weder des Ich, noch des Anderen, zur Sprache bringen. Fichte hat kein Interesse daran, Emotionen darzustellen. Der Unterschied in der Stellung, die das Ich hier im Vergleich zu Canetti einnimmt, wird deutlich in einer Passage, die sich auf eben jenen Abschnitt bezieht, in dem Canetti von seiner hilflosen Empörung über das Elend der Esel schreibt. Die Szene bei Fichte lautet: »Der Esel bockt. / Der Mann schlägt auf ihn ein. / Der Esel rührt sich nicht. / Der Mann schlägt weiter. / Der Esel lässt einen riesigen violetten Dödel bis auf die Erde hängen. / Und pisst. / Der untersetzte Ausländer (damit ist Elias Canetti gemeint, CKE), mit einem Gesicht wie Strindberg, macht sich eine Notiz ins Lederbändchen. / Der Eselstreiber springt auf den Rücken des Esels und zieht ihn am Schwanz. / Der Esel legt sich hin. / Der Eselstreiber schlägt weiter auf ihn ein.«[33] Das Fichtesche Ich verzichtet auf jede Identifikation und damit auch auf den damit einhergehenden Identitätsgewinn. Für die Erfahrung des Fremden hat dies zur Folge, daß der oder das Fremde nicht als solches qualifiziert wird. Das Werk des literarischen Ethnologen läuft darauf hinaus, diese Zuschreibungen zu unterlaufen oder auszusetzen und den Dualismus von Identität und Alterität in dem Sinne seinerseits zu verfremden, daß

30 Jochen K. Schütze, *Vom Fremden*, Wien (Passagen) 2000, S. 73.

31 Fichte, *Der Platz der Gehenkten*, S. 107 u. 215.

32 Fichte, *Der Platz der Gehenkten*, S. 138.

33 Fichte, *Der Platz der Gehenkten*, S. 94.

es heißen kann: »Der Skribe ist bi«,[34] was zudem auf Fichtes Bisexualität verweist.

So unterschiedlich die Ortsbezüge und Identitätskonzepte bei Canetti und Fichte auch ausfallen, so wenig stellen sie deren Problematisierung ins Zentrum. Wenn Leisten hingegen von dem doch etwas befremdlichen Wunsch, Gewißheit über die Existenz der Stadt zu erlangen, schreibt, so korrespondiert diesem diffundierenden Ortsbezug eine Diffundierung des Ich-Bezuges. Abgesehen von sehr wenigen Stellen des Textes redet sich das Ich hier mit ›du‹ an und schafft sich damit ein imaginäres Gegenüber, das ein abwesendes Ich konstituiert. Vor dem Spiegel im Hotelzimmer stehend, fällt der »Blick in dein Ich«.[35] Dieses ›du‹ ist »verwoben«, »eingebunden«, »Ego unter den vielen« und wird gefragt: »Gehörst du schon dazu?«[36] Leistens Prosatext, der wie ein Brief an ein Du adressiert ist, kennt kein Ich, das diese Stadt wahrnehmen kann. Rimbauds vielzitierter Satz »Ich ist ein anderer« findet sich auch hier.[37]

Dieses Subjektivitätsmodell stellt zugleich das Konzept der Fremdheitserfahrung bereit. Fremdheit ist nichts, das außerhalb des Subjekts liegt, sondern ist im Subjekt selbst anzutreffen. Nicht die anderen sind ihm, es ist sich selber fremd. Wenn die Position des Fremden im Ich immer schon vom Anderen besetzt ist, haben, so läßt sich mit Jochen K. Schütze feststellen, »Diskriminierungen keinen Sinn mehr, allerdings hört dann auch das Fremde auf, fremd zu sein«. Insofern wäre Leistens Marrakesch-Buch als Zeugnis einer »überlebten Fremde« zu lesen.[38] Der Verlust der Differenz, die es erlaubt, etwas als etwas wahrnehmen und benennen zu können, die Fraglichkeit des Platzes selbst erscheint als eine Art Restschrift, als, wie es heißt, »unlesbarer werdende Textur, die in der Mitte des Platzes in sich selbst versinkt, sich selbst auslöscht«.[39] Ihm korrespondiert das Bemühen, sich nach dem Anachronismus von Orientalismus und Okzidentalismus dennoch das »Befremden über das Erstaunliche«[40] zu erhalten.

34 Fichte, *Der Platz der Gehenkten*, S. 107.
35 Leisten, *Marrakesch*, S. 11.
36 Leisten, *Marrakesch*, S. 34f.
37 Leisten, *Marrakesch*, S. 14.
38 Schütze, *Vom Fremden*, S. 93.
39 Leisten, *Marrakesch*, S. 25.
40 Leisten, *Marrakesch*, S. 26.

Form

Im Blick auf die literarische Form wird die Gespaltenheit des Ich und die Diffundierung des Ortes in Leistens Prosa buchstäblich ansichtig gemacht. Der Text besteht aus 88 Prosastücken, von denen drei kursiv gesetzt sind. Die anderen 85 normal gesetzten beginnen mit kursiv gesetzten Satzanfängen, und in einigen gibt es zudem kursivierte Zitate von Autoren, z.B. von Fichte, Canetti, Rimbaud oder Adorno, deren Namen im Anhang genannt werden. Bei den zumeist halbseitigen Passagen im Normalsatz handelt es sich um essayistische Verschränkungen von Selbstreflexionen und Wahrnehmungen. Ein Beispiel: »*Über Jahre* bildeten die zwei Reihen der Orangensaftstände aus der Perspektive der Terrassen ein langgezogenes V, als stünde irgendetwas auf dem Platz für irgendeinen Sieg. Auf alten Postkarten siehst du eine Sinuskurve, den Halbkreis oder eine Zick-Zack-Linie.«[41]

Während dieser mäandernde Essayismus jede Orientierung an Figuren des Erzählens vermeidet, nähern sich die drei deutlich längeren kursiven Passagen den Möglichkeiten und Gesten des Erzählens. In der ersten, in der der Reisende sich wie gewohnt mit ›du‹ anspricht, geht es um die auf der Djemma el Fna anwesenden Geschichtenerzähler, um die sich die Hörer versammeln. Der zweite kursive Text setzt dies Thema fort, indem er in der dritten Person von einem einzelnen Erzähler berichtet, der »seine Gesten, seine Worte aus(streut), bis sich die Sprache mehr und mehr verdichtet«. Doch es heißt weiter: »Diese Geschichte wird nicht geschrieben werden.«[42] Der Schreiber des vorliegenden Textes hat so wenig wie der Leser etwas zu erwarten, was dem Erzählen, das dort auf dem Platz seinen Ort hat, ähnlich wäre. Der dritte kursive Textteil berichtet vom letzten, Abschied nehmenden Gang über den Platz: »Noch einmal gehst du auf die Ränder zu, auf die Ränder des Platzes.«[43] Angesichts der zielstrebig anvisierten Ränder ist das Zentrum des Platzes kein erzählerischer Ort, auf sein »Durcheinander der Bewegungen« antwortet stattdessen »eine écriture automatique«.[44] Wenn die Ränder der Welt früher von der Fremdheit des Monströsen besiedelt waren, so findet sich bei Leisten heute dort

41 Leisten, *Marrakesch*, S. 26.
42 Leisten, *Marrakesch*, S. 48.
43 Leisten, *Marrakesch*, S. 70.
44 Leisten, *Marrakesch*, S. 13.

ein Du-Ich, das sich in einer textuell inszenierten Spaltung endlos selbst umkreist. Gäbe es nicht wenigstens noch die für den Platz so charakteristischen Erzähler als Gegenbild zum modernen Autor, hier in der Spaltung von Kursiv- und Normalschrift, so hätte sich dieser Text in weiten Strecken auch auf jeden anderen Ort der Welt beziehen können.

In Canettis Reisebericht finden sich solche Artefizierungen formaler Elemente nicht. Dabei wird die eigene schriftstellerische Tätigkeit durchaus auch thematisiert, gerade angesichts der »Macht des Erzählens«, die die Erzähler der Djemma el Fna »über ihre Sprachgenossen ausübten«.[45] Doch der Modus, in dem Canetti davon berichtet, hat hier, wie im gesamten Text, eine eigene narrative Dynamik, weshalb sich an dieser Passage Canettis Erzählweise beispielhaft verdeutlichen läßt. Zunächst stellt Canetti den Unterschied zwischen sich und diesen Erzählern heraus. »Aber statt von Ort zu Ort zu ziehen, nie wissend, wen ich finden, wessen Ohren sich mir öffnen würden, statt im reinen Vertrauen auf meine Erzählung selbst zu leben, habe ich mich dem Papier verschrieben.« Ein Wohlgefühl stellt sich ein, das es unter den Bedingungen des europäischen Literaturmarktes nicht gab, denn: »Hier fand ich mich plötzlich unter Dichtern, zu denen ich aufsehen konnte, weil es nie ein Wort von ihnen zu *lesen* gab.« Der folgende Satz nimmt dieses Urteil jedoch zurück: »Aber in der nächsten Nähe, auf demselben Platze, musste ich erkennen, wie sehr ich mich am Papier versündigt hatte. Wenige Schritte von den Erzählern hatten die Schreiber ihren Ort. Es war sehr still bei ihnen, der stillste Teil der Djemma el Fna.«[46] Beides, Erzählen und Schreiben, Stimme und Schrift, ist gegeben. Die kleinste Bewegung, eine Richtungsänderung des Blicks »in der nächsten Nähe« genügt, um die Narrativität des Textes zu dynamisieren.

Im Verzicht auf ausgeprägte formale Experimente hat Canettis Erzählweise einen durchaus konventionellen Charakter. Doch es gelingt in diesen Aufzeichnungen, das Problem der Statik eines Platzes, der nichts mit einem dem Erzählen entgegenkommenden Raum der großen Fahrt und seinen Ortswechseln zu tun hat, in erzählerische Bewegtheit zu übersetzen. Die literarische Qualität liegt denn auch vor allem in der Sprache selbst, ihrem Reichtum an Metaphern, thematischen Bezügen oder überraschenden kunstvollen Formulierungen.

45 Canetti, *Die Stimmen von Marrakesch*, S. 86.
46 Canetti, *Die Stimmen von Marrakesch*, S. 86f.

Dagegen gibt es in Fichtes Roman fast nur einfache Hauptsätze, häufig auch nur Reihungen von nominalen Nennungen, aber keine Metaphern, die auf weitere oder tiefere Sinnschichten verweisen würden. Überhaupt ist Fichte, der forschende literarische Ethnologe, ein Feind der Metaphern. Der ausgeprägte Kunstcharakter des Romans findet sich woanders. Sein formaler Aufbau bezieht sich auf den zentralen Text der arabischen Welt, den Koran. Fichte erläutert: »Die Texte des Koran werden kürzer von Sure zu Sure. / Die Texte des Platzes der Gehenkten werden länger.«[47] Der religiösen Verknappung wird als literarisches Prinzip die Ausdehnung, das Anschwellen des Textes gegenübergestellt. »Ich möchte das Gesetz der schrumpfenden Glieder durch das / Gesetz der wachsenden Glieder ausgleichen.«[48] Die auch mitschwingenden erotischen Anklänge an die intimsten Weisen von Begegnungen wird man kaum überhören können.

Von der Ordnung der literarischen Gattungen her gesehen, rückt der Roman in die Nähe des Gedichts. Nach dem traumbezogenen Beginn und der Übersetzung der Sure 17 beginnt die strenge Komposition nach Längenmaßen, im Inhaltsverzeichnis ohne Seitenangaben aufgeführt: »Siebzehn mal eine Zeile / Zwei mal zwei Zeilen / Drei mal drei Zeilen / Vier mal vier Zeilen« usw., der Maxime folgend, daß »Wiederholung [...] das poetische Prinzip« sei.[49] Die unbegrenzte Fülle der Empirizitäten des Platzes findet hier ihre kompositorische Ordnung, aber diese Weltaufzeichnung ist, wie die Zahlenreihe, aus sich heraus nicht beendbar. Die Lösung liegt auch hier in der Form. Da mit Sure 17 begonnen wurde, endet der Text mit »Siebzehn mal siebzehn Zeilen und länger«, woran sich noch eine Koda anschließt, die die Anfänge des Romans noch einmal aufnimmt.

Man kann diese literarische Darstellungsweise als rituelle Praxis der Wiederholung und Variation verstehen und damit als eine Schreibpraxis, die an sich selbst vollzieht, was sie im fremden Land mit seinen in Form gebrachten Lebensweisen und Gewohnheiten erforschen will. Es gibt hier keine individuellen Biographien im Zeichen von Fremdheiten, von denen so leicht zu erzählen ist, weil sie vom Strom der Zeitlichkeit getragen werden. Es gibt ebenso wenig ausgezeichnete Besonderheiten

47 Fichte, *Der Platz der Gehenkten*, S. 13.
48 Fichte, *Der Platz der Gehenkten*, S. 13.
49 Fichte, *Der Platz der Gehenkten*, S. 13.

des Fremden oder eine Problematik des Ich. Die »Verwörterung der Welt«,[50] wie es an anderer Stelle bei Fichte heißt, findet gemäß einer Aufzeichnungsweise statt, die sie in der Flächigkeit mathematisch-geometrischer Muster, nicht aber in der Ausstellung essentialisierbarer Fremdheiten anschaulich macht. Gegenüber den beiden anderen Texten über Marrakesch liegt die herausragende literarische Qualität von Fichtes poetischem Roman genau in dieser formalen Resonanz zum Objekt seiner Beschreibung.

Zweifellos ist Marrakesch für europäische Schriftsteller Ort besonderer Faszination. Aus freien Stücken aufgesucht, sind hier Erfahrungen von Fremdheiten zu finden, die auch die Bilder der Tourismusindustrie immer wieder und überall versprechen. Zumal unter den Bedingungen zunehmender Globalisierungen, die zu der Vermutung Anlaß geben, daß »die Dimension des Fremden endgültig ausstirbt«,[51] könnte der Bedarf an Fremdheit und nach dem Anderen, der oder das dann vom Verschwinden bedroht wäre, noch einmal anwachsen. Wie die hier vorgestellten literarischen Werke zeigen, fallen aber die Bezüge auf ›Marrakesch‹ höchst unterschiedlich aus und folgen nicht kurzerhand einer allein touristischen Imago des Ortes im Sinne einer mehr oder minder essentialisierbaren ›Kultur‹ des Fremden.

Ein kurzer abschließender Blick auf zwei weitere literarische Werke mag dies verdeutlichen. In Juan Goytisolos *Engel und Paria,* einer exzessiv fabulierenden, mit verschiedenen Erzählerstimmen und -rollen versehenen Geschichte einer unmöglichen Liebe zwischen einer verelendeten europäischen Frau und einem nicht minder verelendeten Tuareg-Mann, findet sich als letztes Kapitel eine »Raumlektüre des Djamaa el-Fna«. In ihm wird der Platz als »offener und pluraler Raum, Weideland der Ideen« dargestellt, der dem »herrschenden Regelmaß entgegensteht«.[52] Wie die anderen Romane referiert auch dieser auf die vielstimmigen und besonderen erzählerischen Potenzen, die sich auf der Djemma el Fna versammeln, aber anders als in jenen wird er als

50 Hubert Fichte, »Mein Freund Herodot«, in: *Homosexualität und Literatur 1. Polemiken (= Die Geschichte der Empfindlichkeit, Paralipomena 1)*, Frankfurt a.M. (S. Fischer) 1987, S. 381-421, hier S. 419.

51 Schütze, *Vom Fremden*, S. 93.

52 Juan Goytisolo, *Engel und Paria*, aus dem Spanischen v. Thomas Brovot, Frankfurt a.M. (Suhrkamp) 1995, S. 165 u. 181. Barcelona 1980 unter dem Titel *Makbara*.

ein Ort der Opposition ausgezeichnet und zum Gegenpol eines steril und repressiv gewordenen Europa stilisiert. Die Marrakesch-Referenz gewinnt bei Goytisolo den Charakter einer sich zunehmend verschärfenden Politisierung, die die Wertigkeit des Ortes positiv auszeichnet.

Ein Stück weit vergleichbar hiermit ist Hans Werner Geerdts' *yahia marrakesch! es lebe marrakesch!*, eine Komposition kleiner Geschichten, in denen der Autor, ein Schüler Willi Baumeisters, von seinem Leben als Maler in Marrakesch erzählt. Auch hier gilt der Ort als Gegenpol europäischen Lebensstils. »ich wollte gerettet werden von dem ›du sollst‹ westlicher prägung. um des lebens willen, im glauben an die vergänglichkeit von sorgen und kümmernis, um gewärmt zu werden von außen und innen.« Dabei kommt dem baulichen Charakter Marrakeschs eine besondere Bedeutung zu: »zentrum sein und teil des alls, fülle und leere. das ist das geheimnis, das die häuser von marrakesch verbergen.«[53] Die dem Buch beigegebenen Radierungen zeigen auf ornamentähnliche Weise Menschen in Massen oder Gruppen, deren Muster und Geometrien den Eindruck von Gebäudeanordnungen mit einer eigenen Dynamik hervorrufen. Diese Affinität zu geometrischen Strukturen erinnert an Fichtes formales Kompositionsprinzip seines Romans, aber anders als bei Fichte ist Marrakesch hier kein Objekt literarischer Ethnologie, sondern ein Heimatort geworden. Es heißt nicht: »Die Djemma el Fna geht durch mich hindurch«, sondern: »ich wurde teil von marrakesch.«[54] Die Subjektpositionen sind in beiden Sätzen überaus verschieden: ist es im einen Fall der Ort, der mit einer Aktionsmacht ausgezeichnet wird, ist es im anderen Fall das Ich, das sich im Gewirr der Häuser der Stadt ansiedelt.

Es gibt, bei allen Unterschieden in der Literarisierung der Fremdheit von Marrakesch, ein Ensemble von Qualitäten dieses Ortes, die die literarischen Werke durchziehen. Es sind die Intensitäten sinnlichen Erlebens, die Fülle und Unübersichtlichkeit des Platzes, der Momentanismus der Anwesenheit und nicht zuletzt die mannigfaltige Präsenz mündlicher Erzählungen. Diese ›Identitätsform‹ von Marrakesch ist anschlußfähig für die verschiedensten ›Identitäten‹ derjenigen, die diesen Ort aufgesucht haben. Das Schreiben über ihn ermöglicht es den

53 Hans Werner Geerdts, *yahia marrakesch! es lebe marrakesch!*, Pfullingen (Neske) 1984, S. 37f.

54 Geerdts, *yahia marrakesch!*, S. 38.

Autoren, ihr erzähltes Ich in den Ansichten dieser Stadt erfahrbar zu machen. Das literarische Faszinosum von Marrakesch lag lange und liegt noch immer in den Formen und Variationen topologisch motivierter Selbstbezüge. Herkünfte oder substantielle Zugehörigkeiten etwa zu einer Kultur oder Nation spielen dabei offenbar keine Rolle. Der Platz der Stadt scheint auf besondere Weise offen zu sein. Mit den Worten von Hans Werner Geerdts: »jeder x-beliebige auf dem platz, der auch der platz der geköpften genannt wird, kann hier sein blaues wunder erleben.«[55]

55 Geerdts, *yahia marrakesch!*, S. 10.

9. Postmoderne Aufhebungen des Romans: Hubert Fichte und Paul Wühr

»Den Entwicklungsroman schmiß ich weg«,[1] hatte Fichte notiert, um gegen dessen Tradition einen Romanzuschnitt anderer Art zu setzen. Der Roman als Gattung überhaupt hat seit der Leserevolution des 18. Jahrhunderts in Lesevorlieben und Verbreitung der Lyrik und dem Drama bzw. Theater zunehmend den Rang abgelaufen und wird bis heute ihnen gegenüber bevorzugt. Aber der Roman ist trotz dieser gewissen Popularität diejenige Gattung, die ob ihrer ausgeprägten Affinität zu den Anstrengungen einer Zeit, ihre Gegenwart zu denken und eine dafür angemessene Form zu finden, auch immer wieder besonders problematisiert und theoretisiert worden ist – bis hin zu einer Philosophisierung des Romans. Die Geschichte der Debatten um den Modus, in dem eine Gegenwart mit ihren Lebenszusammenhängen im Roman Gestalt annehmen kann oder soll, ist lang. Im 20. Jahrhundert wird der Roman zu jener Gattung, in der die Moderne mit der ihr eigenen Dramatik zutage tritt und zum Problem wird. Die Prämissen dieses modernen Selbstverständnisses, das auf das Leiden an einer verlorenen Totalität und das Projekt einer Vollendung der Moderne noch bezogen ist, werden vom postmodernen Roman distanziert und miniaturisiert und ihres historischen Telos' enthoben. In diesen Zusammenhang gehört das Fichtesche Unternehmen, eine neue Form des Romans zu entwickeln. So sehr dessen Werk auf den ersten Blick den Charakter eines einsamen Unikats oder eines erratischen Blocks in der literarischen Landschaft der Bundesrepublik haben mag – seine Kontextualisierung mit den postmodernen Spielarten des Romans ermöglicht die Entdekkung eines theoretischen Gehalts von Literatur, aus dem Umschichtungen im Selbstverständnis der Gegenwart als Absatzbewegungen vom Selbstverständnis der Moderne erkennbar werden. Mit den populären Romanen etwa der Bestsellerlisten hat man es dabei nicht zu tun, weitaus eher mit einer minoritären Literatur, die von wenigen – auch von wenigen Literaturwissenschaftlern – gelesen wird. Dies gilt bekanntlich für Fichtes Literatur, aber auch für jenen Schriftsteller, den wir als

1 Hubert Fichte, *Hotel Garni* (= *Die Geschichte der Empfindlichkeit* Bd. 1), Frankfurt a.M. (S. Fischer) 1987, S. 93.

Exempel einer postmodernen Literatur vergleichend heranziehen: Paul Wühr. Vor der Interpretation von Wührs Roman *Das falsche Buch* und Fichtes *Der Platz der Gehenkten* ist zunächst im Rückgriff auf Hegel und Georg Lukács eben jener philosophisierende romantheoretische Hintergrund zu zeichnen, vor dem sich die Spielarten einer postmodernen Schreibweise abzeichnen.

Vom Epos zum Roman

Als die eigentliche epische Kunstwelt bezeichnet Hegel die griechischen Epopöen, insbesondere die Homers. Eine ihrer wesentlichen Bestimmungen ist, daß »die Abrundung und Ausgestaltung des Epos nicht nur in dem besonderen Inhalt der *bestimmten* Handlung (liegt), sondern ebensosehr in der *Totalität der Weltanschauung*, deren objektive Wirklichkeit sie zu schildern unternimmt«.[2] Im klassischen Epos »finden wir die Welt [...] zum ersten Male auf der schönen Schwebe zwischen den allgemeinen Lebensgrundlagen der Sittlichkeit in Familie, Staat und religiösem Glauben und der individuellen Besonderheit des Charakters, in dem schönen Gleichgewicht zwischen Geist und Natur, zweckvoller Handlung und äußerem Geschehen, nationaler Basis der Unternehmungen und einzelnen Absichten und Taten; und wenn auch die individuellen Helden in ihrer freien lebendigen Bewegung vorzuherrschen scheinen, so ist diese doch wieder durch die Bestimmtheit der Zwecke und den Ernst des Schicksals so ermäßigt, daß die ganze Darstellung auch für uns noch als das Höchste gelten muß, was wir im Kreise des Epos genießen und lieben können«.[3] Hier findet sich jene Vermittlung des Besonderen mit dem Allgemeinen, in der die konkrete Totalität im Kunstwerk Gestalt annimmt, in der die Einzelheit Bedeutung gewinnt und umgekehrt die allgemeine Ordnung Anerkennung findet, weil sie das Einzelne nicht despotisch beherrscht.

Die Lösung eines der beiden Pole aus seiner Verbindung mit dem anderen hebt jedoch die konkrete Totalität auf, wie dies z.B. in der Idylle der Fall ist, die »von nichts wissen (will) als von Essen und Trinken, und zwar von sehr einfachen Speisen und Getränken, zum Exempel

2 Georg Wilhelm Friedrich Hegel, *Vorlesungen über die Ästhetik* III, in: ders., *Werke in zwanzig Bänden*, Bd. 15, hg. Eva Moldenhauer u. Karl Markus Michel, Frankfurt a.M. (Suhrkamp) 1970, S. 390.

3 Hegel, *Vorlesungen über die Ästhetik* III, S. 401.

von Ziegenmilch, Schafmilch und zur Not höchstens von Kuhmilch, von Kräutern, Wurzeln, Eicheln, Obst, Käse aus Milch – Brot, glaube ich, ist schon nicht mehr recht idyllisch –, doch muß Fleisch schon eher erlaubt sein, denn ganz werden die idyllischen Schäfer und Schäferinnen (Hegel, der Feminist) ihr Vieh doch nicht den Göttern haben opfern wollen«.[4] Die Aufmerksamkeit gegenüber diesen Details des einfachen oder alltäglichen Lebens fällt für Hegel aus dem Kreis des episch Gestaltbaren heraus; bei Hubert Fichte hingegen – darauf sei hier schon hingewiesen –werden sie ins Zentrum des Interesses treten, allerdings nicht im Sinne der Idylle.

Der Nachfahre oder auch: die Aufhebung, im mehrfachen Sinne, des antiken Epos' ist für Hegel der Roman, auch »bürgerliche Epopöe« genannt. Hier findet sich »der Reichtum und die Vielseitigkeit der Interessen, Zustände, Charaktere, Lebensverhältnisse, der breite Hintergrund einer totalen Welt sowie die epische Darstellung von Begebenheiten vollständig wieder ein«. Gegenüber der Antike ist allerdings die historische Voraussetzung der epischen Gestaltung völlig verschieden, denn es fehlt dem Roman im modernen Sinne jener »*ursprünglich* poetische Weltzustand, aus welchem das eigentliche Epos hervorgeht«. Statt am Ursprung situiert zu sein, wäre die Poesie allenfalls zu *erringen*, denn die moderne Voraussetzung des Romans ist eine »zur *Prosa* geordnete Wirklichkeit«.[5] Mit der »Entzauberung der Welt« (Max Weber) sind die Ausgangsbedingungen des Romans bezeichnet, dessen Basis ein ganz und gar diesseitiger, lebensweltlicher Zusammenhang ist, der zu den Ansprüchen der Poesie als einer Synthese, die gelingen soll, querliegt. Wenn hier eine Entgegensetzung oder Kollision für die romanhafte Gestaltung zum Tragen kommen kann, so vorzugsweise die zwischen der Prosa der Verhältnisse, den Zufällen von Umständen und der Poesie des Herzens, die sich an der bestehenden Ordnung der Welt abarbeitet. Insgesamt diagnostiziert Hegel, daß der »heutige Weltzustand eine Gestalt angenommen (hat), welche in ihrer prosaischen Ordnung sich schnurstracks den Anforderungen entgegenstellt, welche wir für das echte Epos unerläßlich fanden«.[6] An die Stelle des Epos' tritt der Roman, welcher zwei Momente zusammenbringen muß: zum

4 Hegel, *Vorlesungen über die Ästhetik* III, S. 391.
5 Hegel, *Vorlesungen über die Ästhetik* III, S. 392.
6 Hegel, *Vorlesungen über die Ästhetik* III, S. 414.

einen die prosaische, wirkliche Welt des täglichen Lebens in all seiner Zufälligkeit und Veränderlichkeit, und zum anderen kann das weite Feld dessen, was in der prosaischen Immanenz gegeben ist, auf die verschiedenste Weise zur fiktiven Welt des Romans gemacht und von der künstlerischen Subjektivität gestaltet werden.

Hegels Darstellung des Epos' bzw. des an seine Stelle tretenden modernen Romans im dritten Teil der *Ästhetik*, dem »System der einzelnen Künste«, ist systematisch auf den zweiten Teil, die Untersuchung der einzelnen Kunstformen, und zwar insbesondere auf die Ausführungen zur Auflösung der romantischen Kunstform bezogen. Nun ist die romantische Kunstform nicht gleichzusetzen mit der literaturgeschichtlichen Epoche der Romantik. Hegel setzt ihren Beginn weitaus früher an, religionsgeschichtlich mit dem Protestantismus und kunstgeschichtlich spätestens mit dem Aufkommen der holländischen Genremalerei. Dennoch ist dieses Kapitel aus der Ästhetik in mehrlei Hinsicht relevant: 1. Das Profil des Romans als eines neuzeitlichen Phänomens läßt sich genauer bestimmen; 2. Lukács' Problematisierung des Romans der Moderne im engeren Sinne, also ab ca. 1890, tritt vor seinem Hintergrund deutlicher hervor; 3. weisen Hegels kunstphilosophische Überlegungen zum Ende der Kunstperiode frappante Affinitäten zum Roman der Postmoderne auf.

Diese letzte Kunstform des Romantischen, zu der eben auch der Roman gehört, zeichnet sich dadurch aus, daß alles, was als objektive Äußerlichkeit gegeben ist, daß alle Phänomene der endlichen Welt zu ihrem Gegenstand gemacht werden können; in ihr hat »alles Platz, alle Lebenssphären und Erscheinungen, das Größte und Kleinste, Höchste und Geringste, das Sittliche, Unsittliche und Böse; und besonders haust sich die Kunst, je mehr sie sich verweltlicht, mehr und mehr in die Endlichkeiten der Welt ein, nimmt mit ihnen vorlieb, gewährt ihnen vollkommene Gültigkeit, und dem Künstler ist wohl in ihnen, wenn er sie darstellt, wie sie sind«[7] – mögen dies Kneipen, Fuhrleute, Ochsen, Esel, Flöhe oder Nachttöpfe sein. Es gibt keine stoffliche Bindung der Gestaltung, d.h. es »gibt heutigentags keinen Stoff, der an und für sich über dieser Relativität stände«.[8] Wenn alles zum Gegenstand der Kunst

7 Hegel, *Vorlesungen über die Ästhetik* II, in: ders., *Werke in zwanzig Bänden*, Bd. 14, hg. Eva Moldenhauer u. Karl Markus Michel, Frankfurt a.M. (Suhrkamp) 1970, S. 221.

8 Hegel, *Vorlesungen über die Ästhetik* II, S. 235.

in der romantischen Kunstform werden kann, so ist es zugleich gleichgültig, welches denn ihr Gegenstand ist.

Der Entlassung der Gegenständlichkeit aus einer Hierarchie der Wertbestimmungen korrespondiert der Aufstieg einer Subjektivität, die allein in ihrer Empfindung, Ansicht, ihrer Phantasie und ihren Einfällen das Regulativ der ästhetischen Gestaltung findet, einer Gestaltung, die dadurch zu einem Spiel mit ihren Gegenständen wird und auf der subjektiven Seite eben jene Zufälligkeit gewinnt, die auch mit der Freisetzung der Gegenstandsbereiche einhergeht. Doch eben damit hat sich »der freie Geist zum Meister gemacht, indem er in (den Formen der Anschauung und Darstellung) keine an und für sich geheiligten Bedingungen seiner Exposition und Gestaltungsweise sieht, sondern ihnen nur Wert durch den höheren Gehalt zuschreibt, den er wiedererschaffend als ihnen gemäß in sie hineinlegt«.[9] Auf die Entfesselung des Gegenständlichen antwortet eine Subjektivität, die allem historisch oder gegenwärtig Vorgefundenen die »vielseitigste Bedeutung« in einer »unendlichen Herumbildung«[10] geben kann.

Für sich genommen sind hier wesentliche Charakteristika postmoderner Ästhetik ausgebildet. Aber dies Ende der Kunstperiode ist bei Hegel in die große Erzählung der Philosophie des Geistes eingebettet. Die Entwicklung zum absoluten Geist ist mit dieser postmodern avant la lettre charakterisierten Kunst nicht zu Ende, sondern wird von der Kunst über die Religion zur Philosophie fortgeführt. Entscheidend ist in unserem Zusammenhang, daß Hegel Charakteristika der romantischen Kunstform, und das impliziert: des Romans – hervorhebt, die von Georg Lukács aufgenommen und modifiziert werden: zum einen die romanhafte »Nachbildung des äußerlich Objektiven in der Zufälligkeit seiner Gestalt«, und zum anderen »das Freiwerden der Subjektivität ihrer inneren Zufälligkeit nach«[11] – eine doppelte Kontingenz nach zwei Seiten also. Bei Georg Lukács wird sie uns – freilich anders bewertet – wiederbegegnen in dem modernen Paar: »kontingente Welt« und »problematisches Individuum«.

Hegel gibt eine Beschreibung der romantischen Kunstform an ihrem Ende, die mit Elementen der Postmoderne kommuniziert: die

9 Hegel, *Vorlesungen über die Ästhetik* II, S. 236.
10 Hegel, *Vorlesungen über die Ästhetik* II, S. 239.
11 Hegel, *Vorlesungen über die Ästhetik* II, S. 239.

Enthierarchisierung der Gegenstände, der Aufstieg des Häßlichen und des Trivialen, der freie Rekurs auf Geschichte und Traditionen, das Spiel mit Inhalten und Formen und deren »Remakes«, die Hinwendung zur Alltäglichkeit und die Entfesselung der subjektiven Phantasie. Avant la lettre finden sich hier Figurationen der Postmoderne notiert, allerdings unter der hegelianischen Prämisse, daß sie im Gang der Geschichte insbesondere des Geistes einer neuen Stufe zustreben: diese Widersprüche des Romans finden eben schließlich in Religion und Philosophie ihre Aufhebung. Die postmodernen Elemente gehören hier in die Entfaltungslinie der Moderne, die immer noch eine Zukunft hat. Wenn man Postmoderne nicht avantgardistisch als Epoche nach der Moderne, sondern richtiger als in der Geschichte der Moderne stets mögliche Reflexionsform über die Abgeschlossenheit von modernen Prozessen begreift, kann man in der vergangenen Moderne immer auch postmoderne Figuren entdecken.[12]

Die Problematik des modernen Romans

Legt man Georg Lukács' *Theorie des Romans* neben Hegels Ausführungen über Epos und Roman, so bemerkt der Leser sehr schnell, daß sich bei Lukács nichts mehr von der philosophischen Gewißheit findet, wonach im Gang der Geschichte eine zur Vollendung führende Dialektik am Werk ist, die allen geschichtlichen Erscheinungen einen jeweils vollen Sinn an einer bestimmten Stelle des historischen Prozesses zuweist. Dieser Sinn dort draußen ist Lukács (dem frühen Lukács der *Theorie des Romans* jedenfalls) abhanden gekommen. Der Roman ist nicht mehr, wie noch bei Hegel, der modifizierte Nachfahre des antiken Epos; die ferne Gegenwelt der Griechen ist stattdessen durch einen nicht zu überbrückenden Bruch von der modernen Gegenwart getrennt, und selbst die Philosophie kann diesen Bruch nicht mehr heilen, weil allein die Tatsache, daß es die Philosophie als besondere Disziplin gibt, jetzt ein Symptom des Risses zwischen Innen und Außen, Ich und Welt, Seele und Tat ist. Der Roman hat eben das Gleiche verloren wie

12 Zur Postmoderne als einer Möglichkeit der Kritik *in* der Moderne s. Jean-François Lyotard, »Das Undarstellbare – wider das Vergessen. Ein Gespräch zwischen Jean-François Lyotard und Christine Pries«, in: *Das Erhabene. Zwischen Grenzerfahrung und Größenwahn*, hg. v. Christine Pries, Weinheim (Beltz) 1989, S. 319-347, bes. 324 u. 325.

die Philosophie, poetisch in Anlehnung an die ersten Sätze von Lukács' geschichtsphilosophischem Versuch gesagt: verloren ist die Verbindung des Sternenhimmels mit dem Ich und den Taten des Menschen, m.a.W. jene gerundete Einheit, die Lukács als Totalität bezeichnet. Für die Moderne gilt, ganz im Gegensatz zu den Griechen: »Wir können in einer geschlossenen Welt nicht mehr atmen.«[13]

Ein eindrucksvolles Beispiel hierfür ist einer der paradigmatischen modernen Romane, Robert Musils *Der Mann ohne Eigenschaften*, in dem es heißt: »Früher hat man gleichsam deduktiv empfunden, von bestimmten Voraussetzungen ausgehend, und diese Zeit ist vorbei; heute lebt man ohne leitende Idee, aber auch ohne das Verfahren der bewußten Induktion, man versucht darauf los wie ein Affe!«[14] Oder, wie an anderer Stelle diagnostiziert wird: »Es war das [...] die bekannte Zusammenhanglosigkeit der Einfälle und ihre Ausbreitung ohne Mittelpunkt, die für die Gegenwart kennzeichnend ist und deren merkwürdige Arithmetik ausmacht, die vom Hundertsten ins Tausendste kommt, ohne eine Einheit zu haben.«[15]

Für Lukács stellt sich jedoch diese nicht mehr geschlossene Welt höchst problematisch dar, denn der verlorenen Totalität korrespondiert jene vielzitierte »transzendentale Obdachlosigkeit«, die das Charakteristikum der Moderne ist. Deshalb ist der Roman »die Epopöe eines Zeitalters, für das die extensive Totalität des Lebens nicht mehr sinnfällig gegeben ist, für das die Lebensimmanenz des Sinnes zum Problem geworden ist, und das dennoch die Gesinnung zur Totalität hat«.[16] So erscheinen die Figuren des Romans als Suchende, die sich im unabschließbaren Prozeß des Suchens befinden und bei aller Gesinnung zur Totalität dennoch keine Vollendung in ausgebildeter Individualität erreichen können. Da dem suchenden Romanhelden weder Wege noch Ziele, weder evidente Erkenntnis noch ethische Gewißheiten fraglos gegeben sind, können die Taten der modernen Romanfiguren in keinen sinnfälligen Zusammenhang eingebettet werden, sondern stehen ihnen fremd gegenüber. Die Tat, in der sich die moderne Individualität im fundamentalen und radikalen Akt zum Ausdruck bringt, kann deshalb

13 Georg Lukács, *Die Theorie des Romans* [1916], Neuwied/Berlin (Luchterhand) 1965, S. 27.
14 Robert Musil, *Der Mann ohne Eigenschaften*, Reinbek (Rowohlt) 1970, S. 636.
15 Musil, *Der Mann ohne Eigenschaften*, S. 20.
16 Lukács, *Die Theorie des Romans*, S. 53.

letztlich nur der Wahnsinn oder das Verbrechen sein[17] – sofern die Unfähigkeit zur Tat nicht zum Thema des Romans selbst wird, wie in Musils *Der Mann ohne Eigenschaften*.

Dafür sind zwei Momente verantwortlich, die Lukács zufolge den modernen Roman kennzeichnen. Auf der einen Seite liegt die Erfahrung einer *Fremdheit der Außenwelt*, die »in einander vollkommen heterogene Bruchstücke (zerfallen ist) und die nicht einmal isoliert, wie die Abenteuer in ›Don Quixote‹ eine sinnlich selbständige Valenz des Daseins besitzen«.[18] Da nichts so sein muß, wie es ist, sondern auch anders sein könnte, ist das, was ist, mit Kategorien des Werts kaum zu bestimmen. Die empirische Welt und das Verhältnis zu ihr, »die Abwesenheit des gegenwärtigen Sinnes, die unauflösbare Befangenheit in sinnlosen Kausalverknüpfungen, [...] das Beharrenmüssen und Sichnichtbefreienkönnen aus den Fesseln der bloßen brutalen Stofflichkeit«: dies allerdings belegt Lukács durchaus mit einem literarästhetischen Wertbegriff: dem der »Trivialität«.[19] Der Einbruch des Trivialen in die Welt des modernen Romans bezeichnet die Dehierarchisierung einer fremd gewordenen Welt, in der Selektionen nach einem Prinzip von Wesentlichkeit oder Relevanz nicht mehr funktionieren.

Auf der anderen Seite findet sich als Charakteristikum des modernen Romans eine unendliche Selbstreflexivität des Subjekts, die als *Eigenleben der Innerlichkeit* zu fassen ist.[20] Dem Ausfall der sinnhaften Ordnung einer Totalität korrespondiert der Einfall einer Subjektivität, die »alles gestalten (will) und gerade deshalb nur einen Ausschnitt spiegeln (kann)«. Lukács bestimmt das Subjekt als ein »Fragment«, für das »nur das Ich [...] seiend geblieben (ist), doch auch seine Existenz zerrinnt in der Substanzlosigkeit der selbstgeschaffenen Trümmerwelt«.[21] Subjektivität ergeht hier gleichsam nur noch als Forderung an das Ich, das sich in all seinen Abgründen selbst zu entdecken sucht.[22]

Die beiden Momente des modernen Romans: »Eigenleben der Innerlichkeit« und »Fremdheit der Außenwelt« faßt Lukács allgemeiner mit dem Begriffspaar »problematisches Individuum« und »kontingente

17 Lukács, *Die Theorie des Romans*, S. 58f.
18 Lukács, *Die Theorie des Romans*, S. 121.
19 Lukács, *Die Theorie des Romans*, S. 55.
20 Lukács, *Die Theorie des Romans*, S. 64.
21 Lukács, *Die Theorie des Romans*, S. 49.
22 Lukács, *Die Theorie des Romans*, S. 30.

Welt« als »einander wechselseitig bedingende Wirklichkeiten«.[23] Damit spricht Lukács nicht mehr nur über den Roman der Moderne, sondern generell über die Moderne. Während bei Hegel auf das Ende der Kunst gelassen geschaut werden konnte, weil danach eine andere Form des Geistes an der Reihe war, übernimmt bei Lukács die Romanform selbst philosophische Aufgaben, d.h. Erfahrung und Begriff der Moderne fallen mit dem Roman *in* der Moderne zusammen. Das heißt nicht, daß der Roman in bloß inhaltlicher Hinsicht ein Panorama des modernen Lebens abschildern würde. Es heißt vielmehr, daß der Roman die Form ist, in der sich die Moderne selber gegeben ist und reflektiert: eben in der formellen Struktur von kontingenter Welt und problematischem Individuum. Auf diese Situation ist Lukács zufolge allein mit der ästhetischen Form zu antworten, wenn er schreibt: die »Dissonanz der Romanform, das Nicht-eingehen-Wollen der Sinnesimmanenz in das empirische Leben, gibt ein Formproblem auf, dessen formeller Charakter viel verdeckter ist, als der anderer Kunstformen«.[24] Es handelt sich nicht allein um eine Frage der Kunstformen, sondern sie ist geladen mit geschichtsphilosophischer Problematik.

So diagnostiziert Lukács zwar den Verlust der Totalität, nicht aber den Verlust der Gesinnung zur Totalität. Diese Gesinnung kann sich aber nicht realisieren, wenn sie sich an einen besonderen Inhalt heftet – denn jeder Inhalt steht im Horizont der Moderne unter dem Verdikt seiner Kontingenz. Die Zufälligkeit des Wirklichen, die Heterogenität der Empirie und die subjektiven Abgründigkeiten mit ihrem Hunger nach Ganzheit machen eine inhaltliche, oder besser: substantiell gesicherte Bindung an einen konkreten Inhalt unmöglich. Deshalb bleibt für die Gesinnung zur Totalität allein der Bezug auf die Form übrig. Wenn die »Komposition des Romans [...] ein paradoxes Verschmelzen heterogener und diskreter Bestandteile zu einer immer wieder gekündigten Organik ist«,[25] so kann sich allein der Wille zur Form behauptend zur Geltung bringen. Über den Formwillen begreift sich hier die Moderne in der ihr eigenen Totalität – die sie nicht hat. Ein letztes, einheitsstiftendes Prinzip wird schließlich in Anschlag gebracht: auf die unüberwindbare Dualität, die darin besteht, daß das problematische

23 Lukács, *Die Theorie des Romans*, S. 76.
24 Lukács, *Die Theorie des Romans*, S. 69.
25 Lukács, *Die Theorie des Romans*, S. 83.

Subjekt die Welt der Dinge nie recht erreicht und umgekehrt die Welt der Dinge keine normative Objektivität gewinnen kann, auf diese spezifisch moderne »Zweiheit im Formen« antwortet eine »Einheit in der Formung«.[26] Der Wille zur Form ist damit nicht nur ein Gestaltungselement des Romans, sondern erhält eine geschichtsphilosophische Signatur im Rahmen einer aufgegebenen Vollendung der Moderne. Denn daß die bei Lukács als leidvolle Zerrissenheit erfahrene Moderne qua Form transformiert werden soll, wird deutlich, wenn es heißt, daß die »Gefahr, die aus diesem abstrakten Grundcharakter des Romans entsteht, bekämpft [...] werden (kann), indem das Unabgeschlossene, Brüchige und Übersichhinausweisende der Welt bewußt und konsequent als letzte Wirklichkeit gesetzt wird«.[27] Indem der Formcharakter der Moderne und ihres Romans als unabgeschlossen gesetzt wird, wird er zum Referenzraum eines auf Endgültigkeit zielenden Formwillens. Nebenbei bemerkt: Der marxistische Revolutionär Lukács, der seine *Theorie des Romans* am Ende des Ersten Weltkrieges als dekadent verwarf, hat dann parteilich politisch versucht, diesen Formwillen zu realisieren.

Für unseren Kontext läßt sich Lukács' luzide Beschreibung der Moderne übersetzen, um die Signaturen eines Romans im möglichen Ausgang der Moderne zu beschreiben. Für eine solche Übersetzung ist Hegel heranzuziehen.

Was bei Lukács als Problematik der kontingenten Welt erscheint, das läßt sich – in Anlehnung an Hegels Ausführungen zum Ende der romantischen Kunstform – als Prosa der Welt verstehen. Hier handelte es sich ja um die Emanzipation des Stofflichen in einer als endlich begriffenen Welt und um eine Dehierarchisierung der empirisch gegebenen Gegenstände, die alle zur Welt des Romans gehören können. Mit Hegel formuliert: am Pol des Objektiven findet eine Vermehrung der Phänomene der Welt in einem Ausmaß statt, welches die Weltaneignungskompetenz vom Standpunkt eines Subjekts aus bei weitem übersteigt. Diese Welt fordert ihr eigenes Recht, jenseits ihrer anverwandelnden Assimilation durch ein Subjekt. Damit wird die »Fremdheit der Außenwelt« zur Persistenz des Fremden. In den seit den sechziger Jahren in Erscheinung tretenden Reflexionsformen eines möglichen

26 Lukács, *Die Theorie des Romans*, S. 83.
27 Lukács, *Die Theorie des Romans*, S. 69.

Ausgangs der Moderne wird Lukács' großangelegte geschichtsphilosophische Dramatik miniaturisiert, indem diese Prosa der Welt eine leichtere Form findet: in der Ethnographie im weitesten Sinne und im reportageähnlichen Schreiben. Hubert Fichtes Werk kann dafür beispielhaft stehen.

Das andere, von Lukács entfaltete Charakteristikum der Moderne: die Figur des »problematischen Individuums« läßt sich übersetzen als Freisetzung der Phantasie, der Vorstellungswelten, der immer erneuten Erfindung von Bedeutungen in den unendlichen Umbildungen aller Traditionen. Am Pol des Subjektiven findet seit den sechziger Jahren eine Vermehrung von Imaginationen statt, die die Grenzen des Wahrscheinlichen auf der Ebene der Prosa der Welt überschreitet. In der Proliferation immer neu generierter fiktiver Welten findet jene Problematik des Individuums eine Depotenzierung ihrer dramatischen Seite. Dieser mögliche Ausgang der Moderne läßt sich im Werk Paul Wührs finden. Eine bemerkenswerte Gemeinsamkeit liegt darin, daß all die Personen, die die beiden Romane bevölkern, zwar durchaus Probleme haben, nicht aber zu problematischen Individuen gemacht werden. Im Gegenteil, sie sind – einmal auf der Ebene des Empirischen, das andere Mal im Reich der Fiktionen – an der prosaischen Proliferation des Stofflichen beteiligt, die weder im einen noch im anderen Fall im Gebiet des Vertrauten verweilt.

Nach diesen allgemeinen Klärungen der Verhältnisse zwischen Roman, Moderne und Postmoderne können die Werke von Paul Wühr und Hubert Fichte auf das von Lukács formulierte und mit Hegel übersetzte moderne Spannungsfeld zwischen einer Welt der Fiktionalität und einer Empirie des Lebens bezogen und jeweils in ihrer Affinität zu einem dieser Spannungspole interpretiert werden. Dabei wird deutlich werden: Während bei Lukács die moderne »Zweiheit der Formen« noch unter dem Druck ihrer Vermittlung in der »Einheit der Formung« stand, bewegt sich der Roman im heute möglichen Ausgang der Moderne jenseits einer solchen Finalisierung.

Das Werk Paul Wührs, der 1927 in München geboren ist, umfaßt mehrere Hörspiele, eine Reihe von z.T. sehr umfangreichen Gedichtbänden und mehrere Prosatexte. Unter den Prosatexten fällt die Auswahl vergleichsweise leicht, denn jener mehr als 700 Seiten umfassende Text mit dem Titel *Das falsche Buch* (1985) kann mit gutem Recht als das Zentrum sowohl der Wührschen Prosa als auch seiner Poetik angesehen werden. Im Fall von Hubert Fichte ist die Auswahl eines beispielhaften Romans komplizierter. Bei aller Verschiedenheit gegenüber dem Prosawerk Paul Wührs ist es jedoch angebracht, die Auswahl im Blick auf eine Korrespondenz zu treffen und einen Roman Fichtes zu wählen, der eine vergleichbare Konstellation aufweist. Zu finden ist sie für beide Autoren im Ort der Romanhandlung. Den Schauplatz des *Falschen Buches* bildet der im Münchener Stadtteil Schwabing gelegene Platz »Münchener Freiheit«, den des aus Fichtes Werk ausgewählten Romans mit dem Titel *Der Platz der Gehenkten* (1989) der Marktplatz in Marrakesch. Über die Frage nach postmodernen Signaturen der Romane hinaus können daher weitere vergleichende Aspekte hinzukommen.

Proliferation fiktiver Welten: »Das falsche Buch«

Paul Wühr hat auf eine Gattungsbezeichnung für das 1985 erschienene *Falsche Buch* verzichtet. Von Rezensenten wurde es als »großes Welttheater«, »Prosafestspiel«, »Romantheater«, »Mordsstück Literatur«, »poetisch-philosophisches Kostümfest«, auch als das »einzig wahre Buch« u.a.m. bezeichnet.[28] In der Tat ist der Begriff des Romans hier, wie auch bei Fichte, nicht ohne weiteres applizierbar, sofern mit ihm die Konvention der Erzählung einer Geschichte verbunden ist, deren von Anfang zum Ende gespannter Handlungsbogen mit charakterisierbarer Personnage vom Leser wiederum erzählend wiedergegeben werden könnte. Stattdessen heißt es explizit, daß »von Fortlauf, oder gar Ablauf, oder gar Handlung, oder gar einer, nicht gesprochen werden dürfte«.[29] Es handelt sich, wenn es diese Gattungsbezeichnung gäbe, eher um eine Folge von Fortsetzungsgeschichten, mit Rückgriffen, Vorgriffen, Korrekturen am schon Geschehenen, plötzlichen Verwandlungen eingeführter Personen bis hin zum Wiederauftrittsrecht von Toten – von diesem letzten Recht abgesehen, trifft alles andere weitgehend auch auf Fichtes Konzept der *Geschichte der Empfindlichkeit* zu. Fortsetzungsgeschichten gehorchen nicht einer Logik zum Ende hin, sondern den im Rahmen einer Serie möglichen Variationen

28 Rezensionen sind zusammengestellt in: *Paul Wühr. Materialien zu seinem Werk*, hg. v. Lutz Hagestedt, München (Brehm) 1987.

29 Paul Wühr, *Das falsche Buch*, Frankfurt a.M. (S. Fischer) 1985, S. 112.

und Neuformulierungen. Deshalb hat die schreibbare Textmenge auch keine Grenze am Gesetz des Realen oder einer »Entwicklung«, die an einer bestimmten Stelle ihr Ziel erreicht hätte; die Geschichten, die fraglos noch mehr als über 700 Seiten hätten umfassen können, gehorchen allein den unendlichen Wucherungen der Phantasie, zumal der Autor versichert: »Ich bleibe im Buch«, also die Möglichkeit abweist, der Fiktion eine Grenze und ein Ende zu setzen, indem er sich auf den Weg ins Reale begibt.[30]

Wenn in dieser Welt der Fiktionen auch keinerlei Teleologie eines Geschehens auszumachen ist, so besteht sie doch aus labyrinthischen Verknüpfungen kaum übersehbarer Erzählfäden, von denen das 19seitige Inhaltsverzeichnis einen ersten Eindruck gibt. Ein eigenes, knapp 8seitiges, aus einem Satz bestehendes Kapitel über das Labyrinth, das durchaus als »eine mikroskopische Verkleinerung des gesamten *Falschen Buches*« anzusehen ist,[31] erweist nicht nur, daß Irren und Verirren zu den Bedingungen des Erzählens gehören, sondern auch, daß Buch und Labyrinth als Synonyme anzusehen sind, wenn es heißt: »Die Grenzen des Labyrinthes stimmten genau überein mit der Absperrung, gute Arbeit.«[32]

Begrenzung und Absperrung bestimmen den Schauplatz des *Falschen Buches* und werden zu Beginn, am Ende, aber auch im Buchinneren thematisiert. Abgesperrt ist ein Platz, die Münchener Freiheit. Indem der Autor (»Ich«) ein von zwei Polizisten gehaltenes Seil, das ihn aufhalten soll, übersteigt, befindet er sich auf diesem Platz. Ein Stadtplan von diesem Platz ist dem Buch vorangestellt. Innerhalb der Absperrung baut sich die Architektur des Platzes auf, bestehend u.a. aus der Leopoldstraße, dem Max Gymnasium, dem Roten Platz, der Spanischen Treppe, Les Charmettes (Rousseaus zeitweiligem Wohnsitz), der Wüste mit Standbildern von Hegel, Marx und Freud, dem Olympiagelände, der Raubritterburg Stein, einem Nadelöhr, einem Kaufhaus und dem Café Freiheit. Es handelt sich also um eine Mischung aus tatsächlichen Münchener Bauwerken dieses Platzes, an anderer Stelle in München stehenden Bauten, bekannten europäischen

30 Wühr, *Das falsche Buch*, S. 722.

31 Jürgen Nelles, *Denk-Spiele der Poesie. Der Hörspielmacher und Schriftsteller Paul Wühr*, Bonn/Berlin (Bouvier) 1991, S. 357.

32 Wühr, *Das falsche Buch*, S. 618.

und außereuropäischen Sehenswürdigkeiten und erfundenen Bauten.[33] Die Zusammenstellung verschiedenster Bauwerke und Stile läßt sich durchaus vergleichen mit Konzepten postmoderner Architektur, deren Heterogenität von Elementen verschiedene Bedeutungsdimension miteinander arrangiert.

In der Öffentlichkeit dieses real-fiktiven Raumes vollzieht sich der Auftritt der Figuren, zunächst des Erzählers, dessen Identität höchst fraglich ist, da er sich zunächst als Frau fühlt, sich dann aber als Mann erhebt, »der im Wahn, die schönste Frau auf diesem Terrain zu sein, vorhatte, in die entsprechende Divergenz zu eilen«.[34] Begleitet wird der Erzähler von einem noch wenig bemerkten Boxer, einem Hund, der sich zum Raubritter Heinz von Stein verwandeln wird.

Nachdem sich der Autor zur ersten erfundenen Figur des Buches gemacht hat, folgen weitere Protagonisten, werden erfunden, indem sie beschrieben werden: Poppers etwa, der später, in Abgrenzung zu den Poppern, Poppes genannt wird, kommt als »Papierflieger« vom Himmel, als beschriebenes Blatt an, der Einbildungskraft des Schreibers entsprungen; die, später auch der Rosa entsteht aus einem als »Urbs rosa« gesehenen München, wenn von Rosa die Farbe abstrahiert wird. Andere Figuren entstehen z.B. durch die Erscheinung eines Gesichtes anläßlich einer Schuhsohle (Robin) oder durch gut geplante Zeugung und schließliche Geburt (Jeanne) aus dem Knie einer schon erfundenen Figur (Poppes). Der Roman führt eine Proliferation von Erfindungen vor, die kein Ende findet, sondern seriellen Charakter hat. Über den Autor, bzw. den Erfinder heißt es: »Ganz unglaublich. Nicht genug damit, daß er Personen erfindet. Seine Personen fordert er dazu auf, selber solche zu erfinden. Sie sollen sich also selber vermehren«; es handelt sich um »Ausgeburten«, allerdings des Kopfes, weil »er mit seinem Glied auf einer Materie schreiben muß, die kein Loch hat, aus dem seine Ausgeburten in eine Welt schlüpfen könnten«.[35] Da die reale Welt hier nicht als Begrenzung des Fiktiven zum Einsatz kommt und

33 Zur Analyse der »Stadt als Kombinationstafel« und der Bedeutung der orientalischen und okzidentalen Raumbezüge s. Erik Grimm, »Paul Wührs ›Das falsche Buch‹ – die Schöpfungsgeschichte einer Großstadt«, in: *falsches lesen. Zur Poesie und Poetik Paul Wührs. Festschrift zum 70. Geburtstag*, hg. v. Sabine Kyora, Bielefeld (Aisthesis) 1997, S. 253-276.

34 Wühr, *Das falsche Buch*, S. 35.

35 Wühr, *Das falsche Buch*, S. 175.

umgekehrt die Grenzen des Fiktiven in der Absperrung der Münchener Freiheit eingehalten werden, entsteht eine unüberschaubare Menge an Figuren: es sind etwa 500 Namen und Figuren, die vorkommen[36] und die die Öffentlichkeit dieses Platzes ausmachen.

Zu diesen Figuren gehören die vom sich selbst erfindenden Autor Erfundenen (wie Poppes, Rosa, Heinz von Stein, Nathalie, Robin), Figuren aus anderen literarischen Werken (wie Odysseus, Hermann und Dorothea, Antigone), und schließlich Personen aus Geschichte und Zeitgeschichte (wie Montaigne, Hamann, Adorno, Bataille, Luhmann, Fontane oder Hölderlin). Daraus entsteht zudem ein Feld von Resonanzen zwischen erfundenen Figuren und solchen der Literatur oder Geschichte, wie z.B. zwischen Robin und dem legendären Robin Hood oder zwischen Odysseus und Adorno.

Man kann dies mit dem insbesondere für postmoderne Literatur immer wieder in Anschlag gebrachten Terminus der Intertextualität belegen. Nun gibt es das Phänomen der Intertextualität schon seit längerem, wie das Beispiel des *Don Quijote* zeigt. Wühr hingegen potenziert die intertextuelle Praxis noch einmal. Denn das Gewebe von Fiktionen, das in den wuchernden Wiederholungen des Artifiziellen und der Erfindungen entsteht, wird nicht von einem Autor regiert, der Herr der Reproduktionen, Wiederaufnahmen, Manipulationen, Verdrehungen und textuellen Klonierungen ist. Die erfundenen Figuren erhalten vielmehr Einspruchsrecht gegenüber den Erfindungen.

Diese Figuren, wiederholt als Pseudos, d.h. als Unechte bezeichnet, treten als »Wir« dem Autor, dem Regisseur gegenüber, um seine Fiktionen zu korrigieren, andere zu entwickeln, vorgängige rückgängig zu machen, neue Verknüpfungen herzustellen. So spielt Nathalie die Antigone auf der »Bühne Biographie« und besteht darauf, daß sie »falsch zitiert werde«.[37] Den sich wiederholenden Einsprüchen der Pseudos als »Wir« korrespondieren Nachträge, Einträge und Einschübe des »Ich« mit Reflexionen auf Vergangenes und Zukünftiges, so daß das inter-

36 Nelles, *Denk-Spiele der Poesie*, S. 319. Die Sekundärliteratur zu Wühr ist nicht sehr zahlreich. Nelles (*Denk-Spiele der Poesie*) gibt u.a. eine ausführliche Darstellung der Figurenkonstellationen in »Das falsche Buch«. Eine Übersicht über die wichtigsten Personen und ihre Auftritte bei Robert Echtler u. Lutz Hagestedt, »Adreßbuch für ›Das falsche Buch‹. Personenregister«, in: *Paul Wühr. Materialien zu seinem Werk*, hg. v. Lutz Hagestedt, München (Brehm) 1987, S. 160-169.

37 Wühr, *Das falsche Buch*, S. 290.

textuelle Gewebe der ersten Stufe auf einer zweiten Stufe noch einmal neu gestaltet und reflektiert wird. Damit wird die Menge aller anderen Bücher zur Voraussetzung des *Falschen Buches.* »Ich bin bis unter den Friedhof belesen«, bemerkt das Erzähler-Ich.[38] Voller Anspielungen und Zitate betreibt es Mimesis der Literatur, niemals der Natur. Das Zitieren folgt der »Lust umzudrehen«, legt Worte in den Mund und verdreht sie in der Wiederholung: »Zitate. Zitatenunwesen.«[39] Die Fortsetzung von Literatur findet hier statt, indem sich eine Literatur II auf eine Literatur I in irregulären Reproduktionen und Umschreibungen rückbezieht. M.a.W.: Intertextualität ist hier zugleich eine poetische Praxis *im* Text *und* Bezug *auf* andere Texte.[40]

Die Träger dieser »unendlichen Herumbildung« – um die Formulierung Hegels aufzugreifen –, ob »Ich« oder »Wir«, sind von der Welt des Realen abgeschnitten, aber die Proliferationen der Phantasie machen sie nicht zu »problematischen Individuen« wie bei Lukács, und dies nicht, obwohl weder ihr Geschlecht, noch ihre Zugehörigkeit zur Mensch- oder Tierwelt festgelegt werden können, weil sie jeweils beides sind, also gedoppelte bi-Wesen. Die Frage, um was es sich denn bei den Figuren des Buches handeln könnte, wird einmal relativ eindeutig beantwortet: »Zumindest um Kyniker, jedoch nur halbe ... [...] Also nicht richtige.« Und kurz davor: »Sie sehen jedoch wie Erwachsene aus. [...] Sind aber wahrscheinlich Hunde.«[41] Der Kyniker, der hier als Transformation des »problematischen Individuums« verstanden werden kann, ist ebenfalls doppelt, bi-konnotiert. Zum einen bezieht sich die Rede vom Kyniker auf den bedürfnislosen Wilden und seine mit der Option für Natur verbundene Negation von Kulturwerten (die häufigen Referenzen auf Rousseau im *Falschen Buch* verweisen darauf). Doch nicht dieser Kyniker ist gemeint, sondern ein »umgedrehter Kyniker«, der den Bezug auf Natur zurückweist, um, von Wünschen getrieben, den Ort der Kultur aufzusuchen. Die »umgedrehten Kyniker« vollziehen den Austritt aus Kultur als Eintritt, nämlich als einen

38 Wühr, *Das falsche Buch*, S. 40.

39 Wühr, *Das falsche Buch*, S. 453 u. 281.

40 Zu Wührs Poetik als einer »Beschreibung von Literatur« im Rahmen literaturtheoretischer Konzepte vgl. Karpenstein-Eßbach, *Medien – Wörterwelten – Lebenszusammenhang*, S. 223-248. Zu Wührs Verweisung- und Verkettungspraxis in der Lyrik s. auch Nelles, *Denk-Spiele der Poesie*, S. 181-190.

41 Wühr, *Das falsche Buch*, S. 355 f.

»Exodus in die Kultur«.[42] Daß sie Kyniker bleiben, resultiert aus der Entwertung von Kultur, die sie auf ironische Weise mit ihrem Zitatenunwesen innerhalb von Kulturtraditionen betreiben. Das Verfahren dieser Kyniker ist nicht natürlich, sondern künstlich.

Zum anderen ist der Kyniker der Kynologie verpflichtet. Als »strengste Kynologie« wird das Verfahren des Romans bezeichnet.[43] Ein Kynologe ist bekanntlich ein Hundekenner und -züchter. In den »Pseudos«, den »falschen Hunden«, wie diese immer wieder genannt werden, nehmen jene gezüchteten Kunstfiguren, die dann ihrerseits wiederum eine infinite Vermehrung des Künstlichen betreiben, Gestalt an. Dabei folgen Pseudos, falsche Hunde oder Kynologen freilich keinem Ideal der Bildung durch die höheren Sphären des Künstlerischen, sie rücken ihre Arbeit an der Vermehrung vielmehr ein in den Bereich des Seriellen, des Abgedroschenen, Niederen: »Wie gar sehr trivial wir doch sind, gar überhaupt nicht einzigartige ›Träumer‹.« Und weiter dann: »Sehr große Trivialität. Keine Ausschließlichkeit. Noch nicht einmal eine Auswahl. [...] Jeder ist immer mehr jedenfalls bewohnbar, also keine Grenzen.«[44] Trivialität zeichnet also die Figuren, die niemals einzig, sondern vielfältig, »bi« in den ursprungslosen Vermehrungen und unvorhersehbaren Verwandlungen sind. Trivialität bezeichnet aber auch die Faszinationskraft der Fiktionen: »many hours solid fun.«[45]

Der Platz der Münchener Freiheit wird bei Wühr buchstäblich zum »Jahrmarkt«, auf dem die Fiktionen von Pseudos entfesselt werden, ohne sich in eine Totalität einfügen zu lassen. Der »Auftrag«, der Problematik des modernen Romans zu entkommen, wird denn auch mit unüberhörbaren Anklängen an Lukács in dem Kapitel formuliert, in dem die Frage untersucht wird, ob der Autor noch ein Utopist sei: »Es hat doch den Anschein, als ließe er nicht nur sich, sondern alle seine Talmisten, oder Hunde, oder Kyniker, insgesamt also alle seine Pseudos das Leid an der Unmöglichkeit der Herstellung einer Totalität genießen. Oder weniger plump: ein nur selten, aber um so dringlicher ausgesprochener Auftrag ergeht doch an ihn selbst, an seine Figuren und damit auch an die Leser: diesen Zustand, das Ganze wollen zu müssen und es nicht zustande bringen zu können: vorzuführen, zu

42 Wühr, *Das falsche Buch*, S. 610f.
43 Wühr, *Das falsche Buch*, S. 641.
44 Wühr, *Das falsche Buch*, S. 555f.
45 Wühr, *Das falsche Buch*, S. 464.

spielen.«[46] Der Weg von diesem Spiel ins Leben bleibt versperrt, abgesperrt, weshalb der Autor auf der letzten Seite des Romans, in dem er sich aufhebt, notiert: »Ich bleibe im Buch.«[47]

Proliferation empirischer Welten: »Der Platz der Gehenkten«

Fichtes Roman *Der Platz der Gehenkten* geht zurück auf eine Reise nach Marokko im Jahre 1970 sowie eine dieser nachinszenierten zweiten im Jahre 1985. Der Schauplatz des Romans ist der Marktplatz in Marrakesch. Diesen Platz bevölkern Schausteller, Wasserverkäufer, Schuhputzer, Eseltreiber, Dentisten, Würstchenmacher, Verkäufer mit ihren verschiedenen Essensständen, eine Trommel- und Tanzgruppe, Krüppel aller Art, Bettler, Schlangenbeschwörer, ein Lehrer, ein Student, Touristen, Hippies, Schwule und Stricher, dazu Berufserzähler, Skriben genannte Schreiber und Schriftsteller.

Von einem Platz mit dieser Personnage mögen sich exotische Geschichten erzählen lassen – doch eben das tut Fichte nicht.[48] Der Roman *Der Platz der Gehenkten* besteht stattdessen aus Momentaufnahmen des Geschehens, aus protokoll- und reportageartigen Aufzeichnungen, ohne daß eine stimmige oder gar notwendige Sequentialität dessen, was dort geschieht, auszumachen wäre. Die unzähligen kleinen Beobachtungen auf dem Platz bilden kein Kontinuum, sie stehen wie Einzelbilder nebeneinander, sie werden keiner weiteren Ordnung unterworfen oder in einen sie interpretierenden Rahmen eingefügt. Fichtes Beschreibung der »Djemma el Fna«, so der arabische Name des Platzes, läßt die vielfältige Empirie des Lebens, die dort zu finden ist, in der ihr eigenen Fremdheit bestehen, unterwirft sie keiner anverwandelnden, hermeneutischen Interpretation durch ein Subjekt, das sich ihnen gegenüber

46 Wühr, *Das falsche Buch*, S. 543 f. Es handelt sich hier um eine von vielen Passagen, in denen die Nähe von Literatur und philosophischer Reflexion explizit ist. S. dazu Franz Josef Czernin, *Dichtung als Erkenntnis. Zur Poesie und Poetik Paul Wührs*, Graz/Wien (Droschl) 1999, hier insbesondere bezogen auf den philosophisch-theoretischen Anspruch von Wührs Lyrik (S. 27-44).

47 Wühr, *Das falsche Buch*, S. 722.

48 Daß Fichtes Werk keinerlei »Bedürfnisse nach vordergründiger Exotik (stillt)«, zeigt Sabine Röhr, *Hubert Fichte. Poetische Erkenntnis. Montage – Synkretismus – Mimesis*, Göttingen (edition herodot) 1985. Speziell Fichtes Annäherungen an die »Phänomene des Synkretismus« stehen dem entgegen (S. 41-61).

situiert. Der Roman erhält dadurch einen dokumentarischen Charakter und bedient sich einer ethnographischen Schreibweise, die sich ganz auf der Oberfläche des Beobachtbaren hält.

Das Leben auf diesem Platz, seine einzelnen Szenen, werden mit der kargen Exaktheit von Sätzen beschrieben, die nur das aussagen wollen, was dort zu sehen ist und geschieht. Über eine Schaustellergruppe heißt es z.B.: »Das sind die Rahali, die kochendes Wasser trinken. / Ein nicht sehr gesund aussehender Mann tanzt. / Ein Negerjunge soll das Feuer unter dem Kessel erst richtig in Gang bringen. / Lange Unterhaltung über die Hitze des Wassers. / Allah anrufen. / Das Wasser ist noch immer nicht heiß genug. / Es wird Nacht. / Der Dampf läßt den Deckel klappern. / Allah anrufen – kassieren. / Keiner hat kochendes Wasser getrunken.«[49] Jeder Satz steht hier für sich, die Verbindung zum anderen ist deutlich gekappt, denn mit jedem Satz beginnt eine neue Zeile. Statt einer Geschichte findet sich eine Ansammlung heterogener Dinge, Geschehnisse und Handlungen, die im Benennen gleichsam freigelegt werden, eine Existenz mit eigenem Recht bekommen, weil der Erzähler sie, dem Prinzip ethnographischer Genauigkeit des Aufzeichnens folgend, nicht zu *seiner* Geschichte kolonisiert. Der Erzähler ist eher als ein Medium zu verstehen, durch das sich das Fremde ausspricht: »Die Djemma el Fna geht durch mich hindurch«, heißt es.[50]

Der Erzähler, ebenso immer präsent wie der des *Falschen Buches*, tritt zwar auf als »ich«, aber er ist keine Figur mit einer deutlich bestimmbaren Identität. Zwar kann der Leser ihn für das autobiographische Ich Hubert Fichtes halten, zumal es etliche Anspielungen gibt, die sowohl Fichtes bisheriges Leben wie sein gegenwärtiges Erleben betreffen. Aber dieses Ich ist gespiegelt, gebrochen in einer Kunstfigur namens Jäcki, der eine Doublette Fichtes zu sein scheint (so wie Irma die Romandoublette von Fichtes Lebens- und Reisegefährtin Leonore Mau ist). Es handelt sich um eine Figur, die sich verschriftlicht und dadurch verdoppelt, ihre Identität im Schreiben von der »Djemma el Fna« auflöst. »Ich. Jäcki. Verwandelt sich in Lettern.«[51] Der Schreiber

49 Hubert Fichte, *Der Platz der Gehenkten* (= *Die Geschichte der Empfindlichkeit*, Bd. 4), Frankfurt a.M. (S. Fischer) 1989, S. 83.
50 Fichte, *Der Platz der Gehenkten*, S. 85.
51 Fichte, *Der Platz der Gehenkten*, S. 85.

ist nicht ›eines‹, sondern, wie es heißt, »der Skribe ist bi«,[52] »spiegelbildlich«, kann »nur in der Spaltung existieren«.[53]

Dieses »bi« hat wiederum selbst eine doppelte Konnotation. Zum einen handelt es sich um eine empirisch-biographische, denn es bezeichnet Fichtes Bisexualität;[54] aber es bezeichnet auch den Modus eines Schreibens, das die Welt dieses Platzes, dessen Empirie in Sprache überführen will. Der Schreiber notiert: »Es entsteht beim Schreiben eine doppelte Verdopplung. Wie in einem Zirkeltraum. Das Zufällige erscheint gesetzmäßig.«[55] Und: der Erzähler »Ich. Jäcki« ist zudem ein Schreiber, der nicht nur all das Geschehen auf dem Platz und das Verhalten derer, die ihn bevölkern, aufzeichnet – er verdoppelt auch noch einmal die Tätigkeit der Skriben, wenn er das, was ein Berufserzähler auf dem Platz täglich mit seinen Fortsetzungsgeschichten über die beiden Brüder »Pfund« und »halbes Pfund« erzählt, verschriftlicht in seinen Roman aufnimmt.[56]

Auf der Basis seiner räumlichen Begrenzung entfaltet der Roman eine Vielstimmigkeit, die sich in den Handlungsverlauf einer Geschichte nicht mehr integrieren läßt. Kein Geschehen wird psychologisch mit der Individualität von Personen und ihrer eigenen Geschichte verbunden, nicht einmal die erotischen Begegnungen, die weitaus eher als sexuelle Praktiken spezifischer Kulturen bzw. Subkulturen beschrieben werden. Es geht allein um die Positivismen der Empirie des Lebens an einem bestimmten Platz. Der Autor Ich/Jäcki entfaltet dabei freilich jene Empfindlichkeit gegenüber dem Prozeß des Beobachtens selbst, die seinem Gesamtwerk den Titel gegeben hat.

Fichtes Roman ist an jeder Beziehung auf eine Problematik des Subjekts desinteressiert.[57] Es geht in ihm um Sitten, Bräuche und Riten, um

52 Fichte, *Der Platz der Gehenkten*, S. 107.
53 Fichte, *Der Platz der Gehenkten*, S. 107.
54 Fichte, *Der Platz der Gehenkten*, S. 205.
55 Fichte, *Der Platz der Gehenkten*, S. 109.
56 Einige, knappe Bemerkungen zur Bedeutung des »bi« in Jürgen Heinrichs, *Die Djemma el-Fna geht durch mich hindurch.f sich Poesie, Ethnologie und Politik durchdringen. Hubert Fichte und sein Werk*, Bielefeld (Pendragon) 1991, S. 105 f.; dort auch Informationen über die verschiedenen Werk- und Editionspläne der »Geschichte der Empfindlichkeit«.
57 Der Verzicht auf die Fokussierung des Ich als zentraler Instanz ist durchgängig im Werk Fichtes festzustellen; s. Rekha Kamath, *›Schichten statt Geschichten‹. Selbst- und Fremderforschung bei Hubert Fichte*, Bielefeld (Aisthesis) 1993.

Formen, in denen Menschen genießen, um alle nur erdenklichen oder auch fremdartigen alltäglichen und außeralltäglichen Verhaltensweisen, um das Spektrum dessen, was als kulturelle Praktiken zu bezeichnen wäre. So z.B. um das Kochen: »Die Köche des Platzes der Gehenkten kochen Muster. / Tajine zum Beispiel. / Mit Fischen. / Öl und Zwiebeln und Oliven in der Tonschale. / Darüber Fisch mit Turmeric und ein Lorbeerblatt. / Darauf Tomaten, Erbsen. / Dann Kartoffelscheiben. / Als letztes Zitronenringe. / Das Muster bestimmt das Rezept und die Kochzeit.«[58] Oder um sexuelle Reglements, über die ein Lehrer, vermutlich der einzige Sprecher, die folgenden Sätze sagt: »– Eine Frau, die ihren Mann betrügt, wird gesteinigt oder in den Brunnen geworfen. / – Ich kenne ein Dorf, da wohnen nur Nutten. / – Die Nutten leben besser als die anständigen Frauen. / – Jenseits des Atlas legen die Bauern einem Fremden den Jungen ins Bett. / – Zum Zeichen der Gastfreundschaft. / – Die kleinen Jungen müssen alle hinhalten. / – Für den stärkeren Kameraden. / – Für den Onkel. / – Für den Opa. / – Sonst der Esel natürlich.«[59] Ebenso geht es auch um Prozeduren einer Beerdigung.[60]

Für den poetischen Ethnographen bzw. den ethnographischen Poeten muß jedes Geschehen, jede Handlung, jeder Gegenstand von Interesse sein, denn er schreibt unter der Voraussetzung, daß ihm ihre Relevanz und das Ausmaß ihrer Bedeutung unbekannt sind, daß er keinesfalls diesem gegenüber jenem eine höhere Wertigkeit einräumen kann, um auf diese Weise eine systematische oder narrative Ordnung herzustellen. Da dem Ethnographen der *Grund* der kulturellen Praktiken, die er aufzeichnet, unzugänglich ist, muß er empfindlich sein für die Formen, in denen sie sich zeigen. Solche Formen sind als Muster zu verstehen, die z.B. das Kochen bestimmen. Aber sie bleiben alle im Status von Elementen, aus denen sich keine Summe, kein zusammenfassendes Ergebnis bilden läßt. Als Bauprinzip und stoffliche Dimension des Romans zeigt sich hier, entdramatisiert und positiv gewendet, jene Dehierarchisierung der empirisch gegebenen Gegenstände, die alle in der Welt des Romans Platz haben, die aber die Kompetenz des einzelnen Subjekts, sich diese Welt so anzueignen, daß sie zur eigenen wird, bei weitem übersteigt. Aus diesem Grund bleibt bei Fichte (der

58 Fichte, *Der Platz der Gehenkten*, S. 75.
59 Fichte, *Der Platz der Gehenkten*, S. 88.
60 Fichte, *Der Platz der Gehenkten*, S. 97.

hier beispielhaft für diese Transformation der modernen Problematik des Romans steht) die Vielfalt der beschriebenen und erzählten Welt in ihrer Fremdheit bestehen, freilich ohne unter die Leid/t-Figur der Entfremdung und transzendentalen Obdachlosigkeit zu geraten. Es handelt sich um eine gelassene Erfahrung des Fremden.

In einem Aufsatz Fichtes mit dem Titel »Mein Freund Herodot« wird die Erkundung und Aufzeichnung der unendlichen Phänomene des Empirischen zum Programm der Literatur. Freilich ist die Menge der Aufzeichnungen gewachsen wie die Phänomene der Welt, die in sie eingehen sollen. Der Einzelne »ist nicht mehr fähig, das schriftliche Abbild der Welt, ebensowenig wie Herodot die Welt selbst, zu beherrschen.« Und Fichte fragt sich: »Herodot – dennoch mein Freund und deshalb?«[61] Und, fasziniert von der Aufzeichnung der Welt durch Literatur, notiert Fichte: »Bei Hekataios zum ersten Mal ein Superbuch – etwas Riesiges, Weltumfassendes, unheimlich Unübersichtliches wie die Welt selbst.«[62] Aufzeichnungen als Verzeichnisse, als Listen. Wo aber liegen die Grenzen des Romans, wenn er mit der Welt zusammenfallen soll, ganz dem Prinzip der Verdopplungen, des »bi« gehorchend?

Nun stellt zum einen der Schauplatz von Fichtes Roman, die Djemma el Fna, eine Begrenzung der Unendlichkeit des Erzählens bzw. Berichtens in räumlicher Hinsicht dar – hierin der Absperrung auf dem Platz der Münchener Freiheit in Wührs Roman vergleichbar. Darüber hinaus führt aber auch hier ein Blick in das Inhaltsverzeichnis weiter. Das Inhaltsverzeichnis des *Falschen Buches* endet auf der Seite 27 mit der Abschnittsüberschrift »Ich bleibe im Buch«,[63] d.h. der Erzähler situiert sich nicht nur innerhalb der Grenzen des Schauplatzes, sondern auch innerhalb des Buches. Das Inhaltsverzeichnis von *Der Platz der Gehenkten* besteht aus einer Liste mit Zahlenangaben, in denen jeweils Textlängen und die Häufigkeit bestimmter Textlängen angegeben werden, beginnend mit »Siebzehn mal eine Zeile, Zwei mal zwei Zeilen, Drei mal drei Zeilen« usw. bis »Siebzehn mal siebzehn Zeilen und länger«.[64] Der unendliche Stoff empirischen Lebens

61 Hubert Fichte, »Mein Freund Herodot«, in: *Homosexualität und Literatur 1. Polemiken* (= *Die Geschichte der Empfindlichkeit. Paralipomena 1*), Frankfurt a.M. (S. Fischer) 1987, S. 381-423, hier S. 382.

62 Fichte, »Mein Freund Herodot«, S. 384.

63 Wühr, *Das falsche Buch*, S. 27.

64 Fichte, *Der Platz der Gehenkten*, S. 7.

erhält eine mathematische und graphische Form, und zwar im Rekurs auf ein Buch, dessen Materialität – wie bei Wühr – in einen Garanten von Form transformiert wird. Gerahmt wird dieser große Romanteil von kurzen Textteilen, die Traum und Realität vermischen und auf die innerhalb des Romans auch Bezug genommen wird[65] oder die sich textlich wiederholen.[66]

Das formale Bauprinzip von *Der Platz der Gehenkten* gewinnt seine Kontur durch die Referenz auf ein sehr bestimmtes Buch: es ist explizit auf den Koran bezogen, dessen Suren nach absteigender Länge geordnet sind: »Die Texte des Korans werden kürzer von Sure zu Sure. / Die Texte des Platzes der Gehenkten werden länger. / Ich möchte das Gesetz der schrumpfenden Glieder durch das Gesetz der wachsenden Glieder ausgleichen.«[67] Vergleichbar mit dem Verfahren Wührs, die Traditionsbestände der Imaginations- und Denkwelten zum Material von Neubeschreibungen zu machen, haben wir es bei Fichte mit der Um-Schreibung eines Textes zu tun, dessen Sakralität in strenger Verkehrung säkularisiert wird – was mit Richard Rorty als Verfahren der Ironie zu bezeichnen sein dürfte.[68] Gegenüber dem heiligen Text, der sich am Ende zu einem Satz verdichten kann, gibt der epische Text der profanen Empirie des Lebens immer mehr Raum. Die Grenze, an der dieses Wachsen ein Ende findet, ist freilich willkürlich – so willkürlich, wie es auch die Ordnung des heiligen Textes ist. Denn Fichte beginnt mit einer Übersetzung der Sure 17,1, und darauf folgen 17 Seiten mit einem jeweils einzeiligen Text pro Seite, dann zwei Seiten mit jeweils zwei Zeilen u.s.f. bis hin zu den 17 Seiten mit jeweils 17 Zeilen, zuweilen etwas länger. Auch hier also findet Verdopplung und Vermehrung statt, von 2 mal 2 bis 17 mal 17.[69] Die Auswahl einer anderen Sure für den Beginn des Romans, z.B. Sure 78,2 hätte zu einem völlig anderen Umfang des Romans geführt.

65 Fichte, *Der Platz der Gehenkten*, z.B. S. 107.
66 Fichte, *Der Platz der Gehenkten*, S. 12, 45, 173 u. 206.
67 Fichte, *Der Platz der Gehenkten*, S. 13.
68 Richard Rorty, *Kontingenz, Ironie und Solidarität*, Frankfurt a.M. (Suhrkamp) 1992, S. 127ff. Ein Kennzeichen von Ironikern ist z.B., »daß sie viel herumgekommen sind. Sie haben mehr Bücher gelesen und lassen sich deshalb weniger leicht vom Vokabular eines Buches einfangen«. (S. 139)
69 Zum Verhältnis von heiliger und profaner Schrift s. Hartmut Böhme, *Hubert Fichte. Riten des Autors und Leben der Literatur*, Stuttgart (Metzler) 1992, S. 370-378.

Das formale Prinzip, das Fichte für diesen Roman gewählt hat, ist seinen Inhalten gegenüber gleichgültig, es zielt nicht auf jene »Einheit der Formung«, die Lukács als Antwort auf die moderne Konstellation eingefordert hatte. Die formale Begrenzung, die hier auf die unendliche Prosa der Welt antwortet, läßt sich hingegen verstehen als ein Verfahren, durch das verschiedenste Elemente in einen geregelten Ablauf gebracht werden, so daß sie ein Muster ergeben – ein Muster freilich, das nicht zwingend ist und dennoch seine Ordnung hat. Man kann dieses Verfahren parallelisieren mit dem Ritus. Wenn man den Ritus verstehen kann als eine kulturelle Praxis, durch die Handlungen eine Form finden, indem ihre einzelnen Elemente in eine geregelte Abfolge gebracht werden und dadurch ihre Wiederholbarkeit gesichert wird, ohne daß jeder Vollzug auf seinen ursprünglichen Sinn, seine tiefere Bedeutung, seine kohärente Einheitlichkeit oder ein identitäres Sein hin befragt werden muß, dann erscheint nicht nur all das, von dem *Der Platz der Gehenkten* erzählt, als Ritus, also als Objekt für ethnographische Aufzeichnungen – die Aufzeichnung selbst, also der Roman, die Literatur wird zum Ritus. Das Inhaltsverzeichnis des Romans mit seinen mathematischen Angaben, diese Liste liest sich denn auch wie ein Bestandteil des Ritus: eine Litanei. Fichte allerdings setzt mit der Umkehrung des Formprinzips des Korans der religiösen Litanei die prosaische des Romans entgegen.

Das Formproblem des modernen Romans, das sich bekanntlich immer wieder – jedenfalls bei seinen besten Vertretern – in der drohenden oder tatsächlichen Unabschließbarkeit gezeigt hat, findet bei Fichte eine Lösung im Rekurs auf eine *Schablone*, die variiert wird. Im Blick auf Paul Wührs *Das falsche Buch* läßt sich eine vergleichbare Verfahrensweise feststellen: hier ist es das Prinzip der *Serie*, der künstlichen, unendlichen Fortführung von etwas schon Bekanntem, also ebenfalls der Rekurs auf Momente des Schablonenhaften, der für den Roman tragend ist. Gemeinhin gelten Schablone und Serie als Charakteristika des Trivialen. Nun wird man generell zur postmodernen Kunst keinen angemessenen Zugang finden, wenn man sich weigert, die Einbeziehung des Trivialen in die Hochkultur theoretisch ernst zu nehmen. »Cross the border – close the gap« lautete ja Leslie A. Fiedlers Einladung zur Postmoderne in Freiburg im Jahre 1968.[70] Bei Wühr und Fichte handelt

70 Die Diskussion um den von Fiedler ausgehenden »postmodernen Impuls« ist dokumentiert in *Protest! Literatur um 1968. Eine Ausstellung des Deutschen*

es sich um eine spezifische Kommunikation mit den Eigenschaften des Trivialen, die einen Ausweg aus den Aporien der Moderne sucht. Dabei handelt es sich vor allem um eine Entdramatisierung des *Willens* zur Form und um eine Entlastung vom Druck des Ästhetischen, die beide die Problematik des modernen Romans ausmachten.

Die Trivialität der Serie ermöglicht beispielhaft bei Paul Wühr die Entfesselung von Phantasmen und Imaginationen am Pol des Subjektiven, seien sie gegenwärtig oder der Tradition entnommen, um sie zu wiederholen und neu zu beschreiben. Die Adaption einer Schablone ermöglicht beispielhaft bei Hubert Fichte die Proliferation der empirischen Welt und all ihrer Phänomene am Pol des Objektiven. Die geschichtsphilosophische Überlastung des Ästhetischen, wie sie die sich überbietenden modernen Avantgarden im 20. Jahrhundert, die Lukács'sche Konstellation nach verschiedenen Seiten hin radikalisierend, betrieben haben, ist in diesen postmodernen Romanen abgetragen.

Das zu allem »bi« und allem Hybriden serialisierte Subjekt und die in die Schablonen aufgenommene Vielfalt der Welt haben den Heroismus des problematischen Individuums ebenso aufgehoben wie die ungeliebte Kontingenz der modernen Welt. Dies nicht, weil es wieder, wie bei Hegel, zum absoluten Geist weitergeht, sondern weil der Roman unter diesen Bedingungen eine andere Aufhebung erfährt. Er wird transformiert und bewahrt in seiner Emanzipation vom Vollendungsdruck einer Moderne, die sich von den subjektiven Phantasmen und der Unübersichtlichkeit der Empirie gleichermaßen bedroht sah. Eine solche »Aufhebung« mag trivial sein, verspricht aber eher »many hours solid fun« oder, wenn man es lieber mit Fichte sagen möchte, eher wachsende denn schrumpfende Glieder.

Literaturarchivs. 9. Mai bis 30. November 1998, hg. v. Ralf Bentz u.a., Marbach (Deutsche Schillergesellschaft) 1998, S. 361-390.

Schluß

Es sind eine Reihe von Interessen und Motiven, die diese langjährigen, mal unterbrochenen, dann wieder aufgenommenen Arbeiten zu Fichtes Literatur angestoßen, begleitet, erweitert und modifiziert haben.[1] Von Anfang an gehörte dazu die Neugier auf die Welt- und Kulturbeschreibungen dieser Literatur, seien es die des eigenen oder die fremder Länder, und dabei auf einen Autor zu treffen, der bestimmte gängige Vokabeln nicht verwendet. Bei Fichte findet man keine allgemeinen Begriffe wie Ethnie, Stamm, Volk, Nation, Kultur oder Subkultur, er redet auch nicht von Identität, Alterität oder Fremdheit, sondern von Ländern und Leuten. Zum Stil dieser Literatur gehört eine Ideologieresistenz, die Idealisierungen und Exotisierungen ebenso scheut wie Ausschließungen oder Verachtungen. Die Form, in der hier geschrieben wurde, war neu. Leser waren konfrontiert mit einer Schreib- und Darstellungsweise, die so nah an die Wirklichkeiten und Eigenheiten von Lebensweisen heranrückte, voller Empirie steckte, und die zugleich ihre Aufmerksamkeit auf die ganzen Vorstellungs- und Fiktionswelten, die Imaginationen und Phantasien richtete, die in Kulturen und ihren Praktiken hausen.

Die auch stilistisch durchaus kühle Verbindung von Empirie und Vorstellungswelten in der literarischen Darstellung von Land und Leuten unterschied sich markant von den Aufladungen des Kulturbegriffs, die mit dem Ethnoboom seit den 1970/80er Jahren, dem Ethnokultu-

1 Einige Kapitel sind Überarbeitungen früherer Aufsätze. »Hubert Fichte und die Montagne de Lure«, in: *Cahiers d'études germaniques* 60(1)/2011, S. 321-331 (Kapitel 1); »Empfindlichkeit und Synkretismus. Hubert Fichtes literarische Ethnographie«, in: *Lebensgeschichten, Exil, Migration. Récits de vie, exil, migration. Akten des 4. Kolloquiums des* EUCOR-*Forschungsverbunds Interkulturalität in Theorie und Praxis Frühjahr 2002*, hg. v. Thomas Keller u. Freddy Raphaël, Berlin 2006, S. 165-181 (Kapitel 4); »Kulturtopographie in der Erfahrung von Massentourismus und erzwungener Migration. Zur Literatur Hubert Fichtes«, in: *Topographien der Literatur. Deutsche Literatur im transnationalen Kontext. DFG- Symposion 2004*, hg. v. Hartmut Böhme, Stuttgart/Weimar 2005, S. 698-723 (Kapitel 6); »Marrakesch als Identitätsform«, in: *Migration et identité*, hg. v. Thomas Klinkert, Freiburg/Berlin 2014, S. 97-112 (Kapitel 8); »Die Aufhebung des Romans in der Möglichkeit eines Ausgangs der Moderne: Hubert Fichte und Paul Wühr«, in: *Moderne/Postmoderne*, hg. v. Jan Alber u. Monika Fludernik, Trier 2003, S. 165-182 (Kapitel 9).

ralismus, dem sog. »cultural turn« oder der kulturwissenschaftlichen Fremdheits- bzw. Identitätsforschung allzu oft einhergingen. Bei Fichte hingegen konnte man auf bemerkenswerte Heterogenitäten stoßen, so etwa, wenn man über die Leder-Szene ebenso etwas lesen konnte wie über den antiken Geschichtsschreiber Herodot, einen Dichter des Barock oder einen Missionar in Afrika. Hier war weder ein progressistisch imprägnierter, noch ein identitärer oder ein harmonischer Kulturbegriff zu finden, im Gegenteil: alles, was mit geformten Lebenswelten zu tun hatte, hatte nicht nur seine hellen, sondern auch seine dunklen, oft archaischen, auch mit Gewalt und Leiden verbundenen Seiten. Man könnte, wenn man das Wort in einem weiteren Sinne versteht, von einem »Underground« allen Daseins sprechen, der zur Angelegenheit einer Literatur gemacht wird, die sich mit einer gewissen Zerlegungsbesessenheit scheinbar kompakter kultureller Einheiten annimmt.

Das ist ein poetischer Erkundungswille, aber im Fall von Fichte war schnell zu bemerken, daß er weiterführt zu den Auseinandersetzungen mit den Wissenschaften vom Menschen, zu Anthropologie, Ethnologie und den soziologischen wie politischen Erkundungen von Gesellschaften und ihrer Geschichte. Die Beschäftigung mit Fichtes Werk verdankte sich nicht zuletzt dem Interesse an Fragen nach dem Verhältnis von Literatur und Wissen, nach den Bezügen und Reibungszonen zwischen literarischem und diskursiv verfaßtem Wissen sowie der besonderen Profilierung dessen, was als literarische Kunst des Wissens von Fichte herausgestellt wurde.

Fichtes Werk kam für mich mit einer beachtlichen Wucht daher, und die Beschäftigung mit ihm erlaubte nicht unbedingt Situationen literaturwissenschaftlicher Gemütlichkeit. Seine Öffnung auf Welt hin, die ihr ganzes Gewicht in dieser Literatur erhält, war ebenso eine Herausforderung wie der gewollte und durchaus auch aufdringliche Hermetismus, den dieses Werk ausstrahlt. Diesen Hermetismus aufzuschließen, ihn zu öffnen, ist ein wesentliches Anliegen dieser Studien gewesen.

Fichte, Hubert: *Alte Welt. Glossen* (= *Die Geschichte der Empfindlichkeit*, Bd. 5), Frankfurt a.M. (S. Fischer) 1992.
Fichte, Hubert: *Das Waisenhaus*, Frankfurt a.M. (S. Fischer) 1984.
Fichte, Hubert: *Der kleine Hauptbahnhof oder Lob des Strichs* (= *Die Geschichte der Empfindlichkeit*, Bd. 2), Frankfurt a.M. (S. Fischer) 1988.
Fichte, Hubert: *Der Platz der Gehenkten* (= *Die Geschichte der Empfindlichkeit*, Bd. 6), Frankfurt a.M. (S. Fischer) 1989.
Fichte, Hubert: *Die Geschichte der Nanã* (= *Die Geschichte der Empfindlichkeit*, o. Nr.), Frankfurt a.M. (S. Fischer) 1990.
Fichte, Hubert: *Die zweite Schuld* (= *Die Geschichte der Empfindlichkeit*, Bd. 3), Frankfurt a.M. (S. Fischer) 2006.
Fichte, Hubert: *Eine glückliche Liebe* (= *Die Geschichte der Empfindlichkeit*, Bd. 4), Frankfurt a.M. (S. Fischer) 1988.
Fichte, Hubert: *Explosion. Roman der Ethnologie* (= *Die Geschichte der Empfindlichkeit*, Bd. 7), Frankfurt a.M. (S. Fischer) 1993.
Fichte, Hubert: *Forschungsbericht* (= *Die Geschichte der Empfindlichkeit*, Bd. 15), Frankfurt a.M. (S. Fischer) 1989.
Fichte, Hubert: *Hamburg Hauptbahnhof. Register* (= *Die Geschichte der Empfindlichkeit*, o. Nr.), Frankfurt a.M. (S. Fischer) 1993.
Fichte, Hubert: *Homosexualität und Literatur 1. Polemiken* (= *Die Geschichte der Empfindlichkeit. Paralipomena 1*), Frankfurt a.M. (S. Fischer) 1987.
Fichte, Hubert: *Homosexualität und Literatur 2. Polemiken* (= *Die Geschichte der Empfindlichkeit. Paralipomena 1*), Frankfurt a.M. (S. Fischer) 1988.
Fichte, Hubert: *Hotel Garni* (= *Die Geschichte der Empfindlichkeit*, Bd. 1), Frankfurt a.M. (S. Fischer) 1987.
Fichte, Hubert: *Ich beiße Dich zum Abschied ganz zart. Briefe an Leonore Mau*, Frankfurt a.M. (S. Fischer) 2016.
Fichte, Hubert: *Lazarus und die Waschmaschine*, Frankfurt a.M. (S. Fischer) 1985.
Fichte, Hubert: *Versuch über die Pubertät*, Frankfurt a.M. (S. Fischer) 2005.
Fichte, Hubert: *Xango*, Frankfurt a.M. (S. Fischer) 1976.
Fichte, Hubert: »Ach des Achs! Anmerkungen zu Daniel Casper von Lohensteins Türkischem Trauerspiel Ibrahim Bassa«, in: ders., *Homosexualität und Literatur 1. Polemiken* (= *Die Geschichte der Empfindlichkeit. Paralipomena 1*), Frankfurt a.M. (S. Fischer) 1987, S. 193-246.
Fichte, Hubert: »Agadir. 9. Januar bis 1. März 1968«, in: ders., *Alte Welt. Glossen* (= *Die Geschichte der Empfindlichkeit*, Bd. 5), Frankfurt a.M. (S. Fischer) 1992, S. 287-354.
Fichte, Hubert: »Aufzeichnungen aus dem Hirtenleben in der Provence«, in *Antares* 2(8)/1954, 95-105.
Fichte, Hubert: »Autostop und romanische Kirchen«, in: *Antares. Kunst, Literatur und Wissenschaft aus Frankreich* 1(7)/1953, S. 93-96 u. 1(8)/ 1953, S. 79-82.
Fichte, Hubert: »Das Land des Lächelns. Polemische Anmerkungen zu Tristes Tropiques von Claude Lévi-Strauss«, in: *Homosexualität und Literatur 1. Polemiken* (= *Die Geschichte der Empfindlichkeit, Paralipomena 1*), Frankfurt a.M. (S. Fischer) 1987, S. 319-351.

Fichte, Hubert: »Der Blutige Mann. Sade«, in: ders., *Homosexualität und Literatur 1. Polemiken (= Die Geschichte der Empfindlichkeit, Paralipomena 1)*, Frankfurt a.M. (S. Fischer) 1987, S. 23-131.
Fichte, Hubert: »Die Bidonvilles von Paris. Radio-Essay, November/Dezember 1966«, in: ders., *Alte Welt. Glossen (= Die Geschichte der Empfindlichkeit*, Bd. 5), Frankfurt a.M. (S. Fischer) 1992, S. 91-127.
Fichte, Hubert: »Ein Maler aus Südfrankreich. Montjustin und Serge Fiorio«, in: *Der Monat* 165/1962, S. 62-66.
Fichte, Hubert: »Elf Übertreibungen. Einführung in ein Lesebuch. Dakar, Juni 1976«, in: ders., *Homosexualität und Literatur 1. Polemiken (= Die Geschichte der Empfindlichkeit. Paralipomena 1)*, Frankfurt a.M. (S. Fischer) 1987, S. 9-21.
Fichte, Hubert: »Grosses Auto für den Heiligen Pedro Claver. 1980«, in: ders.: *Zwei Autos für den Heiligen Pedro Claver*, Frankfurt a.M./Paris (Qumran) 1982, S. 79-140.
Fichte, Hubert: »Ketzerische Bemerkungen für eine neue Wissenschaft vom Menschen«, in: ders., *Petersilie. Die afroamerikanischen Religionen. Santo Domingo, Venezuela, Miami, Grenada.* Frankfurt a.M. (S. Fischer) 1980, S. 359-365.
Fichte, Hubert: »Mein Freund Herodot«, in: *Homosexualität und Literatur 1. Polemiken (= Die Geschichte der Empfindlichkeit. Paralipomena 1)*, Frankfurt a.M. (S. Fischer) 1987, S. 381-423.
Fichte, Hubert: »Revolution als Restauration. Jean-Nicolas-Arthur Rimbaud als Ethnologe«, in: ders., *Homosexualität und Literatur 1. Polemiken (= Die Geschichte der Empfindlichkeit. Paralipomena 1)*, Frankfurt a.M. (S. Fischer) 1987, S. 247-286.
Fichte, Hubert: »San Pedro Claver. 1976«, in: ders.: *Zwei Autos für den Heiligen Pedro Claver*, Frankfurt a.M./Paris (Qumran) 1982, S. 7-78.
Fichte, Hubert: »Über die Ewe-Stämme von Jakob Spieth. Hamburg. August 1979« (in: ders., *Homosexualität und Literatur 1. Polemiken (= Geschichte der Empfindlichkeit. Paralipomena 1)*, Frankfurt a.M. (S. Fischer) 1987, S. 287-317.
Fichte, Hubert: »Wortwurst und Strichmännchen«, in: ders., *Homosexualität und Literatur 2. Polemiken (Die Geschichte der Empfindlichkeit. Paralipomena 1)*, Frankfurt a.M. (S. Fischer) 1988, S. 29-37.
Fichte, Hubert: »Vaudoueske Blutbaeder. Mischreligioese Helden. Anmerkungen zu Daniel Casper von Lohensteins Agrippina«, in: ders., *Homosexualität und Literatur 1. Polemiken (= Die Geschichte der Empfindlichkeit. Paralipomena 1)*, Frankfurt a.M. (S. Fischer) 1987, S. 141-192.

Weitere Literatur

Agamben, Giorgio: *Homo sacer. Die souveräne Macht und das nackte Leben*, Frankfurt a.M. (Suhrkamp) 2002.
Albers, Bernhard (Hg.): *Hubert Fichte – Jean Genet. Fotos von Leonore Mau*, Aachen (Rimbaud) 1992.
Albers, Hans: »Hubert Fichte, ein Anwalt der Gescheiterten«, in: *Hamburger Abendblatt* vom 10.3.1986.
Albers, Irene: *Der diskrete Charme der Anthropologie. Michel Leiris' ethnologische Poetik*, Konstanz (Konstanz University Press) 2018.

Arnold, Heinz Ludwig: »Ausdrucksformen des Protestes in der zeitgenössischen Prosaliteratur«, in: ders., *Brauchen wir noch die Literatur? Zur literarischen Situation der Bundesrepublik*, Düsseldorf (Bertelsmann Universitätsverlag) 1972, S. 124-133.

Bade, Klaus J. u. Bommes, Michael (Hg.): *Migrationsreport 2004*, Frankfurt a. M. (Campus) 2004.

Bandel, Jan-Frederik (Hg.): *Tage des Lesens. Hubert Fichtes ›Geschichte der Empfindlichkeit‹*, Aachen (Rimbaud) 2006.

Bandel, Jan-Frederik: »Hubert Fichte – Provisorische Lebensskizze«, o.O. o.J., online: http://hubertfichte.de/fichte.htm (letzter Zugriff: 29.11.2019).

Bandel, Jan-Frederik: »Hubert Fichte. Die zweite Schuld. Glossen. Die Geschichte der Empfindlichkeit III (Rezension)«, in: *Kultur & Gespenster* 1(Sommer)/2006, S. 190-195.

Bandel, Jan-Frederik: *Nachwörter. Zum poetischen Verfahren Hubert Fichtes*, Aachen (Rimbaud) 2008.

Bantel, Andrea Beate: *Jean Giono in Deutschland 1929-1945. Ein französischer Schriftsteller im Spiegel und Zerrspiegel seiner deutschen Leser*, St. Ingbert (Röhrig) 1992.

Barthes, Roland: »Rhetorik des Bildes«, in: *Texte zur Theorie der Fotografie*, hg. v. Bernd Stiegler, Stuttgart (Reclam) 2018, S. 78-94.

Batt, Kurt: *Revolte intern. Betrachtungen zur Literatur in der Bundesrepublik Deutschland*, Leipzig (Reclam) 1975, Lizenzausgabe München (Beck) 1975.

Baumgart, Reinhard: »›Die Palette‹. Eine wüste Idylle«, in: *Der Spiegel* Nr. 9/1968.

Beckermann, Thomas (Hg.): *Hubert Fichte. Materialien zu Leben und Werk*, Frankfurt a. M. (Fischer) 1985.

Behrend, Heike: »Mediale Reisen im Zeitalter der Globalisierung. Konstruktionen von Lokalität und Globalität in Bildern populärer kenianischer und ugandischer Fotografen«, in: *Reisen über Grenzen. Kontakt und Konfrontation, Maskerade und Mimikry*, hg. v. Renate Schlesier u. Ulrike Zellmann, Münster/New York (Waxmann) 2003, S. 9-30.

Bentz, Ralf u. a. (Hg.): *Protest! Literatur um 1968. Eine Ausstellung des Deutschen Literaturarchivs. 9. Mai bis 30. November 1998*, Marbach (Deutsche Schillergesellschaft) 1998.

Blöcker, Günter: »Ein deutscher Beat-Roman«, in: *Merkur* Nr. 248/1968, S. 374-376.

Böhme, Hartmut: *Hubert Fichte. Riten des Autors und Leben der Literatur*, Stuttgart (Metzler) 1992.

Böhme, Hartmut u. Tiling, Nikolaus (Hg.): *Leben, um eine Form der Darstellung zu erreichen. Studien zum Werk Hubert Fichtes*, Frankfurt a. M. (Fischer) 1991.

Böhme, Hartmut u. Tiling, Nikolaus (Hg.): *Medium und Maske. Die Literatur Hubert Fichtes zwischen den Kulturen*, Stuttgart (Metzler) 1995.

Bös, Mathias: *Migration als Problem offener Gesellschaften. Globalisierung und sozialer Wandel in Westeuropa und in Nordamerika*, Opladen (Leske und Budrich) 1997.

Bosse, Heinrich: »Hubert Fichte/Die Palette«, in: *Neue Rundschau* 2/1968, S. 327-331.

Böttiger, Helmut, 2012: *Die Gruppe 47. Als die deutsche Literatur Geschichte schrieb*, München (dva) 2012.

Boubia, Fawzi: »Elias Canetti in Marrakesch. Ein Spaniole auf der Suche nach der verlorenen Heimat«, in: *Kulturelle Grenzziehungen im Spiegel der Literaturen: Nationalismus, Regionalismus, Fundamentalismus*, hg. v. Horst Turk, Brigitte Schulze u. Roberto Simanowski, Göttingen (Wallstein) 1998, S. 284-298.

Bourdieu, Pierre: *Eine illegitime Kunst. Die sozialen Gebrauchsweisen der Photographie*, Frankfurt a.M. (Suhrkamp) 1983.

Braudel, Fernand: *Das Mittelmeer und die mediterrane Welt in der Epoche Philipps II.*, Bd. 1, Frankfurt a.M. (Suhrkamp) 1994.

Braun, Peter u. Weinberg, Manfred (Hg.): *Ethno/Graphie. Reiseformen des Wissens*, Tübingen (Narr) 2002.

Braun, Peter: *Die doppelte Dokumentation. Fotografie und Literatur im Werk von Leonore Mau und Hubert Fichte*, Stuttgart (Verlag für Wissenschaft und Forschung) 1997.

Braun, Peter: »Die ›Akzente‹-Jahre. Hubert Fichte im Kontext der ›zweiten Moderne‹ der deutschsprachigen Literatur«, in: *Hubert Fichte. Texte und Kontexte*, hg. v. Jan-Frederik Bandel u. Robert Gillett, Hamburg (Männerschwarm Verlag) 2007, S. 11-31.

Braun, Peter: »Nachwort«, in: Hubert Fichte, *Ich beiße Dich zum Abschied ganz zart. Briefe an Leonore Mau*, Frankfurt a.M. (S. Fischer) 2016, S. 227-252.

Braun, Peter: *Eine Reise durch das Werk Hubert Fichtes*, Frankfurt a.M. (S. Fischer) 2005.

Bürger, Jan: *Der gestrandete Wal. Das maßlose Leben des Hans Henny Jahnn. Die Jahre 1894-1935*, Berlin (Aufbau) 2003.

Canetti, Elias: *Die Stimmen von Marrakesch. Aufzeichnungen nach einer Reise*, München/Wien (Hanser) 1988.

Carp, Ulrich: *Rio Bahia Amazonas. Untersuchungen zu Hubert Fichtes Roman der Ethnologie*, Würzburg (Königshausen und Neumann) 2002.

Cassirer, Ernst: »Mythischer, ästhetischer und theoretischer Raum«, in: *Landschaft und Raum in der Erzählkunst*, hg. v. Alexander Ritter, Darmstadt (Wiss. Buchgesellschaft) 1975, S. 17-35.

Castles, Stephen u. Miller, Mark J.: *The Age of Migration. International Population Movements in the Modern World*, Basingstoke (Macmillan) 1993.

Clifford, James: *Routes. Travel and Translation in the Late Twentieth Century*, Cambridge/London (Harvard UP) 1997.

Conrady, Karl Otto: *Einführung in der Neuere deutsche Literaturwissenschaft*, Reinbek (Rowohlt) 1966.

Culler, Jonathan: *Literaturtheorie. Eine Einführung*, Stuttgart (Reclam) 2002.

Curtius, Ernst Robert: *Europäische Literatur und lateinisches Mittelalter*, 11. Aufl., Tübingen/Basel (Francke) 1993.

Czernin, Franz Josef: *Dichtung als Erkenntnis. Zur Poesie und Poetik Paul Wührs*, Graz/Wien (Droschl) 1999.

Dannecker, Martin: »Engel des Begehrens. Die Sexualität der Figuren in Hubert Fichtes Werk«, in: *Der Körper und seine Sprachen*, hg. v. Hans-Jürgen Heinrichs, Frankfurt a.M. (Athenäum) 1989, S. 15-35.

David, Nathalie: *Diese Fotografin heißt Leonore Mau. Film*, S. Fischer Stiftung (Pitchoun Production) 2005-2016.

Deleuze, Gilles: *Das Bewegungs-Bild. Kino 1*, Frankfurt a.M. (Suhrkamp) 1997.

Deleuze, Gilles: *Das Zeit-Bild. Kino 2*, Frankfurt a.M. (Suhrkamp) 1997.

Demetz, Peter: *Die süße Anarchie. Skizzen zur deutschen Literatur seit 1945*, Frankfurt/Berlin/Wien (Ullstein) 1973.

Devereux, Georges: *Angst und Methode in den Verhaltenswissenschaften*, München (Hanser) 1967.

Diederichsen, Diedrich u. Franke, Anselm: »Extrahierte Empfindungen: Restitution, Scheitern, Weiterschreiben«, in: dies. (Hg), *Liebe und Ethnologie. Die koloniale Dialektik der Empfindlichkeit (nach Hubert Fichte). Ausstellungskatalog*, Berlin (Sternberg Press) 2019, S. 7-11.

Dischner, Gisela: »Das poetische Auge des Ethnographen Hubert Fichte«, in: dies. *Über die Unverständlichkeit. Aufsätze zur neuen Dichtung*, Hildesheim (Gerstenberg) 1982, S. 157-177.

Dubois, Philippe: »Die Fotografie als Spur eines Wirklichen«, in: *Texte zur Theorie der Fotografie*, hg. v. Bernd Stiegler, Stuttgart (Reclam) 2018, S. 102-114.

Durzak, Manfred: *Der deutsche Roman der Gegenwart. Entwicklungsvoraussetzungen und Tendenzen*, 3. erw. u. verändert. Aufl., Stuttgart, Berlin (Kohlhammer) 1979.

Echtler, Robert u. Hagestedt, Lutz: »Adreßbuch für ›Das falsche Buch‹. Personenregister«, in: *Paul Wühr. Materialien zu seinem Werk*, hg. v. Lutz Hagestedt, München (Brehm) 1987, S. 160-169.

Ellrich, Lutz: *Verschriebene Fremdheit. Die Ethnographie kultureller Brüche bei Clifford Geertz und Stephen Greenblatt*, Frankfurt a.M./New York (Campus-Verl.) 1998.

Enzensberger, Hans Magnus: »Eine Theorie des Tourismus«, in: ders., *Einzelheiten I. Bewußtseins-Industrie*, Frankfurt a.M. (Suhrkamp) 1962, S. 179-205.

Eppendorfer, Hans: »Manchmal hätte ich dich erwürgen mögen. Zum Tode von Hubert Fichte«, in: *Kölner Illustrierte* vom 10.4.1986.

Fiedler, Theodor: »›eine sehr komplizierte Rechtslage wegen der Urheberrechte‹. Zu Jakob Littner und Wolfgang Koeppen«, in: *Colloquia Germanica. Internationale Zeitschrift für Germanistik* 39(2)/1999, S. 103-150.

Fisch, Michael: *Die Verwörterung der Welt. Über die Bedeutung des Reisens für Leben und Werk von Hubert Fichte. Orte – Zeiten – Begriffe*, Aachen (Rimbaud) 2000.

Fisch, Michael: *Hubert Fichte – Explosion der Forschung. Bibliographie zu Leben und Werk von Hubert Fichte. Unter Berücksichtigung des Werkes von Leonore Mau*, Bielefeld (Aisthesis) 2006.

Fisch, Michael: *Personalbibliographie zu Leben und Werk von Hubert Fichte. Unter Berücksichtigung des Werkes von Leonore Mau*, mit einem Text v. Gert Mattenklott, Berlin (edition diá) 1996.

Flusser, Vilém: *Die Schrift. Hat Schreiben Zukunft?*, Göttingen (Immatrix Publications) 1987.

Flusser, Vilém: *Gesten. Versuch einer Phänomenologie*, 2. durchges. u.m. Anh. vers. Aufl., Bensheim (Bollmann) 1993.

Foucault, Michel: *Der Mut zur Wahrheit. Die Regierung des Selbst und der anderen* II, Frankfurt a.M. (Suhrkamp) 2010.

Foucault, Michel: *Der Wille zum Wissen. Sexualität und Wahrheit*, Bd. 1, Frankfurt a.M. (Suhrkamp) 1977.

Foucault, Michel: *Die Ordnung des Diskurses*, München (Hanser) 1974.

Foucault, Michel: *Sexualität und Wahrheit. Erster Band: Der Wille zum Wissen*, Frankfurt a.M. (Suhrkamp) 1977.
Freeman, Thomas; *Hans Henny Jahnn. Eine Biographie*, Hamburg (Hoffmann und Campe) 1986.
Freeman, Thomas: »›Versuch über die Pubertät‹: Einige Anmerkungen zur biographisch-literarischen Beziehung zwischen Fichte und Jahnn«, in: *Leben, um eine Form der Darstellung zu erreichen*, hg. v. Hartmut Böhme u. Nikolaus Tiling, Frankfurt a.M. (S. Fischer) 1991, S. 216-226.
Freeman, Thomas: »Gespräch mit Hubert Fichte über Hans Henny Jahnn«, in: *Forum Homosexualität und Literatur* 8/1989, S. 93-105.
Fuhse, Mario: »Memory Mapping. Hubert Fichtes ›Der Platz der Gehenkten‹«, in: *Hubert Fichte. Texte und Kontexte*, hg. v. Jan-Frederik Bandel u. Robert Gillett, Hamburg (Männerschwarm-Verlag) 2007, S. 213-224.
Fuhse, Mario: *Der Platz des Platzes. Gestalt- und raumtheoretische Kontextualisierungen zu Hubert Fichtes Roman »Der Platz der Gehenkten«*, Hamburg (Männerschwarm-Verlag) 2014.
Fuld, Werner: »Melancholie des Scheiterns. Zum Tode des Schriftstellers Hubert Fichte«, in: *Frankfurter Allgemeine Zeitung* vom 11.3.1986.
Geerdts, Hans Werner: *yahia marrakesch! es lebe marrakesch!*, Pfullingen (Neske) 1984.
Geertz, Clifford: »›Deep play‹. Bemerkungen zum balinesischen Hahnenkampf«, in: ders., *Dichte Beschreibung. Beiträge zum Verstehen kultureller Systeme*, Frankfurt a.M. (Suhrkamp) 1987, S. 202-260.
Gehlen, Arnold: »Über kulturelle Kristallisation«, in: *Wege aus der Moderne. Schlüsseltexte der Postmoderne-Diskussion*, hg. v. Wolfgang Welsch, 2. durchges. Aufl., Berlin (Akademie) 1994, S. 133-143.
Gillett, Robert: *»Aber eines lügt er nicht: Echtheit«. Perspektiven auf Hubert Fichte*, Hamburg (Textem) 2013.
Goytisolo, Juan: *Engel und Paria*, aus dem Spanischen v. Thomas Brovot, Frankfurt a.M. (Suhrkamp) 1995.
Graf, Beatriz: *Longo Mai – Revolte und Utopie nach 68. Gesellschaftskritik und selbstverwaltetes Leben in den europäischen Kooperativen*, Egg (Thesis) 2005.
Gräf, Bernd: »Die Palette«, in: *Der Romanführer*, Bd. 16: Inhalte erzählender deutscher Prosa aus dem Jahrzehnt 1964 bis 1973, hg. v. Alfred Clemens Baumgärtner, Stuttgart (Anton Hiersemann) 1979, S. 71-72.
Greite, Till: »Aufnahmesystem LCB, 1963/64. Kleine Diskursgeschichte zu Walter Höllerers Literarischem Colloquium Berlin in der Epoche der Kybernetik«, in: *Hubert Fichtes Medien*, hg. v. Stephan Kammer u. Karin Krauthausen, Zürich/Berlin (diaphanes) 2014, S. 21-42.
Grimm, Erik: »Paul Wührs ›Das falsche Buch‹ – die Schöpfungsgeschichte einer Großstadt«, in: *falsches lesen. Zur Poesie und Poetik Paul Wührs. Festschrift zum 70. Geburtstag*, hg. v. Sabine Kyora, Bielefeld (Aisthesis) 1997, S. 253-276.
Guldin, Rainer: »Dichtung als Fälschung. Zur Chatterton-Diskussion bei Hans Henny Jahnn und Hubert Fichte«, in: *Archaische Moderne. Der Dichter, Architekt und Orgelbauer Hans Henny Jahnn*, hg. v. Hartmut Böhme u. Uwe Schweikert, Stuttgart (Verlag für Wissenschaft und Forschung) 1996, S. 144-164.
Guldin, Rainer: *Zu Hubert Fichtes und Hans Henny Jahnns Thomas Chatterton*, Aachen (Rimbaud) 2010.

Hagestedt, Lutz (Hg.): *Paul Wühr. Materialien zu seinem Werk*, München (Brehm) 1987.

Hartlaub, Geno: »Ein Seher im Untergrund«, in: *Deutsches Allgemeines Sonntagsblatt* vom 16.3.1986.

Hauser-Schäublin, Brigitta u. Dickhardt, Michael (Hg.): *Kulturelle Räume – räumliche Kultur. Zur Neubestimmung des Verhältnisses zweier fundamentaler Kategorien menschlicher Praxis*, Münster/Hamburg/London (LIT) 2003.

Hegel, Georg Wilhelm Friedrich: *Vorlesungen über die Ästhetik* II, in: ders., *Werke in zwanzig Bänden*, Bd. 14, hg. Eva Moldenhauer u. Karl Markus Michel, Frankfurt a.M. (Suhrkamp) 1970.

Hegel, Georg Wilhelm Friedrich: *Vorlesungen über die Ästhetik* III, in: ders., *Werke in zwanzig Bänden*, Bd. 15, hg. Eva Moldenhauer u. Karl Markus Michel, Frankfurt a.M. (Suhrkamp) 1970.

Heinrichs, Hans-Jürgen: *Die Djemma el-Fna geht durch mich hindurch. Oder wie sich Poesie, Ethnologie und Politik durchdringen. Hubert Fichte und sein Werk*, Bielefeld (Pendragon) 1991.

Heißenbüttel, Helmut: »Deutschland in den sechziger Jahren. ›Die Palette‹ wiederlesend«, in: *Die Zeit* vom 26.5.1978.

Hennig, Christoph: *Reiselust. Touristen, Tourismus und Urlaubskultur*, Frankfurt a.M./Leipzig (Insel) 1997.

Hielscher, Martin: »Antikult und Kulturpolitik. Hans Henny Jahnns Weg von Ugrino zur Freien Akademie der Künste«, in: *»Liebe, die im Abgrund Anker wirft«. Autoren und literarisches Feld im Hamburg des 20. Jahrhunderts*, hg. v. Inge Stephan u. Hans-Gerd Winter, Hamburg (Argument) 1990, S. 252-276.

Honegger, Claudia u.a. (Hg.): *Grenzenlose Gesellschaft?*, Teil 1 u. 2, Opladen (Leske und Budrich) 1999.

Hornstein, Caroline S.: *Grenzgänger. Problematik interkultureller Verständigung*, Frankfurt a.M./Basel (Stroemfeld) 2003.

Ignée, Wolfgang: »Wirklichkeit oder Möglichkeit. Zum Tode des Schriftstellers Hubert Fichte – Ein Autor der Realität«, in: *Stuttgarter Zeitung* vom 10.3.1986.

Jahnn, Hans Henny: »Das Recht der Tiere«, in: ders., *Werke und Tagebücher in sieben Bänden*, Bd. 7, Hamburg (Hoffmann und Campe) 1974, S. 408-413.

Jahnn, Hans Henny: »Der Mensch im Atomzeitalter«, in: ders., *Werke und Tagebücher in sieben Bänden*, Bd. 7, Hamburg (Hoffmann und Campe) 1974, S. 389-405.

Jahnn, Hans Henny: »Die Nacht aus Blei«, in: *Werke und Tagebücher in sieben Bänden*, Bd. 6, Hamburg (Hoffmann und Campe) 1974, S. 283-336.

Jahnn, Hans Henny: »Einige Elementarsätze der monumentalen Baukunst. Allgemeines; Schöpfungen der Baumeister«, in: *Werke und Tagebücher in sieben Bänden*, Bd. 7, Hamburg (Hoffmann und Campe) 1974, S. 156-188.

Jahnn, Hans Henny: »Fluß ohne Ufer. Zweiter Teil: Die Niederschrift des Gustav Anais Horn I«, in: ders., *Werke und Tagebücher in sieben Bänden*, Bd. 2, Hamburg (Hoffmann und Campe) 1974, S. 175-781.

Jahnn, Hans Henny: »Neuer Lübecker Totentanz«, in: ders., *Werke und Tagebücher in sieben Bänden*, Bd. 5, Hamburg (Hoffmann und Campe) 1974, S. 5-33.

Jahnn, Hans Henny: »Pastor Ephraim Magnus«, in: *Werke und Tagebücher in sieben Bänden*, Bd. 4, Hamburg (Hoffmann und Campe) 1974, S. 5-114.

Jahnn, Hans Henny: »Perrudja«, in: ders., *Werke und Tagebücher in sieben Bänden*, Bd. 1, Hamburg (Hoffmann und Campe) 1974, S. 51-536.

Jahnn, Hans Henny: »Straßenecke«, in: *Werke und Tagebücher in sieben Bänden*, Bd. 5, Hamburg (Hoffmann und Campe) 1974, S. 35-87.

Jahnn, Hans Henny: »Verfassung der Glaubensgemeinde Ugrino«, in: *Werke und Tagebücher in sieben Bänden*, Bd. 7, Hamburg (Hoffmann und Campe) 1974, S. 131-156.

Jansen, Hans: »Anwalt der Außenseiter. Zum Tod H. Fichtes«, in: *Westdeutsche Allgemeine Zeitung* vom 10. 3. 1986.

Jens, Walter: »Das ist nicht nur ein Roman. Hubert Fichtes ›Die Palette‹ im Rowohlt-Verlag – eine zweite Rezension«, in: *Die Zeit* vom 14, 5. 4. 1968.

Kamath, Rekha: *›Schichten statt Geschichten‹. Selbst- und Fremderforschung bei Hubert Fichte*, Bielefeld (Aisthesis) 1993.

Kammer, Stephan u. Krauthausen, Karin: »Hubert Fichtes Medien«, in: dies. (Hg), *Hubert Fichtes Medien*, Zürich (diaphanes) 2014.

Kämpf, Heike: *Die Exzentrizität des Verstehens. Zur Debatte um die Verstehbarkeit des Fremden zwischen Hermeneutik und Ethnologie*, Berlin (Parerga-Verlag) 2003.

Karasek, Hellmuth: »Gammler – zu Prosa kleingehackt«, in: *Hubert Fichte. Materialien zu Leben und Werk*, hg. v. Thomas Beckermann, Frankfurt a. M. (Fischer) 1985, S. 34-38.

Karpenstein-Eßbach, Christa: »Die Autorfunktion«, in: *Anschlüsse. Versuche nach Michel Foucault*, hg. v. Gesa Dane u. a., Tübingen (Konkursbuchverl.) 1985, S. 169-178.

Karpenstein-Eßbach, Christa: *Deutsche Literaturgeschichte des 20. Jahrhunderts*, München (Fink) 2014.

Karpenstein-Eßbach, Christa: »Ist literarischer Realismus entpolitisierbar? Historische Stationen einer Idee«, in: *Entsagung und Routines. Aporien des Spätrealismus und Verfahren der frühen Moderne*, hg. v. Moritz Baßler, Berlin/Boston (de Gruyter) 2013, S. 387-411.

Karpenstein-Eßbach, Christa: *Medien – Wörterwelten – Lebenszusammenhang. Prosa der Bundesrepublik Deutschland 1975-1990 in literatursoziologischer, diskursanalytischer und hermeneutischer Sicht*, München (Fink) 1995.

Kasfir, Sidney Littlefield: »Jenseits von Schattenwürfen und Spiegelungen. Das Verständnis von Lokalität in einem globalisierten Kunstdiskurs«, in: *Ethnologie der Globalisierung. Perspektiven kultureller Verflechtungen*, hg. v. Brigitta Hauser-Schäublin u. Ulrich Braukämper, Berlin (Reimer) 2002, S. 47-62.

Katschthaler, Karl: *Xenolektographie: Lektüren an der Grenze ethnologischen Lesens und Schreibens. Hubert Fichte und die Ethnologen*, Frankfurt a. M., Berlin (Peter Lang) 2005.

Kaufmann, Stefan (Hg.): *Ordnungen der Landschaft. Natur und Raum technisch und symbolisch entwerfen*, Würzburg (Ergon-Verl.) 2002.

Kay, Ronald: »Editorische Notiz«, in: Hubert Fichte, *Die zweite Schuld oder Abbitte an Joachim Neugröschel. Glossen (= Die Geschichte der Empfindlichkeit*, Bd. 3), Frankfurt a. M. (S. Fischer) 2006, S. 339-340.

Keller, Thomas: »Das verschenkte Europa. Ein imaginärer Dialog zwischen Jacques Derrida und Peter Sloterdijk«, in *Paragrana. Internationale Zeitschrift für Historische Anthropologie* 3(2)/1994, S. 432-452.

Kluge, Manfred: Art. »Die Palette«, in: *Kindlers Literaturlexikon*, Bd. 5: Werke Mu-Ra, Zürich (Kindler) 1969, S. 1277-1278.

Koeppen, Wolfgang: *Jakob Littners Aufzeichnungen aus einem Erdloch. Roman*, mit einem Nachw. v. Alfred Erstermann, Frankfurt a.M. (Suhrkamp) 2002.

Kolbe, Jürgen (Hg.): *Ansichten einer künftigen Germanistik*, München (Hanser) 1969.

Kolbe, Jürgen (Hg.): *Neue Ansichten einer künftigen Germanistik*, München (Hanser) 1973.

Kracauer, Siegfried: *Theorie des Films. Die Errettung der äußeren Wirklichkeit*, Frankfurt a.M. (Suhrkamp) 1973.

Kramer, Fritz: *Verkehrte Welten. Zur imaginären Ethnographie des 19. Jahrhunderts*, Frankfurt a.M. (Syndikat) 1977.

Krastev, Ivan: »Die Utopie vom Leben jenseits der Grenze«, in: *Frankfurter Allgemeine Zeitung* vom 22. Februar 2016.

Leclerc, Gérard: *Anthropologie und Kolonialismus*, München (Hanser) 1973.

Leder, Dietrich: »Ein beredter Zeuge für das Fremde. Der Schriftsteller Hubert Fichte ist gestorben«, in: *Kölner Stadtanzeiger* vom 10.3.1986.

Lefèbvre, Henri: *Kritik des Alltagslebens*, Bd. 1, München (Hanser) 1974.

Lehmann, Wolfgang: »Fichte, Hubert: Die Palette«, in: *Romanführer A-Z. 20. Jahrhundert*, Bd. 3, hg. v. Kollektiv für Literaturgeschichte, Berlin (Volk und Wissen) 1980, S. 124-126.

Leisten, Christoph: *Marrakesch, Djemma el Fna*, Aachen (Rimbaud) 2005.

Lévi-Strauss, Claude: *Traurige Tropen*, Frankfurt a.M. (Suhrkamp) 1981.

Linck, Dirck: »Das Tempus Präsens als Medium der Redegewissheit und der Fiktionalität. Zum Tempusgebrauch in Hubert Fichtes Lokstedter Tetralogie«, in: *Hubert Fichtes Medien*, hg. v. Stephan Kammer u. Karin Krauthausen, Zürich (diaphanes) 2014, S. 43-57.

Lindemann, Gisela u. Fichte, Hubert: »In Grazie das Mörderische verwandeln«, in: *Sprache im technischen Zeitalter* 25(104)/1987, S. 308-317.

Littner, Jakob: *Mein Weg durch die Nacht. Mit Anmerkungen zu Wolfgang Koeppens Textadaption*, hg. v. Roland Ulrich u. Reinhard Zachau, Berlin 2002.

Lokatis, Siegfried: »›*DDR*-Literatur‹ aus der Schweiz, aus Österreich und der Bundesrepublik. Das germanistische Lektorat von Volk und Welt«, in: *Deutsch-deutscher Literaturaustausch in den 70er Jahren*, hg. v. Monika Estermann u. Edgar Lersch, Wiesbaden (Harrassowitz Verlag) 2006, S. 42-70.

Lokatis, Siegfried u. Sonntag, Ingrid (Hg.): *Heimliche Leser in der* DDR. *Kontrolle und Verbreitung unerlaubter Literatur*, Berlin (Christoph Links Verlag) 2008.

Lotz, Erich: »Hubert Fichte. Die Palette«, in: *Universitas. Zeitschrift für Wissenschaft, Kunst und Literatur* 23(1), 1/1968, S. 873-874.

Lukács, Georg: *Die Theorie des Romans* [1916], Neuwied/Berlin (Luchterhand) 1965.

Lyotard, Jean-François: »Das Undarstellbare – wider das Vergessen. Ein Gespräch zwischen Jean-François Lyotard und Christine Pries«, in: *Das Erhabene. Zwischen Grenzerfahrung und Größenwahn*, hg. v. Christine Pries, Weinheim (Beltz) 1989, S. 319-347.

Lyotard, Jean-François: *Das postmoderne Wissen. Ein Bericht*, Bremen (Impuls & Association) 1982.

Lyotard, Jean-François: *Der Widerstreit*, 2. korr. Aufl., München (Fink) 1989.

Martini, Jürgen: »Ein Dank an die Aderflügler«, in: *Peripherie. Zeitschrift für Politik und Ökonomie in der Dritten Welt* Nr. 22-23/1986, S. 80-88.

Mattenklott, Gert: »Jahnns Kompaß. Die Bedeutung des Nordens für die Poetik Hans Henny Jahnns«, in: *Archaische Moderne. Der Dichter, Architekt und Orgelbauer Hans Henny Jahnn*, hg. v. Hartmut Böhme u. Uwe Schweikert, Stuttgart (M und P Verlag für Wissenschaft und Forschung) 1996, S. 259-276.

Mayer, Hans: *Die unerwünschte Literatur. Deutsche Schriftsteller und Bücher 1968-1985*, Berlin (Siedler) 1989.

Mbembe, Achille: *Kritik der schwarzen Vernunft*, aus dem Französischen v. Michael Bischoff, Frankfurt a. M. (Suhrkamp) 2014.

Meidinger-Geise, Inge: »Wort-Perspektiven«, in: *Zeitwende. Die neue Furche* 40/1969.

Metzner, Manfred u. Baier, Lothar: »Nachwort«, in: Jean Carrière, *Der Sperber von Maheux*, Heidelberg (Verlag das Wunderhorn) 1980.

Molitor, Dietrich u. Popp, Wolfgang (Hg.): *Siegener Hans Henny Jahnn Kolloquium. Homosexualität und Literatur*, Essen (Verlag Die Blaue Eule) 1986.

Müller, Klaus E.: »Ethnicity, Ethnozentrismus und Essentialismus«, in: *wir/ihr/sie. Identität und Alterität in Theorie und Methode*, hg. v. Wolfgang Eßbach, Würzburg (Ergon) 2000, S. 317-343.

Musil, Robert: *Der Mann ohne Eigenschaften*, Reinbek (Rowohlt) 1970.

Nagel, Wolfgang: »Stoff aus Wörtern. Hubert Fichte: *Die Palette*«, in: *Frankfurter Hefte. Zeitschrift für Kultur und Politik* 24/1969, S. 205-207.

Nelles, Jürgen: *Denk-Spiele der Poesie. Der Hörspielmacher und Schriftsteller Paul Wühr*, Bonn/Berlin (Bouvier) 1991.

Neumann, Klaus: »Hubert Fichte und experimentelle Ethnographie, oder: Auch in Amerika sind die Möglichkeiten universitärer Anthropologie nicht unbegrenzt«, in: *Medium und Maske. Die Literatur Hubert Fichtes zwischen den Kulturen*, hg. v. Hartmut Böhme u. Nikolaus Tiling, Stuttgart (Metzler) 1995, S. 213-143.

Neumann, Michael: »Neue Bücher. Hanseatischer Underground«, in: *Westermanns Monatshefte* 109(6)/1968, S. 84-86.

Neutert, Natias: »Nachruf eines Palettianers. Auf Hubert Fichte«, in: *Frankfurter Rundschau* vom 29.3.1986.

Niehoff, Reiner: *Hans Henny Jahnn. Die Kunst der Überschreitung*, München (Matthes und Seitz) 2001.

Niekisch, Sibylle: *Kolonisation und Konsum. Kulturkonzepte in Ethnologie und Cultural Studies*, Bielefeld (transcript) 2002.

Niermann, Ingo: »Capturing Psyche: Leonore Mau«, in: *032c Magazine* vom 1. Juli 2005, online: https://032c.com/capturing-psyche-leonore-mau/ (letzter Zugriff: 14.5.2020).

Nolte, Jost: »Zu Protokoll: die Gammler. Milieustudien eines Literaten – Hubert Fichtes Roman ›Die Palette‹«, in: *Die Welt* vom 29.2.1968.

Ong, Walter: *Oralität und Literalität. Die Technologisierung des Wortes*, Opladen (Leske) 1987.

O. V.: »Festakt für Hubert Fichte im Rathaus. Grenzgänger zwischen Präzision und Ekstase«, in: *Die Welt* vom 29.9.1986.

O. V.: »Hubert Fichte gestorben«, in: *Frankfurter Rundschau* vom 10.3.1986.

O. V.: »Hubert Fichte tot«, in: *Der Spiegel* Nr. 12/1986.

O.V.: »Hubert Fichte tot«, in: *Die Welt* vom 10.3.1986.

O.V.: »Hubert Fichte. Der Schriftsteller ist gestorben«, in: *Frankfurter Allgemeine Zeitung* vom 10.3.1986.

Opaschowski, Horst W.: *Tourismus. Eine systematische Einführung*, 3. Aufl., Opladen (Leske und Budrich) 2002.

Opaschowski, Horst W.: *Umwelt, Mobilität und Tourismus im Zeitvergleich der 80er und 90er Jahre*, Hamburg (BAT-Freizeit-Forschungsinst.) 1998.

Palzer, Thomas: »Held der Subkultur. Ein Porträt Hubert Fichtes anlässlich seines 70. Geburtstages«, o.O. 21.3.2005, online: https://www.deutschlandfunk.de/held-der-subkultur.700.de.html?dram:article_id=82216 (letzter Zugriff: 29.11.2019).

Paul, Axel T.: »La deutsche Vita unter karibischer Sonne. Eine kleine Soziologie des Tourismus«, in: *Sociologia internationalis* 41(2)/2003, S. 217-240.

Paul, Axel T.: *FremdWorte. Etappen der strukturalen Anthropologie*, Frankfurt a.M./New York (Campus) 1996.

Popp, Wolfgang, 1991: »›Weibliches Schreiben‹ – ›Männliches Schreiben‹. Geschlechtsidentität und literarische Authentizität am Beispiel von Christa Wolf, Hans Henny Jahnn und Hubert Fichte«, in: ders. u. Maria Kalveram (Hg), *Homosexualitäten – literarisch. Literaturwissenschaftliche Beiträge zum Internationalen Kongreß ›Homosexuality, which Homosexuality?‹ Amsterdam 1987*, Essen (Verlag Die Blaue Eule) 1991, S. 123-132.

Popp, Wolfgang: »Männerliebe bei Hans Henny Jahnn: Die überfällige Diskussion«, in: *Forum Homosexualität und Literatur* 3/1988, S. 79-90.

Pries, Ludger: »Die Neuschneidung des Verhältnisses von Sozialraum und Flächenraum: Das Beispiel transnationaler Migrationsräume«, in: *Grenzenlose Gesellschaft?* Teil 2, hg. v. Claudia Honegger u.a., Opladen (Leske und Budrich) 1999, S. 437-452.

Reich-Ranicki, Marcel: »Gammler, Gauner, Ganoven. Hubert Fichtes erstaunlicher Roman ›Die Palette‹«, in: *Die Zeit* vom 5.4.1968.

Riedel, Christian: *Der geöffnete Bleisarg. Hans Henny Jahnn als literarischer Intertext bei Hubert Fichte*, Marburg (Tectum) 2008.

Rieger, Michael: *Die Welt durch sich hindurchlassen. Hubert Fichtes Werk als Medium ästhetischer Erkenntnis. Unter besonderer Berücksichtigung literaturgeschichtlicher Kontexte*, Frankfurt a.M./Berlin/Bern (Peter Lang) 2009.

Röhr, Sabine: *Hubert Fichte. Poetische Erkenntnis. Montage – Synkretismus – Mimesis*, Göttingen (Herodot) 1985.

Schäfer, Armin: *Biopolitik des Wissens. Hans Henny Jahnns literarisches Archiv des Menschen*, Würzburg (Königshausen und Neumann) 1995.

Schäfer, Gerd: »Fichte, Hubert: Die Palette«, in: *Deutscher Romanführer*, hg. v. Imma Klemm, Stuttgart (Kröner) 1991, S. 103-103.

Scharang, Michael: »Fichtes ›Palette‹ – Modell literarischer Anpassung«, in: *Literatur und Kritik* Heft 38/1969, S. 506-508.

Schirmacher, Wolfgang: »Faszinierende Fremde. Zum Tod des Schriftstellers Hubert Fichte«, in: *Badische Zeitung* vom 10.3.1986.

Schirnding, Albert von: »Eine Geschichte der Empfindlichkeit«, in: *Süddeutsche Zeitung* vom 11.3.1986.

Schlaffer, Hannelore: *Die intellektuelle Ehe. Der Plan vom Leben als Paar*, München (Hanser) 2011.

Schlesier, Renate: »Verdichtete Reiseberichte. Zur Geschichte des Homo Viator«, in: *Lesbarkeit der Kultur. Literaturwissenschaften zwischen Kulturtechnik und Ethnographie*, hg. v. Gerhard Neumann u. Sigrid Weigel, München (Fink) 2000, S. 133-149.

Schnitzler, Andreas: *Der Wettstreit der Künste. Die Relevanz der Paragone-Frage im 20. Jahrhundert*, Berlin (Reimer) 2007.

Schoeller, Wilfried F.: *Hubert Fichte und Leonore Mau: der Schriftsteller und die Fotografin*, Frankfurt (S. Fischer) 2005.

Schütte, Wolfram: »Ich: die Lüge. Zum Tod von Hubert Fichte«, in: *Frankfurter Rundschau* vom 11.3.1986.

Schütze, Jochen K.: *Vom Fremden*, Wien (Passagen) 2000.

Segebrecht, Dietrich: »Wörter aus St. Pauli. Der neue Roman von Hubert Fichte: ›Die Palette‹«, in: *Frankfurter Allgemeine Zeitung* vom 19.3.1968.

Seifert, Wolfgang: *Geschlossene Grenzen – offene Gesellschaften? Migrations- und Integrationsprozesse in westlichen Industrienationen*, Frankfurt a.M. (Campus-Verl.) 2000.

Seifert-Waibel, Miriam: *›Ein Bild aus tausend widersprüchlichen Fitzeln‹. Die Rolle der Collage in Hubert Fichtes ›Explosion‹ und ›Das Haus der Mina in São Luiz de Maranhão‹*, Bielefeld (transkript) 2005.

Simmel, Georg: »Der Begriff und die Tragödie der Kultur«, in: ders., *Gesamtausgabe*, Bd. 14: Hauptprobleme der Philosophie. Philosophische Kultur, Frankfurt a.M. (Klostermann) 1996, S. 385-416.

Simo, David: »Hubert Fichte und Michel Leiris: Selbstanalyse und Ethnographie«, in: *Medium und Maske. Die Literatur Hubert Fichtes zwischen den Kulturen*, hg. v. Hartmut Böhme u. Nikolaus Tiling, Stuttgart (Metzler) 1995, S. 199-212.

Simo, David: *Interkulturalität und ästhetische Erfahrung. Untersuchungen zum Werk Hubert Fichtes*, Stuttgart/Weimar (Metzler)1993.

Sloterdijk, Peter: *Im Weltinnenraum des Kapitals. Für eine philosophische Theorie der Globalisierung*, Frankfurt a.M. (Suhrkamp) 2005.

Spahr, Roland: »›Die zweite Schuld‹ – der letzte Band der ›Geschichte der Empfindlichkeit‹?«, in: *Hubert Fichte. Texte und Kontexte*, hg. v. Jan-Frederik Bandel u. Robert Gillett, Hamburg (Männerschwarm Verlag) 2007, S. 253-264.

Spahr, Roland: »Eine Ästhetik des Fließens. Zum Abschluß der ›Geschichte der Empfindlichkeit‹«, in: *Tage des Lesens. Hubert Fichtes ›Geschichte der Empfindlichkeit‹*, hg. v. Jan-Frederik Bandel, Aachen (Rimbaud) 2006, S. 73-99.

Sprengel, Peter: »Der Authentizitätsdiskurs der literarischen Moderne. Von Heinrich Heine bis Hubert Fichte, mit einem einleitenden Exkurs zum ›Literarischen Quartett‹«, in: *Das Authentische. Referenzen und Repräsentationen*, hg. v. Ursula Amrein, Zürich (Chronos) 2009, S. 53-65.

Stingelin, Martin (Hg.): *Biopolitik und Rassismus*, Frankfurt a.M. (Suhrkamp) 2003.

Streisand, Marianne: *Intimität. Begriffsgeschichte und Entdeckung der Intimität auf dem Theater um 1900*, München (Fink) 2001.

Streul, Irene Charlotte: *Westdeutsche Literatur in der DDR. Böll, Grass, Walser und andere in der offiziellen Rezeption 1949-1985*, Stuttgart (Metzler) 1988.

Teichert, Torsten: »›Herzschlag außen‹. Nach dem Tod von Hubert Fichte: Vergebliche Wörter«, in: *Die Tageszeitung* vom 15.3.1986.

Teichert, Torsten: *Herzschlag außen. Die poetische Konstruktion des Fremden und des Eigenen im Werk von Hubert Fichte*, Frankfurt a.M. (S. Fischer) 1987.

Thurner, Ingrid: »Die Ruinen von Marrakesch«, in: *Wiener Zeitung* vom 30.1.2009.

Tiling, Johann Nikolaus: *Hauchbilder der Erinnerung. Biographische Spuren und die Entwicklung literarischer Motive im Werk Hubert Fichtes*, Berlin (Verl. Rosa Winkel) 1996.

Tiling, Nikolaus: »Die blutigen Hände von Maubec. Ein Motiv zwischen literarischer Erinnerung und ihren biographischen Schauplätzen: Schrobenhausen, Lacoste und Ganagobie«, in: ders. u. Hartmut Böhme (Hg), *Medium und Maske. Die Literatur Hubert Fichtes zwischen den Kulturen*, Stuttgart (Metzler) 1995, S. 286-302.

Tiling, Nikolaus: »Spuren außerhalb des veröffentlichten Werkes. Briefe von Hubert Fichte an Hans Henny Jahnn und Peter Hinrich Boll«, in: ders. u. Hartmut Böhme (Hg), *Leben, um eine Form der Darstellung zu erreichen. Studien zum Werk Hubert Fichtes*, Frankfurt a.M. (S. Fischer) 1991, S. 24-38.

Tiling, Nikolaus: »Vom Sprechen zum Schreiben. Anfänge einer Schriftsteller-Laufbahn«, in: ders. u. Hartmut Böhme (Hg), *Leben, um eine Form der Darstellung zu erreichen. Studien zum Werk Hubert Fichtes*, Frankfurt a.M. (S. Fischer) 1991, S. 245-263.

Tournier, Michel: *Journal extime*, Paris (Gallimard) 2004.

Uerlings, Herbert: *Poetiken der Interkulturalität. Haiti bei Kleist, Seghers, Müller, Buch und Fichte*, Tübingen (Niemeyer) 1997.

Vollhaber, Tomas, 1991: »Das Nichts – Die Angst – Die Erfahrung. Untersuchung zur zeitgenössischen schwulen Literatur«, in: *Homosexualitäten – literarisch. Literaturwissenschaftliche Beiträge zum Internationalen Kongreß ›Homosexuality, which Homosexuality?‹ Amsterdam 1987*, hg. v. Maria Kalveram u. Wolfgang Popp, Essen (Verlag Die Blaue Eule) 1991, S. 133-144.

Waldenfels, Bernhard: *Der Stachel des Fremden*, Frankfurt a.M. (Suhrkamp) 1990.

Waldenfels, Bernhard: *In den Netzen der Lebenswelt*, Frankfurt a.M. (Suhrkamp) 1985.

Waldenfels, Bernhard: *Topographie des Fremden. Studien zur Phänomenologie des Fremden I*, Frankfurt a.M. (Suhrkamp) 1997.

Wangenheim, Wolfgang von (Hg.): *Lexikon homosexuelle Belletristik*, Siegen (Univ.) 1983.

Wangenheim, Wolfgang von: *Hubert Fichte*, München (Beck) 1980.

Weber, Werner: »Hubert Fichte. Zu seinem Roman ›Die Palette‹«, in: *Neue Zürcher Zeitung* vom 21.4.1968.

Weimar, Klaus: *Enzyklopädie der Literaturwissenschaft*, 2. Aufl., Tübingen/Basel (Francke) 1993.

Weingart, Brigitte: »Zwischen Institutionskritik und Shoptalk. Hubert Fichtes Klatschroman ›Die zweite Schuld‹«, in: *Hubert Fichte. Texte und Kontexte*, hg. v. Jan-Frederik Bandel u. Robert Gillett, Hamburg (Männerschwarm Verlag) 2007, S. 225-251.

Wenders, Wim: »Zu den Kindern Herodots«, in: Ronald Kay, *Leonore Mau, Hubert Fichte. Die Kinder Herodots*, Frankfurt a.M. (S. Fischer) 2006.

Werner, Reinold: »Möglichkeiten und Unmöglichkeiten einer (Auto-)Biographie«, in: *Leben, um eine Form der Darstellung zu erreichen. Studien zum*

Werk Hubert Fichtes, hg. v. Hartmut Böhme u. Nikolaus Tiling, Frankfurt a.M. (S. Fischer) 1991, S. 161-179.

Werner, Reinold: »›Ich zog los, um die menschlichen Überreste aufzusuchen‹ – Fichte und Frankreich«, in: Hartmut Böhme u. Nikolaus Tiling (Hg), *Medium und Maske. Die Literatur Hubert Fichtes zwischen den Kulturen*, Stuttgart (Metzler) 1985, S. 269-285.,

Wimmer, Andreas: »Gleichschaltung ohne Grenzen? Isomorphisierung und Heteromorphisierung in einer verflochtenen Welt«, in: *Ethnologie der Globalisierung*, hg. v. Brigitta Hauser-Schäublin u. Ulrich Braukämper, S. 77-94.

Wischenbart, Rüdiger: »›Ich schreibe, was mir die Wahrheit zu sein scheint.‹ Ein Gespräch mit Hubert Fichte«, in: *Text und Kritik* 72/1981, S. 67-85.

Wischmann, Christine: »Randzonen erkundet. Zum Tod Hubert Fichtes«, in: *Kieler Nachrichten* vom 10.3.1986.

Wühr, Paul: *Das falsche Buch*, Frankfurt a.M. (S. Fischer) 1985.

Zachau, Reinhard: »Das Originalmanuskript zu Wolfgang Koeppens ›Jakob Littners Aufzeichnungen aus einem Erdloch‹«, in: *Colloquia Germanica. Internationale Zeitschrift für Germanistik* 39(2)/1999, S. 103-150.

Gedruckt mit freundlicher Unterstützung der Geschwister Boehringer Ingelheim Stiftung für Geisteswissenschaften in Ingelheim am Rhein und der S. Fischer Stiftung.

Bibliografische Information der Deutschen Nationalbibliothek
Die Deutsche Nationalbibliothek verzeichnet diese Publikation in der Deutschen Nationalbibliografie; detaillierte bibliografische Daten sind im Internet über http://dnb.d-nb.de abrufbar.

www.wallstein-verlag.de

Vom Verlag gesetzt aus der Stempel Garamond und der TheSans
Umschlaggestaltung: Katrin Skora und WSV
Druck und Verarbeitung: Hubert & Co, Göttingen

ISBN 978-3-8353-5123-3